KB234832

조금만 바꾸면 행복해지는 풍수 대백과

● 조금만 바꾸면 **행복**해지는 **풍수 대백과**

초판인쇄 2001년 12월 10일 **2판4쇄** 2013년 4월 15일
저자 이성천·정청암 **펴낸이** 문금주 **펴낸곳** 도서출판 문원북
전화 (02) 2634-9846 **팩스** (02) 2635-9846 **이메일** wellpine@hanmail.net
출판등록 1992년 12월5일 제4-197호 **디자인** 디자인 일 design_il@naver.com

●

ISBN 978-89-7461-220-7

●

본 책에 실린 모든 내용, 그림, 디자인은 저작권보호를 받으며,
무단 복제시 민사상 손해배상과 형사상 처벌을 받습니다.

잘못된 책은 구입하신 곳에서 바꿔 드립니다.

조금만 바꾸면 행복해지는 풍수대백과

저자 _ 이성천 · 정청암

문원북 BOOK

주택풍수는 가족의 평생 행복을 좌우한다.

사람에게는 인상(人相), 면상(面相), 수상(手相) 등이 있다는 것은 누구나 잘 알고 있을 것이다. 그러나 우리가 살고 있는 주택에도 가상(家相), 풍수(風水)가 있다는 것을 아는 사람은 그다지 많지 않다.

한태의 가옥이 자리잡은 위치나 겉모습, 대문의 구조, 그리고 실내에 있는 침실, 주방, 칸막이의 배치 등에서 그 주택의 길흉화복(吉凶禍福)을 판단할 수가 있다.

이것이 바로 주택 풍수다.

어떤 사람은 풍수를 단순히 미신이라고 치부해 버리거나 에로부터 전해져 오는, 과학적 근거가 없어 믿을 것이 못 된다고 생각하는 사람도 많다. 만약 당신도 이런 생각을 가지고 있다면 그것은 확실히 잘못된 생각이다.

가령 당신이 편안하고 안전하며 멋있는 집에 거주하고 있다면 당신은 매우 유쾌하여 모든 일에 의욕이 넘치지만 그 반대로 햇빛도 들지 않고 어둠침침한 방에 살고 있다면 항상 불쾌한 기분으로 타인과 다투거나 가족들과도 화목하게 지내지 못할 것이다.

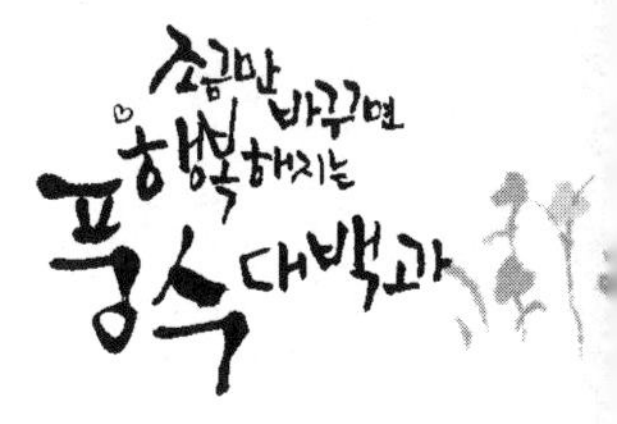

　이 책을 읽으면 당신은 주택이 한 사람의 인생에 얼마나 큰 영향을 미치는지 깨닫게 될 것이다.

　여기에 소개하는 주택 풍수학은 오행(五行), 역학(易學), 팔괘(팔괘) 등의 이론을 기초로 하였다.

　당신의 가운이 번성하고 건강하며 모든 일이 뜻대로 이루어지게 하려면 하루 빨리 이 책을 읽어보고 실천하기를 바란다.

2010년 9월

이성천

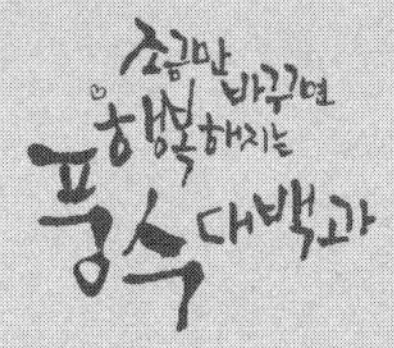

제3장 가옥의 흉상을 길상으로 바꾸는 방법

제4장 음양오행으로 보는 주택 풍수

제5장   행복을 부르는 방향

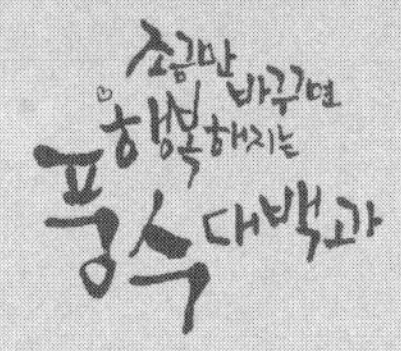

2부   풍수는 건강이다

제1장   풍수는 건강이다

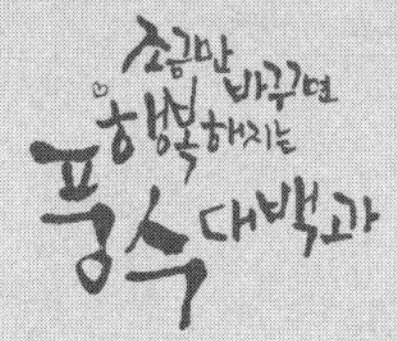

가족 중에 병에 걸려 고생을 하는 사람이 있거나
하는 일마다 잘 풀리지 않아 아무 일도 할 수 없을 때,
이것은 주택 풍수의 영향 때문이다.
자식들이 공부는 하지 않은 채 밖으로만 나돌 때,
당신은 공부방의 위치나 방향
그밖의 가구가 잘못 배치되지는 않았는지 생각해 본 적이 있는가?

1부

집이 사람을 변화시킨다

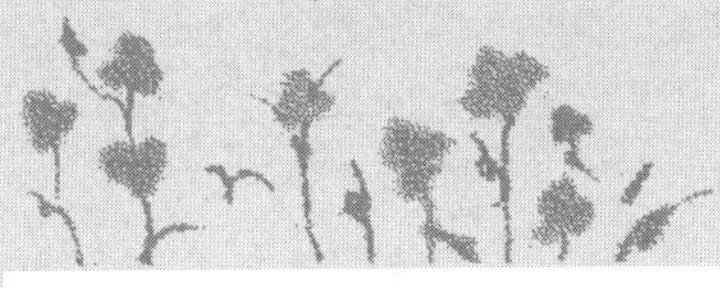

1장 주택 풍수의 기초 / 2장 장식품을 이용하여 길상으로 바꾸는 방법
3장 가옥의 흉상을 길상으로 바꾸는 방법 / 4장 음양오행으로 보는 주택 풍수
5장 행복을 부르는 방향

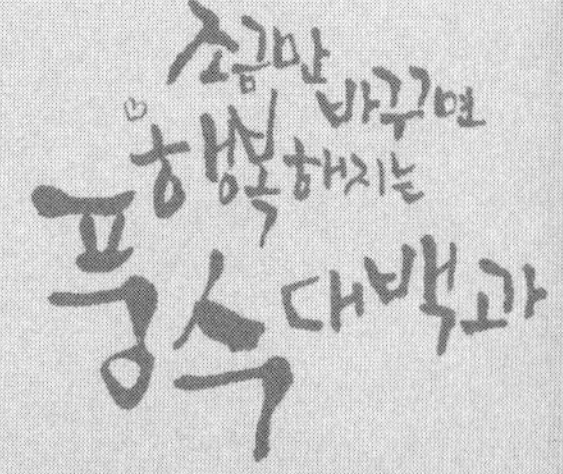

제1장

주택 풍수로 가운을 알 수 있다

인류뿐만이 아니라 동물도 자기 자신에게 알맞은 환경을 찾아서 거주한다. 왜냐하면 그 환경이 그들의 생명과 밀접한 관계가 있기 때문이다. 일반적으로 동물들은 가장 안전한 곳을 골라 보금자리로 삼는다. 그곳은 먹이도 풍족하고 적에게도 쉽게 노출되지 않아 자식을 키우기에 안성맞춤인 곳이다.

이러한 행동은 단지 동물적 본능에서 기인된 것이다. 동물에게는 주택 풍수에 대한 지식이 전혀 없기 때문에 만약 이런 본능마저 없었다면 이미 오래 전에 멸종되어 현재 지구상에 존재하는 동물은 아마 없을 것이다.

이와 마찬가지로 인간들의 주거 형태인 주택도 그곳에 주거하는 사람의 일평생에 매우 큰 영향을 미치기 된다.

주택의 형태는 기후, 풍속, 습관에 따라 큰 차이가 있다. 예를 들면 아프리카 산림 지대에는 그곳에서 나는 풀을 엮어 집을 만들고 유럽에는 대체적으로 석재 가옥이 많으며, 한대(寒帶) 지방에는 특수한 가옥

이 있다. 에스키모인들의 가옥이 이에 속한다.

이처럼 지방에 따라 주택의 양식이 달라지는데, 인류와 주택에는 어떤 관계가 있을까? 그리고 그것은 인류에게 어떤 영향을 미칠까?

주택은 인간의 건강과 정신 등에 영향을 미친다.

채광이 좋을 뿐만 아니라 공기도 잘 통하는 방은 거주자에게 건강을 선물해 준다. 즉 추위와 더위, 비와 바람, 습도 등 대자연 현상이 인체에 영향을 미치지 않도록 거주자를 보호해 주는 것이다.

이처럼 거주자를 유쾌하고 편안하게 생활할 수 있도록 해주는 주택이라면 길옥(吉屋)에 속한다.

주택을 선택할 때는 반드시 건강과 정신적인 면을 고려해야 한다. 이 두 가지 조건이 모두 좋다면 거주자의 심신(心身)도 건강을 얻게 되는 것이다.

좀더 구체적으로 살펴보면 통풍이 잘 되는 방은 항상 신선한 공기를 호흡할 수 있으므로 두뇌 회전이 빠르고 유쾌하며 소화도 잘 되어 심신의 건강에 도움이 된다.

또한 온 가족이 발랄하고 화목하여 자녀들은 아무 근심 걱정이 없으므로 공부에 전념할 수 있고, 어머니는 어진 마음씨로 살림을 꾸려갈 것이며, 아버지는 집 걱정 없이 사회에서 마음껏 활약함으로써 출세할 확률이 높다.

그러므로 이 가정은 부부가 화목하고 항상 가운(家運)이 좋을 것이다.

이와 반대로 통풍이 잘 안 되는 방은 화장실 냄새가 집안 가득할 뿐만 아니라 욕실이나 주방의 습기가 실내에 머물고 실외의 신선한 공기가 소통되지 못해 음식이 쉽게 부패한다.

또한 이곳에 거주하는 사람은 사고력과 결단력이 부족하여 쉽게 판단을 내리지 못하고 항상 불안에 사로잡혀 안절부절못하게 된다.

결국에는 정신 질환에 걸리며 소화불량이나 혈액순환에 문제가 발생하여 오랫동안 고생하게 된다. 또한 성질이 난폭해지며 기억력도 나빠진다. 이것이 인간관계에까지 깊은 영향을 미치게 되고 폭력도 행사할 수 있다.

어떤 사람은 집을 단순히 잠자리나 휴식의 장소로 여기고, 또 어떤 사람은 온종일 밖에서 일하다가 돌아와 잠깐 휴식하는 곳으로 여기기도 한다. 이런 사람들은 주택이 사람에게 미치는 영향에 대해 주의 깊게 살펴보아야 한다.

주택의 길흉

외형상 전혀 문제가 없는(주변에 묘지나 교도소 등의 건물이 없는) 주택인데도 이상하게 그곳에 거주하는 사람마다 끊임없이 악운(惡運)을 겪어 집안 형편이 날로 악화되었다는 이야기를 종종 들은 적이 있을 것이다.

지은 지 20여 년이 넘은 일본식 단층 기와집이 있었다.

이 집은 4~5년 동안 부부 중 한 사람이 죽거나 실종되는 일이 연이어 발생하였다.

맨 처음 늙은 부부가 살았지만 채 1년도 안 되어 부인이 세상을 떠났다. 그후 혼자 남아 있던 남편도 재혼을 하였지만 그 역시 1년이 안 되어 사망하고 말았다. 당시 노인은 65세였고 사망 원인도 뇌출혈이었기에 아무도 이상하게 생각하지 않았다. 홀로 남겨진 부인도 고독한 생활을 하다가 중년 남자와 뒤늦게 다시 재혼을 하였다.

그런데 아무 일 없이 2년이 지난 어느 날 갑자기 심장마비로 부인이 세상을 떠났다. 생전에 그녀는 매우 건강하였고 병원에 입원한 적이 한

번도 없었다.

이러한 일들은 다음에도 계속 이어져 결국 그 집은 폐가처럼 변하였다.

그러나 시간이 흘러 거들떠보지도 않던 그 집에 다시 한 가족이 이사를 왔다. 그들은 이 집을 마치 새로 지은 것처럼 개조를 한 후에 입주하였다. 그런데 이상하게도 아무 일도 일어나지 않았다. 그들은 이웃과 화목하게 지냈으며 아이들도 아무 문제 없이 일류 학교로 진학하였다.

위의 사건은 생각하기에 따라 우연의 일치로 볼 수도 있을 것이다. 그러나 풍수학적으로 살펴보기로 하겠다.

이 일본식 가옥은 남쪽이 매우 복잡했고 서북쪽에 창고가 있었는데 그 주위가 매우 어지러웠다. 이것이 그 집을 보았을 때 사람들에게 남는 첫인상이었다.

서북쪽은 역경(易經)의 팔괘【八卦 : 건(乾), 감(坎), 간(艮), 진(震), 손(巽), 이(離), 곤(坤), 태(兌)】중 간(干)에 속하며 십이지(十二支) 중에서는 술해(戌亥)의 방위에 속한다.

'건'은 한 집에서 가장 중요한 방위이기 때문에 만약 이 방위에 문제가 있을 때는 가족의 운세에 매우 큰 영향을 미치게 된다. 다시 말해 이 방위를 소홀히 하여 잡동사니로 가득 채운다면 집안에 생기가 없어지고 번창할 기운도 사라져 버리게 된다.

'건'은 태양과 같은 존재다. 지구상의 모든 만물이 태양 에너지에 의존하여 살아가듯 주택에 있어서의 '건'도 이와 마찬가지로 매우 중요한 것이다. 이토록 중요한 '건'의 방위를 소홀히 한다면 그 집에 거주

 조금만 바꾸면 행복해지는 풍수 대백과

하는 가족들은 결코 편안한 생활을 할 수 없다.

각 방위에 따른 길흉은 다음 장에서 자세히 살펴보기로 하자.

위에서 살펴본 단층집은 흉택 중의 흉택이다. 그러나 나중에 새로 이사를 한 사람들은 남쪽을 개조하였을 뿐만 아니라 서북쪽('건'의 방향)의 창고를 없애고 그곳에 서재를 만들었다.

그들은 또한 선천적 운명이 반드시 길상에 속할 것이며 일생 동안 현안하게 지내도록 운명지어진 것임에 틀림없다.

그러면 그 전에 거주한 사람들은 선천적 운명이 모두 좋지 않은 것이었을까? 이 점에 대해서는 확신을 내릴 수 없지만 선천적 운명이 사나운 사람은 항상 풍수가 나쁜 주택에 들어가게 마련이다. 마치 운수 사나운 사람이 어쩌다 평생 저축한 돈을 털어서 호화로운 자가용을 샀는데 번번히 고장이 나거나 운전 중에 갑자기 정지해 버리는 것과 같다.

사람들은 각기 선천적인 운명이 있다. 즉 각자의 생년월일(사주)에 의해 일생의 운명이 결정되는 것이다. 선천적인 운명 이외에도 후천적인 운명이 있는데 이 후천적인 운명이란 그가 성장하는 과정에서 부딪히게 되는 다른 사람과 주위 환경에 의한 영향, 그리고 그 자신의 노력으로 개척해 낸 운명을 말한다.

그러므로 선천적 운명이 좋아서 모든 일이 순조롭게 풀린다 해도 그것을 제대로 이용하지 않고 평생 게으르게 생활한다면 좋은 운도 안개처럼 사라지고 말 것이다.

이와 반대로 선천적인 운명이 좋지 않더라도 꾸준히 노력한다면 좋은 운명으로 개척해 낼 수 있다.

본래 매사가 순조롭던 사람도 새 집을 지은 뒤부터는 모든 일이 꼬이

기 시작하는 예가 있다. 자주 병을 앓거나 사업에 실패하고 윗사람과 충돌이 생겨 좌천되는 등 이 모든 것이 주택 풍수와 밀접한 관계가 있다.

한 사람에게 있어서 행운이 일생 동안 함께 하지는 않는다. 아무리 좋은 운도 순식간에 여러 가지로 변화하기도 한다.

저명 인사가 갑자기 사람으로서 못할 일을 할 때 혹은 정치상 매우 영향력 있는 정부 요인이 갑자기 해임된 예들을 볼 수 있다. 이러한 일들이 바로 순식간에 운명이 변화되는 예이다. 때문에 선천적 운명이 아무리 좋은 사람도 때로는 흉한 주택에 들어가 비참한 결과를 당하는 경우가 있는 것이다.

그러므로 다시 한 번 강조하건대 주택 풍수에 대해서는 그 누구도 소홀히 해서는 안 된다.

또한 운수가 갑자기 좋지 않은 쪽으로 변할 때는 집을 짓지 말아야 한다. 왜냐하면 이런 때에는 흉한 집을 짓게 되고 또 이 집의 흉한 기운은 그곳에 거주하는 사람에게 흉한 영향을 미치는 악순환이 계속되어 마침내 빠져나올 수 없는 지경에 이르고 만다.

물론 이와 상반되는 예도 있다. 모든 일이 잘 풀리지 않던 사람이 새 집을 짓고부터는 몸도 튼튼해지고 인간관계도 매우 좋아지며 사업도 날로 성공하고 가정 형편도 많이 나아지기도 한다.

그러므로 주택은 한 사람의 일생에 막대한 영향을 미치는 것이다.

주택 풍수와 개인 운수와의 관계

길한 주택에 거주하는 한 사람의 일이 잘 풀려 국외로 파견되었다. 그렇다면 그 길택에 다시 이사를 들어온 사름도 전 사람과 마찬가지로 국외로 파견되거나 큰돈을 벌 수 있을까?

원칙적으로 보면 가능한 일이다.

고서(古書)에 '땅이 좋으면 묘목도 무성하고, 주택이 길하면 사람도 흥한다' 고 씌어 있다.

비록 인상(人相)은 사람을 관찰하며, 택상(宅相)은 주택을 살피는 것이지만 사람의 일생의 길흉화복은 반드시 그가 거주하는 주택 풍수의 영향을 받는다는 것이다.

다시 말해 주택 풍수가 길하면 그곳에 거주하는 사람도 흥하게 된다. 만약 길택에 거주한다면 길운의 영향으로 모든 일이 잘 풀린다.

하지만 이것은 어디까지나 책에 씌어 있는 기본 원칙일 뿐 나는 좀 다르게 생각한다.

길상 주택 중에는 넓거나 좁은 집도 있고 주택 내부에 방이 많거나

적은 집도 있다. 지리나 환경에 제각기 적합한 길상 주택이 있는 것이다. 마찬가지로 길상 주택에 거주하는 사람 중에는 월급으로 생활하는 근로자도 있고 경영인도 있고 그 집을 영업소로 사용하는 사람도 있을 것이다. 때문에 아무나 길상 주택에 입주했다고 해서 모두 다 길해지는 것이 아니라 여러 요소를 모두 배합하여 자신이 살기에 편안하고 안전한 주택을 선택해야만 진정 길한 주택이 된다.

가령 하루하루 겨우 끼니를 이어가는 사람이 호화로운 서재와 서고가 있는 주택으로 이사를 했다면 어떻겠는가? 그에게는 커다란 부담으로 받아들여져 전혀 어울리지 않는 모습일 것이다. 이는 보통 상식으로도 알 수 있는 문제이며 주택 풍수로 보아도 마찬가지다.

주택과 거주자가 서로 잘 어울리는 것은 길상(吉相)의 주택임이 확실하다. 만약 풍수가 매우 좋은 주택이더라도 거주자가 기분이 좋지 않거나 불편한 느낌뿐이어서 도무지 적응이 되지 않는다면 길상의 주택이 되지 못한다.

그러므로 길상의 주택이 되기 위한 조건은 다음과 같다.

첫째, 대원칙과 기본 이론에 부합되는 주택이여야 한다.

둘째, 기본 이론에도 부합되면서 거주자와도 잘 맞는 주택이어야 한다. 그러므로 주택 풍수를 판단할 때는 일반적으로 두 가지 상황이 있다. 즉 주택 풍수가 매우 좋은 집이라 해도 거주자에게 적합하지 않은 경우와 풍수가 매우 좋은 집이면서 거주자의 운세와도 잘 어울리는 경우로 나눌 수 있다.

주택 풍수는 각각의 주택에 대해 또한 각각의 토지에 대해 그 길흉을 판단할 뿐 그곳에 거주하는 사람에 대한 판단이 아니다. 길한 주택이

라 하더라도 누구나 다 그곳에 거주한다고 좋은 일이 생기는 것은 아니다.

이것이 바로 주택 풍수의 길흉을 고려하여 자기 자신에게 가장 적합한 주택을 선택해야 하는 이유다.

주택을 선택할 때 주의할 점

많은 사람들이 풍수가 좋은 집을 원하지만 그 선택 기준은 잘 모른다. 여기에 집을 선택할 때 주의할 아홉 가지를 밝힌다.

1) 바람이 강한 곳은 좋지 않다

집을 선택할 때는 반드시 그 주위 환경을 먼저 훑어보고 결함이 없는지 살펴보아야 한다.

첫째, 풍세(風勢)를 주의해야 한다. 만약 가옥 부근의 풍세가 강하고 급하면 좋지 않다. 왜냐하면 그 가옥이 왕지(旺地, 흥성할 수 있는 땅)가 될 수 없기 때문이다.

풍수학에서는 '장풍취기(藏風聚氣, 바람이 운기를 모으게 하다)' 하는 것을 중시하다. 풍세가 강한 곳은 결코 왕지(旺地, 흥성할 수 있는 땅)가 될 수 없기 때문이다.

그러나 더욱더 유의해야 할 것은 풍세가 너무 강한 곳이 좋지 않듯이 풍세가 너무 약해 공기의 유통마저 안 되는 곳도 절대 좋은 곳이 아니라는 점이다.

가장 이상적인 거주 환경은 바람이 산들산들 불어 맑은 공기를 서서히 가져다주는 곳이다.

2) 햇빛이 풍부한 곳이 좋다

양택 풍수(陽宅風水, 산 사람의 집을 양택이라 하고 죽은 사람의 무덤을 음택이라 한다)에서 주의하는 것이 바로 햇빛과 공기다. 집을 선택할 때는 공기가 맑을 뿐만 아니라 햇빛도 풍부해야 한다. 햇빛이 부족한 가옥에는 음기(陰氣)가 가득하여 집안이 평안하지 못하므로 거주하기에 적당하지 않다.

【그림1】이 바로 햇빛이 부족한 가옥의 예다.

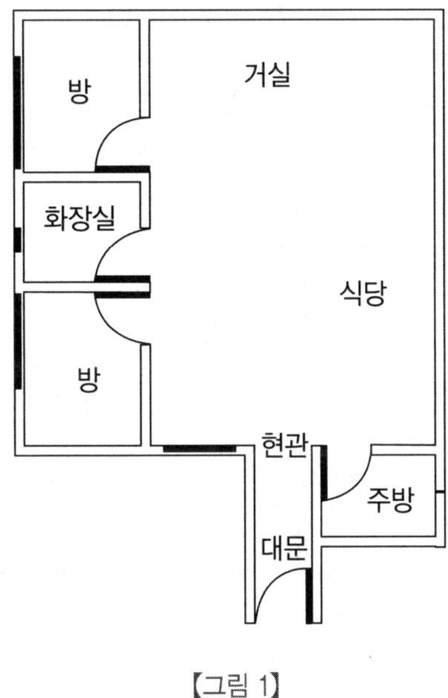

【그림 1】

　　좁고 긴 현관 그리고 거실과 식당에는 창문마저 없으니 햇빛이 들어올 수가 없다. 이런 가옥은 공기도 햇빛도 모두 부족하여 마치 고인 물처럼 생기가 전혀 없다.

3) 가옥의 중심이 오염된 곳은 좋지 않다

　　가옥의 중심 부분에는 화장실을 설치하지 말아야 한다. 이는 마치 사람의 심장에 노폐물을 쌓아두는 것과 같아서 흉(兇)이 많고 길(吉)이 적게 된다.

　　만약【그림2】처럼 화장실이 가옥의 한가운데에 있다면 좋지 않다.

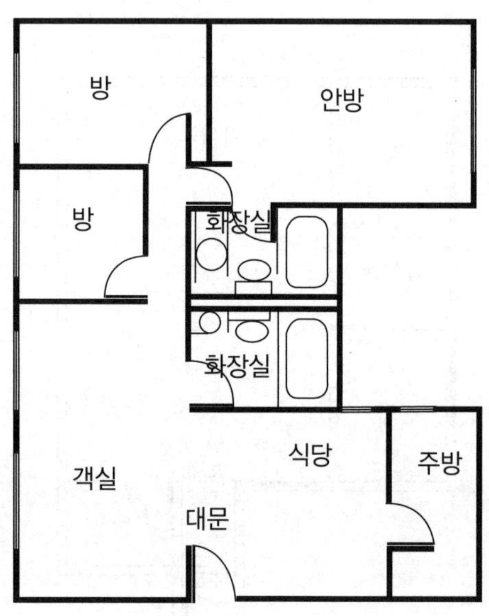

【그림2】

만약 화장실이 정중앙에 있지 않더라도 가옥 후반부의 중심 부분에 있고 대문과 일직선상에 놓여 있는 것(【그림3】)도 거주하기에 좋지 않다. 이런 가옥에 거주한다면 가족의 건강과 재산에 손실을 입을 수 있다.

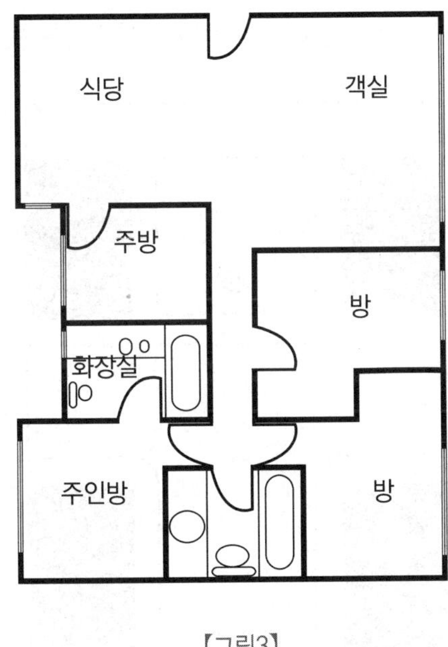

【그림3】

4) 큰길이나 작은 골목과 곧바로 맞닿는 가옥은 좋지 않다.

풍수학에서는 '우회하는 것을 좋아하고 직면하는 것을 꺼린다.'

아무런 제재 없이 곧바로 부딪힌다는 것은 대단한 충격을 주게 마련이다. 주택에 있어서도 마찬가지다.

그러므로 가옥을 선택할 때는 그 가옥의 전후좌우가 큰길과 곧바로 맞닿는지 살펴볼 일이다.

【그림4】는 대문이 큰길과 곧바로 맞닿아 있다. 그 길(큰길)이 길면 길수록 흉한 정도가 심하고 그 길을 이용하는 차량이 많을수록 재앙은 더 커진다. 때문에 어떤 사람은 이런 가옥을 호구옥(虎口屋, 범의 입과 같은 집)이라 하는데 그 속에서는 편안히 살기가 어렵다는 뜻이다.

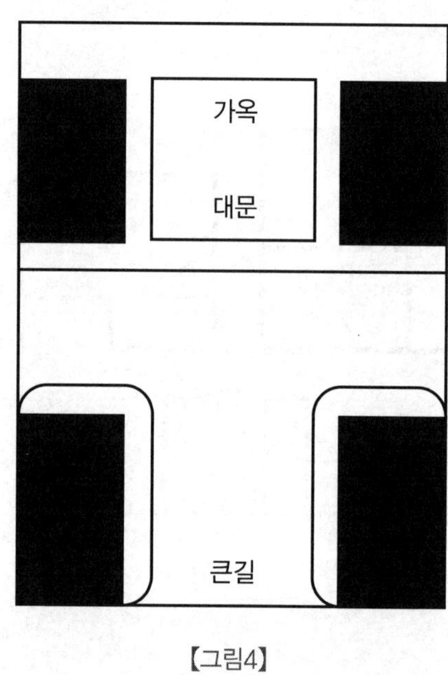

【그림4】

5) 지세가 평탄해야 좋다

풍수학에서 볼 때 지세가 평탄한 곳의 가옥은 비교적 평안하며 비탈

진 곳의 가옥은 매우 흉하다.

대문의 경사가 심한 비탈과 맞닿아 있을 때는 재산뿐 아니라 가족까지도 뿔뿔이 흩어져 한 자리에 모일 기회가 없으므로 이런 가옥은 피해야 한다. 비탈진 곳에 위치한 가옥은 재산 손실이 발생한다.

일반적으로 말하여 비탈 위의 집은 쉽게 재산이 유실되고 비탈 아래의 집은 가족이 줄어든다.

경사가 매우 급한 비탈 밑에 자리잡은 가옥에는 살기(殺氣), 즉 사악한 기운이 매우 왕성하여 가족에게 죽음의 그림자가 드리운다.

6) 집문 앞에는 길이 활처럼 굽은 것은 나쁘다

문 앞을 지나는 길이 【그림5】처럼 곧바로 집 대문을 향했을 때 풍수학에서는 '낫이 허리를 자른다' 고 한다.

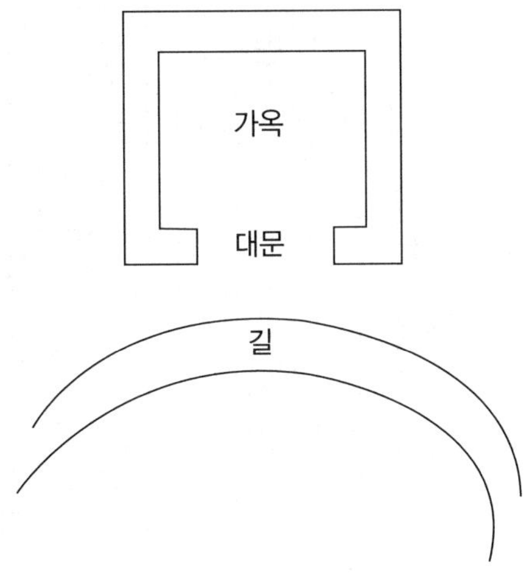

【그림5】 문 앞길이 활처럼 굽으면 흉하다

이런 가옥은 거주하기에 적합하지 않다. 어떤 책에는 문 앞에서 길이 활처럼 굽어졌을 때 상망, 화재, 질병 등 사고가 발생한다고 씌어 있다.

7) 천참살(天斬煞)은 나쁘다

【그림6】에서와 같이 두 빌딩 사이에 생긴 좁고 긴 틈새를 천참살이라 하는데 그 모양이 마치 '하늘에서부터 두 쪽으로 자른 듯하다' 하여 이르는 말이다.

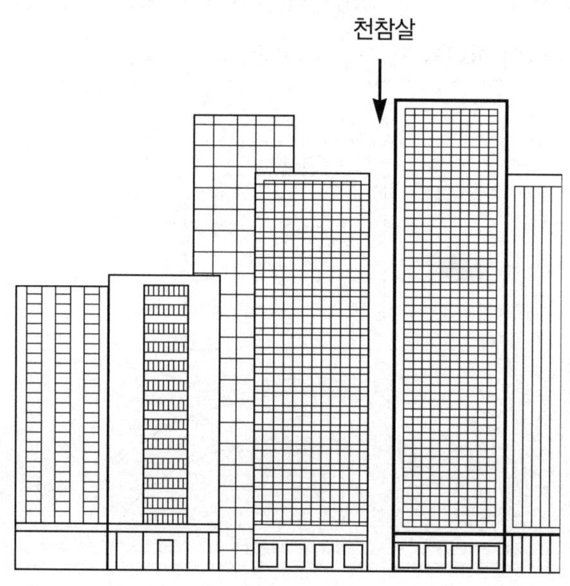

【그림6】 가옥이 천참살과 마주한 것은 흉하다

가옥이 만약 천참살과 마주하고 있으면 피(血)의 재해를 입을 수가 있으며 그 틈 사이가 좁으면 좁을수록 그리고 또 틈새가 길면 길수록 흉하고 험하다. 때문에 천참살이 있는 가옥은 피해야 한다. 그리나 틈새가 뒷면에 다른 한 채의 건축물이 서 있어 그 사이를 메어버리면 괜찮다.

8) 굴뚝이 밀집한 곳은 좋지 않다

옛 풍수학 고서인 『양택촬요(陽宅攝要)』에는 '굴뚝이 침대와 맞서면 해롭다' 고 적혀 있다. 그러므로 굴뚝이 건강에 해롭다는 것을 쉽게 알 수 있다.

침실 창문 밖에 여러 개의 굴뚝이 있는 집은 피해야 한다.

풍수학을 따지지 않고 단순히 생각하더라도 굴뚝이 밀접한 곳은 좋지 않다. 굴뚝에서 뿜어나오는 연기와 재만 하더라도 건강을 해치고도 남음이 있기 때문이다.

9) 관청 앞이나 절 뒤에 있는 가옥은 좋지 않다

관청, 특히 경찰서나 군부대 등의 앞과 절이나 사원 등의 건물 뒤에 자리잡은 가옥에는 거주하지 말아야 한다. 그 원인은 관청이나 경찰서, 군부대 등에는 살기가 있으므로 만약 그 맞은편에 거주한다면 그 살기에 직면하게 되므로 가족에게 재앙이 일어난다. 사원은 음기(陰氣)가 집중된 곳이므로 그 근처에 거주하는 것은 좋지 않다.

제2장

장식품을 이용하여
길상으로 바꾸는 방법

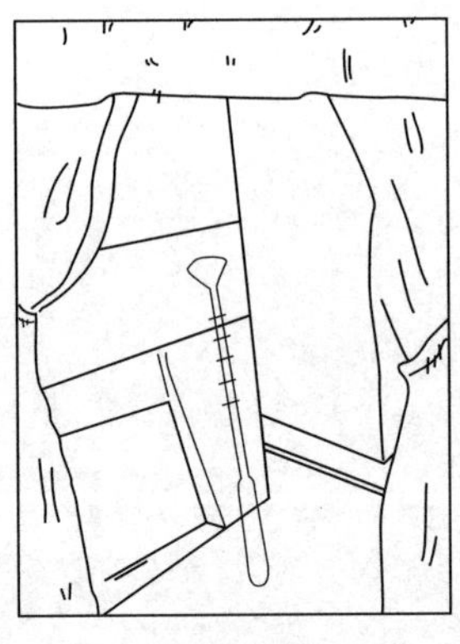 수탉이 사기(邪氣)를 물리친다

입맛이 없으며 얼굴이 노랗고 앙상하게 여윈 자녀를 둔 부모들이 풍수학적으로 좋은 대책이 없는지 종종 묻곤 한다.

의사의 진단을 받은 후에도 효과가 없을 때는 주위에 지네나 송충이 같은 벌레 모양의 물체가 없는지 살펴본다.

한 예로 【그림7】의 전봇대는 멀리서 바라보면 세로로 세워놓은 지네처럼 보인다.

【그림7】

또 맞은편 집의 배수 설비가 【그림8】과 같이 여러 갈래로 뻗어 있어
서 마치 송충이처럼 보이는 곳은 없는지 살펴본다.

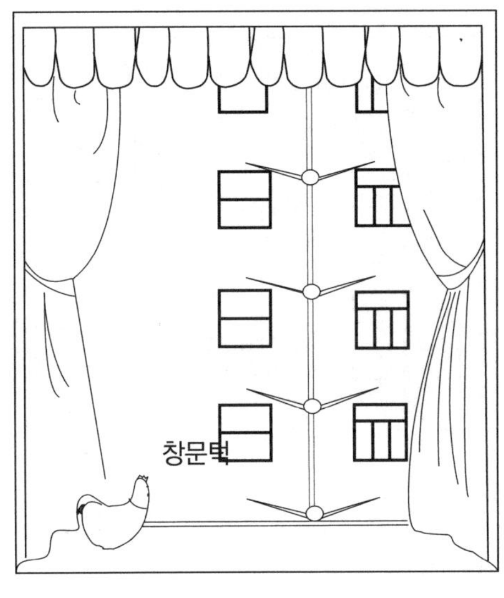

【그림8】

그러나 지네나 송충이처럼 보이는 물건이 있다 해도 그다지 걱정할
필요는 없다. 왜냐하면 그 영향은 매우 미미하기 때문이다.

다만 【그림9】처럼 부엌이나 가스렌즈, 또는 어린아이의 침실로 향해
있다면 대책을 세워야 한다. 그렇지 않으면 위장에 탈이 생길 수 있다.

【그림9】에서처럼 주방의 가스렌즈가 실외 배수관이나 전봇대를 마주 보고 있다면 가족들 중에서 위장병에 시달리게 된다.

【그림9】

해결 방법은 자기(瓷器)로 만든 수탉 한 마리를 창문턱에 놓으면 된다. 단 닭 주둥이를 실외에 있는 그 벌레 모양 물건을 향하도록 해야 한다.

또한 【그림10】과 같이 어린아이의 침대가 실외에 있는 지네나 송충이 모양의 배수관이나 전봇대를 마주하고 있다면 어린아이의 뱃속에 기생충이 생겨서 식욕이 없어지고 건강에 이상이 생기게 된다.

만약 이런 일이 발생했다면 위의 방법대로 자기로 만든 수탉 한 마리를 창문턱에 놓으면 모든 일이 해결된다.

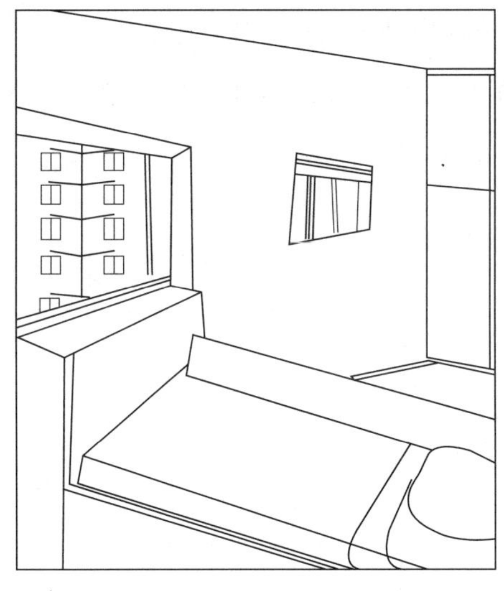

【그림10】

그런데 지네나 송충이 모양의 물건이 내뿜는 사기를 물리치기 위해서 왜 수탉을 사용해야 하는지 고개를 갸웃거리는 이도 있을 것이다.

본래 수탉은 벌레를 잡아먹는, 특히 지네의 천적이다. 뛰는 놈 위에 나는 놈 있듯이 송충이와 지네를 퇴치하는 데는 수탉이 가장 좋다. 만약 사자나 호랑이 같은 맹수를 창문턱에 놓는다면 아무 효과도 못 보게 된다.

그러나 수탉을 창문턱에 놓을 때는 세 가지를 주의해야 한다.

첫째, 닭부리는 반드시 실외에 있는 송충이나 지네 모양의 물체를 곧바로 바라보도록 해야 한다.

둘째, 자기로 만든 수탉은 한 마리만 놓아야 한다. 만약 두세 마리를 놓는다면 서로 싸움이 벌어져 효과가 사라진다.

셋째, 특수한 경우를 제외하고는 일반적으로 토끼띠인 사람은 수탉을 사용하지 말아야 한다.

용(龍)의 진열

용은 예로부터 매우 영험한 동물로 여겨져 왔다.

소위 사운(四雲 : 龍, 鳳, 龜, 麟)에서 맨 첫자리에 놓는 것만으로도 알 수 있다.

용은 권위뿐만 아니라 부귀(富貴)와 상서로움을 상징한다. 이 때문에 용 장식품으로 집안을 장식하는 가정도 많다. 용이 왕기(旺氣)를 생성하고 사기를 억제하는 작용이 있다 하더라도 함부로 진열한다면 좋지 않은 효과가 나타날 수 도 있다. 그러므로 용을 진열할 때는 아래의 다섯 가지를 주의해야 한다.

1) 용은 물과 함께 진열한다

용이 물을 만나면 그 위력은 배가 된다. 그러나 메마른 곳에서는 그 힘을 상실한다. 아무리 권력과 부를 가진 사람일지라도 그 바탕을 잃으면 위력을 상실하고 괄시를 받게 되는 법이다.

그러므로 집안에 용 장식품을 놓아두려면 물이 있는 곳, 즉 【그림11】

처럼 어항의 위나 그 좌우에 놓는 것이 매우 좋다.

【그림11】 용은 어항 위나 그 양쪽에 진열한다

2) 바다나 강 쪽을 향하도록 놓는다

바다나 강을 바라보도록 자리잡은 가옥은 풍수상 매우 유리하지만, 그 바다와 너무 멀리 떨어져 있어서 효과가 미치지 못하는 경우가 있다.

그것을 보완하는 방법은 회색이나 검은색 돌로 만들어진 용 한 쌍을 창문턱이나 발코니 난간 위에 놓는 것이다. 이때 주의할 점은 용의 머리가 바다나 강 쪽을 향하도록 해야 한다는 것이다.

그러나 흙탕물이나 암거(暗渠)를 바라보면 좋지 않다.

3) 북쪽에 놓아둔다

용 장식품은 물과 함께 있는 것이 좋다고 했는데 물이 없을 때도 보완할 방법은 있다. 【그림12】에서처럼 용 장식품을 북쪽에 진열하면 된다. 북쪽은 수기(水氣)가 왕성한 곳이기 때문이다.

서북	북	동북
서		동
서남	남	동남

【그림12】

4) 침실 쪽을 향하면 좋지 않다

용이 상서로운 동물이라고는 하지만 그의 위력이 너무도 강하기 때문에 【그림13】에서와 같이 침실을 향하는 것은 좋지 않다.

특히 이를 드러내고 발톱을 치켜세운 흉폭한 용은 더욱더 피해야 한다.

또 한 가지 주의할 것은 붉은색 눈을 가진 용은 절대로 어린이의 방

문이나 침대를 향해서는 안 된다. 특히 개띠 어린이에게는 가장 좋지
않다.

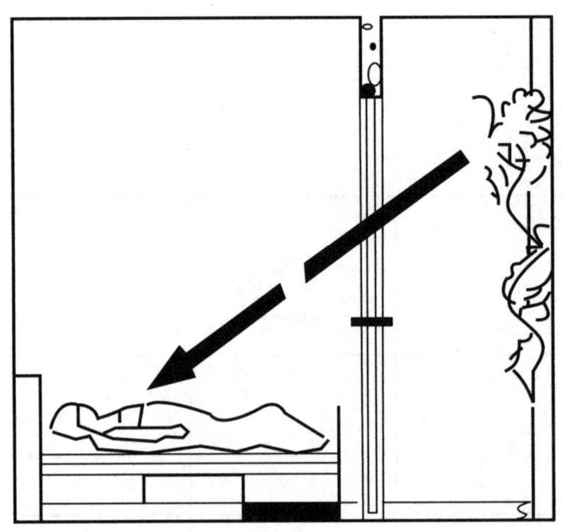

【그림13】 용이 어린아이의 방문이나 침대를 향하는 것은 좋지 않다

5) 용이 그려진 그림은 금색 테두리를 하는 것이 좋다

  용을 그린 화폭은 금빛 테로 된 틀에 넣는 것이 가장 이상적이며 그
것을 북쪽에 걸어놓는다면 금상첨화다.

  그렇다면 몇 마리의 용이 효과를 발휘할까?

  그 수에는 제한이 없지만 일반적으로 한두 마리 또는 아홉 마리가 적
절하다.

 조금만 바꾸면 행복해지는 풍수 대백과

그러나 기억해야 할 것은 아홉 마리의 용이 그려진 그림일 경우
【그림14】처럼 우두머리 용이 중앙에 있어야 한다. 그렇지 않으면 우두머
리가 없는 상태가 되므로 혼란이 빚어져 가정이 화목하지 못하게 된다.

【그림14】

다시 살펴보면 용 장식품은 실내에 물이 있는 곳이 아니면 실외의 강
이나 바다 쪽을 향하도록 진열하라. 수기(水氣)가 가장 왕성한 북쪽에
진열하는 것이 좋다. 그러나 빨간 눈을 부릅뜬 용을 어린아이의 방문
이나 침대로 향해서는 안 된다. 특히 개띠인 어린이에게 더욱 좋지 않
음을 기억해 두어야 한다.

사자의 진열

중국에서는 명절이나 축제가 있을 때마다 사자춤을 춰 흥을 돋운다. 이것은 사자가 사기(邪氣)를 억제할 뿐만 아니라 상서로움을 가져다준다고 믿기 때문이다.

이외에도 사자는 동물의 왕이며 용맹무쌍하여 우리 조상들은 대문 양쪽에 돌사자를 세워서 집의 악귀를 몰아내고 사기(邪氣)를 막아 요귀들이 함부로 날뛰지 못하도록 하였다.

장식용으로는 돌 · 구리 · 도자기 · 옥 · 나무 사자 등이 있고, 색깔로는 붉은색 · 검은색 · 흰색 · 녹색 사자 등이 있다. 이 중 어떤 것이 가장 효과가 있을까?

아래에 제시한 다섯 가지 주의할 점을 참고하기 바란다.

1) 서북(西北)쪽에 진열한다

그 원인은 두 가지가 있다.

첫째, 사자는 서역(西域)에서 유입된 것이므로 서북쪽이 사자에게 가장 익숙하여 활약하기에 유리한 곳이다.

둘째, 사자는 건괘(乾卦)에 속하고 서북쪽에 거처하며 오행(五行)중 금(金)에 속한다.

이 때문에 사자(특히 동으로 만들어진 사자나 금 사자)는 서북쪽에 진열해야 최대 효력을 발휘할 수 있다. 서북쪽 외에 서쪽에 진열해도 좋다.

서북 	북	동북
서 		동
서남	남	동남

【그림15】 사자는 서북 쪽에 진열해야 좋다

2) 쌍으로 진열한다

사자는 반드시 쌍(암컷과 수컷)으로, 각각 하나씩 쌍을 지어야 한다.

이때 반드시 주의할 것은 암컷과 수컷을 분명하게 구별하여 진열해야 한다는 것이다. 좌우 자리를 바꿔서도 안 된다. 만약 암수 구별이 어려울 때는 서로 마주보도록 하면 된다.

만약 그 중의 한 마리가 파손되었을 경우 즉시 새로운 한 쌍의 사자로 바꿔야 한다. 절대 낡은 사자를 그 자리에 그대로 두어서는 안 된다.

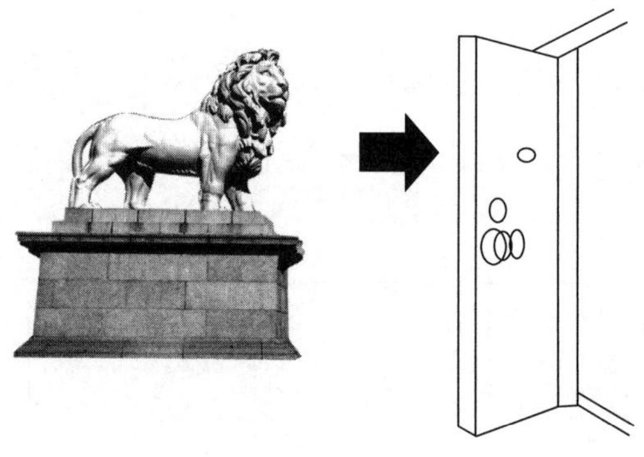

【그림16】 사자의 얼굴은 대문 밖으로 향해야 한다

3) 사자의 얼굴은 대문 밖으로 향해야 한다

사자의 얼굴이 절대 집안을 향해서는 안 된다.

그래야만【그림16】 문밖의 요귀들이 집안으로 침입하는 것을 막을 수 있다. 이러한 이유로 고궁이나 옛 건물 등의 입구에 있는 돌사자는 모두 얼굴을 밖으로 향하고 있다.

만약 사자의 얼굴이 집안을 향했다면 사기를 억제하지 못할 뿐 아니라 오히려 거주자가 해를 입게 된다. 특히 당신의 방문을 향하면 절대 안 된다.

실내에 사자를 진열할 때는 대문을 향하여 실외를 바라보도록 하며, 창문턱에 진열할 경우는 사자의 얼굴을 창 밖으로 향하게 한다.

돌사자는 창문 바깥 턱에 진열해도 된다. 그러나 반드시 시멘트로 고정시켜 큰길로 굴러떨어지지 않도록 해야 한다. 창문 안쪽에 진열할 때 역시 아교로 고정시켜야 한다.

그렇게 해야만 그 얼굴이 밖을 향하도록 할 수 있다.

4) 사두(獅頭, 사자의 머리 모양) **쇠고리는 사기를 억제한다**

사자는 대부분 집 밖의 흉신을 억누르는데 사용된다. 만약 대문 옆에 돌사자를 놓을 수 없을 때는【그림17】처럼 대문에 금빛 사두를 달아도 악귀를 막아내는 효과가 있다.

그러나 반드시 쌍으로 서북쪽에 진열하는 것이 좋으며 사자의 얼굴은 문 밖으로 향하게 해야 한다.

【그림17】 대문의 사두 쇠고리는 악귀를 막아낸다

거북의 진열

집의 악귀를 몰아내고 사기를 막아내기 위해서는 대부분 장식용 사자를 놓아두지만 때로는 거북을 사용하기도 한다.

거북은 용과 마찬가지로 상서로운 사운(四雲 : 용, 봉황새, 거북, 기린)중의 하나고 또 장수(長壽)의 상징이기에 많은 사람들이 잡안에 구리로 만들어진 거북이나 돌 거북을 놓아둔다.

거북은 천지 산천의 영기(靈氣)를 가득 머금고 있으므로 특별히 오랫동안 장수한다는 전설이 있다. 그러므로 노인의 침실에 거북을 놓는 것은 아주 좋은 일이다. 그러나 거북의 머리를 창 밖으로 향하도록 해야 한다. 어떤 가정에서는 노인 방에 새빨간 입을 벌린 사자를 놓기도 하는데 노인이 도리어 그 사자의 살기에 놀랄 수 있으므로 좋지 않다. 노인 방에는 거북이 훨씬 더 안전하고 좋다.

거북은 행동이 굼뜨고 위력도 없어 자기 자신도 보호하기 어려운데 어떻게 악귀를 물리칠 수 있는지 의심하는 사람이 있을 것이다.

행동이 굼뜨고 자신을 보호할 능력이 없어 보이지만 큰일을 위해 치

욕을 참을 줄 알며 위험에 부딪히면 머리와 꼬리 그리고 사지(四肢)를 단단한 갑옷 속에 넣어 제아무리 흉악한 적이라도 어쩔 수 없게 만드는 것 또한 사실이다. 매우 특수하고 흉한 사기에 부딪혔을 때에는 사자로써 집의 악귀들과 맞서 싸우기보다 부드러움이 강함을 이기듯 거북으로 악기를 와해해 버리는 것이 오히려 더 효과적이다.

그래야만 풍수학에서 주장하는 '흉신은 녹여야지 싸워서는 안 된다(凶煞宜化不宜鬪)' 는 원칙에 부합되는 것이다. 이 때문에 일부 풍수 학자들은 거북을 사용하여 악귀를 와해하도록 권고하는 것이다.

거북이 장식품에는 목귀, 석귀, 동귀, 토기 거북(진흙으로 만든 토기) 등이 있는데 각각 그 용도가 다르다.

1) 나무 거북

실내 혹은 동, 동남 쪽에는 나무 거북을 진열한다.

서북	북	동북
서		동
서남	남	동남

【그림18】

2) 독 거북

실외의 난간 위 또는 서남 및 동북쪽에는 돌 거북을 놓아둔다.

3) 토기 거북

어항 속이나 북쪽에는 토기 거북을 사용한다.

4) 구리 거북

금속 물품 위나 서쪽 및 서북쪽에는 구리 거북을 진열하는 것이 좋다.

예각의 충격을 분산시키기 위해 동발에 매달기도 하는데 미관상 좋지 않다. 마음도 편하고 눈에 거슬리지도 않는 방법으로는 거북이 등껍질로 동발을 대치하면 악귀를 물리치는 효력이 있다.

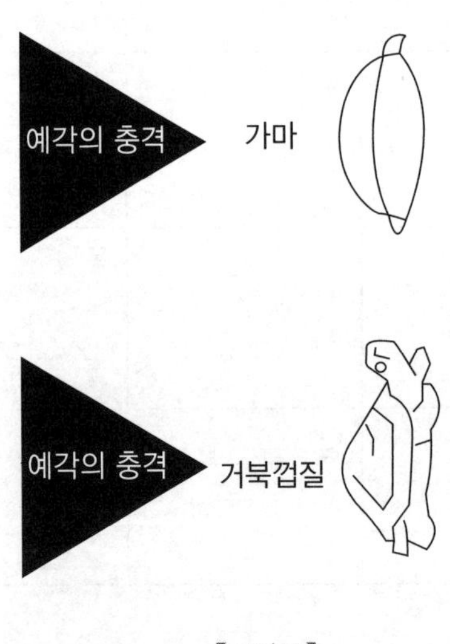

【그림19】

살아 있는 거북도 역시 악귀를 억제하는 효과가 있다. 만약 예각의 충격을 받는 곳에 물이 담긴 유리 그릇이나 토기 그릇을 놓고 몇 쌍의 거북(중국 거북 혹은 브라질 거북)을 키워도 된다.

이때 주의할 점은 악귀를 막아내는데 사용했던 동물이 죽거나 상처를 입으면 즉시 다른 것으로 바꿔야 한다.

 말의 진열

말은 사자나 용처럼 용맹스럽지도 않고 또 거북이처럼 위험을 피할 줄도 몰라서 악귀를 제어하는 효과가 없다. 그러나 다행히도 번성과 발달의 효력이 있기에 말의 소상(塑像)을 흥왕의 방위에 진열하고 자신의 목표를 좀더 빨리 이룰 수 있기를 바란다.

말 진열에 적당한 방위부터 알아보자.

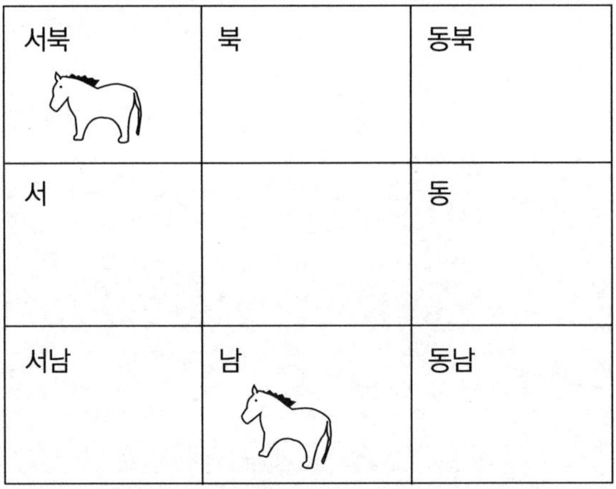

서북	북	동북
서		동
서남	남	동남

【그림20】 말을 놓기에 적합한 방위

【그림20】에서 보는 바와 같이 말은 남쪽이나 서북쪽에 놓아야 한다. 말은 12지지(地支) 중 오(午)에 속하며 또 오궁(午宮)은 바로 남쪽에 있으므로 말을 남쪽에 놓으면 매우 좋다. 이 밖에도 서북쪽 역시 말의 소상을 진열하기에 적합하다.

그러나 짧은 시간에 사업이나 재운(財運)의 도움을 얻으려면 흥왕의 재위(財位)에 놓아두어야 한다.

주의할 것은 동쪽에는 여섯 마리를, 서쪽에는 여덟 마리의 말을 놓는 게 좋다.

말의 진열 숫자에 대해 알아보자.

일반적으로 2, 3, 6, 8, 9마리의 말을 진열하는 것이 적당하다. 그 중에서도 여섯 마리가 가장 길하다.

가장 꺼리는 것은 다섯 마리를 진열하는 것인데 옛날 형벌 중에 능지처참이라는 것이 있어 잔혹하게 죽이던 일을 연상시키기 때문이다.

한 가지 주의할 점은 쥐띠인 사람은 말을 진열하거나 말 그림을 벽에 걸어놓는 것은 좋지 않다. 왜냐하면 그들은 서로 상극이기 때문이다.

범띠, 개띠, 돼지띠인 사람에게 말을 진열하는 것은 매우 유익하다.

 개의 진열

개는 집을 지키는 짐승이다. 물론 현재는 애완용으로 많이 기르지만 말이다. 어떤 집들은 개의 소상을 대문 근처에 놓아두고 있다.

【그림21】처럼 얼굴은 대문 밖을 향하고, 일반적으로 대문에서 악귀를 몰아내기 위해서는 사자를 쓰고 옆문과 뒷문에는 개를 사용한다.

【그림21】 개는 대문을 향하는 게 좋다

그러나 옆문이나 뒷문이 있는 주택은 별로 없으므로 개의 소상이 대문을 지키는 경우가 종종 있다.

다시 말하면 개의 소상은 문 근처에 있어야 하고 얼굴은 문 밖으로 향하도록 놓는 것이 좋다. 동남 방위는 피해야 한다.

말은 여섯 마리가 가장 길하다고 했는데 개의 경우는 한두 쌍이 가장 좋다.

어떤 개를 진열하는 것이 좋은지는 진열할 방위와 환경에 따라 결정된다.

만약 북쪽에 진열한다면 검은색 개가 좋으며 서쪽에는 흰 개가 좋고 남쪽에 진열한다면 커피색을 띤 누런 개가 좋다.

그러나 용띠인 사람에게는 개 장식품이 좋지 않다.

왜냐하면 진(辰)과 술(戌)은 상극이기 때문에 피하는 것이 좋으며 특히 침실에 놓는 것이 더욱 좋지 않다.

범띠, 말띠, 토끼띠인 사람의 집에 개 소상을 진열하면 매우 좋다.

어항과 풍수

요즘 많은 가정에서는 관상용 물고기를 기르기 위해 어항을 사용하고 있다. 어떤 집은 가정을 좀더 밝게 꾸미기 위해, 또 어떤 집은 풍수를 위해서.

그렇다면 어항이 풍수와 어떤 관련이 있는가?

풍수학은 물(水)과 관련이 있다. 전통적인 풍수학에서는 물이 오는 방향, 즉 내수(來水)와 물이 가는 방향, 즉 거수(去水)의 방위를 매우 중시한다.

이것들은 주택의 운수와 길흉 성쇠(盛衰)에 매우 큰 영향을 미친다. 어항은 물을 담는 그릇이므로 항상 주택의 운수와 상당히 밀접한 관계가 있다고 할 수 있다.

그렇다면 어항은 어떤 방향에 놓아야 좋은가?

한마디로 실운(失運)인 쇠위(衰位)에 놓아야 한다. 물을 실운의 방위에 끌어들여야만 재화를 상서롭게 전화시키며 흉을 길(吉)로 바꿀 수 있다.

1984년부터 2003년에 이르는 20년 동안(9성학+성공학(출처)) 동쪽이 가장 불길한 방위다.

그러므로 【그림22】에서처럼 어항을 동쪽에 놓아야 한다.

【그림22】를 참고하면서 나침반으로 정확하게 동쪽을 찾아 어항을 그곳에 놓아라.

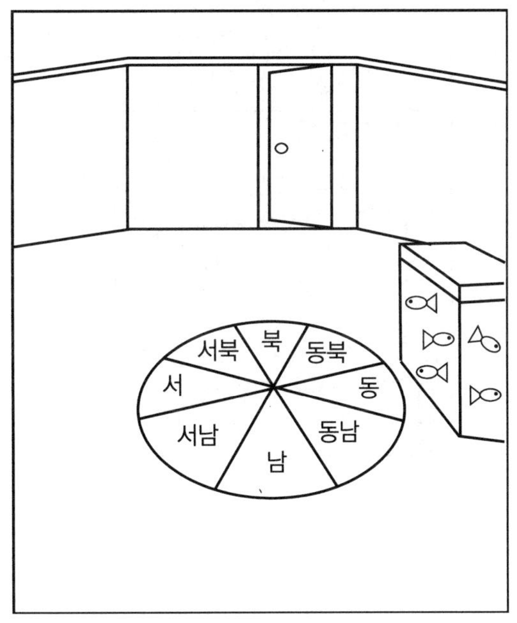

【그림22】 어항은 방안의 동쪽에 놓아야 한다

어항을 진열할 때 세 가지 주의할 점

(1) 어항을 신상(神像) 아래에 놓지 마라.

어떤 신상이든 그 밑에는 절대로 어항을 놓지 말아야 한다. 특히 재신(財神)이나 복(福), 녹(祿), 수(壽), 삼성(三星) 아래에는 놓지 못한다.

【그림23】에서처럼 이는 복신을 물에 떨어뜨리는 것과 같아서 재산의
손실을 입게 된다.

【그림23】 어항은 신상 아래에 놓지 말아야 한다

(2)【그림24】에서와 같이 어항과 주방의 가스렌즈가 일직선으로 놓
　　여 있으면 매우 흉하다.

가족 중 건강에 이상이 생길 수 있으므로 주방의 문과 곧바로 마주
보아서는 안 된다.

어항은 수(水)이고 부엌의 가스렌즈는 화(火), 수화 화는 서로 상극으로 이 가열대로 음식을 끓여 먹고 사는 온 집안이 연달아 손해를 입게 된다.

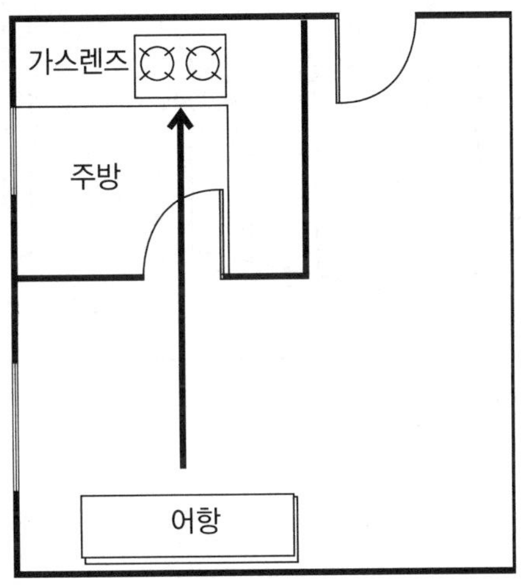

【그림24】 어항은 부엌의화기와 일직선상에 놓여 있어서는 안 된다

(3) 어항은 너무 놓게 설치하지 말아야 한다.

어항을 땅에서 140cm 정도 높이에 진열하면【그림25】와 같이 사람이 앉거나 서거나 물이 머리까지 잠기는 듯한 느낌(침몰한 듯한 느낌)이 든다. 그러므로 흉이 많고 길이 적다.

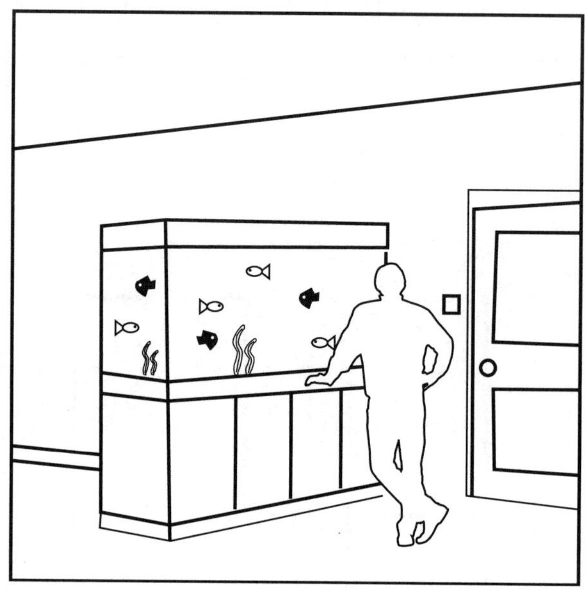

【그림25】 어항을 너무 높게 진열하면 흉하다

위의 세 가지를 피하고 실운의 방위를 골라 어항을 진열하면 아무문제 없다.

그럼 몇 마리의 물고기를 길러야 좋은가? 이는 매우 어려운 문제다. 그것은 사람에 따라 다르기 때문에 집주인의 오행을 좇아 결정해야 한다.

호주(戶主)의 오행만 알면 이해하기 쉽도록 아래에 표로 나타내었다.

그러므로 표를 보면 몇 마리의 물고기를 키워야 집주인의 오행과 부합되는지 알 수 있다.

예를 들어 호주가 오행 중 수(水)에 해당된다면, 한 마리의 옅은색 물

고기(옅은 은백색 물고기)나 여섯 마리의 짙은색 물고기(예를 들어 진홍색의
사자머리)를 길러야 1+6인 수(水)의 숫자에 부합되는 것이다.

【표1】

색깔 〳 오행	진한 붉은색	옅은 백색
수	6	1
화	7	2
목	8	3
금	9	4
토	10	5

 식물과 풍수

풍수학에서는 실내에서 기르는 식물을 크게 두 종류로 나눈다.

하나는 흥왕 발달의 작용을 하는 생왕(生旺) 식물—상록(常綠) 식물이고, 다른 하나는 악귀를 억제하는 화살(化煞) 식물—선인장류다.

이 두 가지 식물은 그 작용이 서로 다르기 때문에 진열하는 방향도 다르다. 그러므로 반드시 정확하게 구별하여 적당한 장소에 놓아야 한다. 만약 엉뚱한 장소에 놓는다면 반대 효과가 나타나기 때문이다.

아래의 주요 원칙만은 분명히 기억해 두어야 한다.

즉, 운수를 좋게 만드는 방향인 흥왕위(興旺位)에는 큰 잎의 상록식물을 놓고 운세를 쇠퇴시키는 방향인 쇠퇴위(衰退位)에는 선인장 등 가시 돋힌 식물을 놓는다.

위의 요령만 알고 있으면 길흉이 바뀌는 일은 없을 것이다. 기타 흥왕위도 아니고 쇠퇴위도 아닌 보통 방위에는 어떤 식물을 놓더라도 아무 해가 없다.

우선 흥왕위를 살펴보자. 1992년 흥왕위는 동쪽과 서쪽이며 1993년에는 북쪽과 동남쪽이다.

서북	북	동북
서		동
서남	남	동남

【그림26】 1992년과 1993년의 흥왕위

【그림26】에서처럼 흥왕위에 잎이 두텁고 큰 상록 식물을 놓으면 재운이 증가한다. 소철, 상수리나무, 참장 대나물, 만년송, 부처손 들 상록 식물이 매우 이상적이다.

이외에도 관엽용수, 부귀죽(富貴竹) 등도 좋은 효과가 있다. 대나무도 좋다.

『양택대전(陽宅大全)』이라는 책에는 '집 주위에 대나무가 푸르면 재운이 생긴다' 고 적혀 있다. 다시 말하면 대나무는 관상이나 풍수에 모두 적합한 식물이다.

흥왕위에 대나무 그림을 걸어 놓아도 좋다.

흥왕위에는 죽화(竹畵) 외에도 모란꽃 그림을 걸어 놓아도 좋다. 모란 꽃은 예로부터 부귀(富貴)의 꽃이라고 일컬어졌다. 색깔이 아름다울 뿐만 아니라 의젓하고 온화하며 점잖고 귀티가 있다.

만약 흥왕위에 부귀화인 모란꽃까지 걸어 놓는다면 금상첨화다.

위에서는 흥왕위에 어떤 식물을 이용하여 흥왕 발달의 효력을 내는지 살펴보았는데 다음에는 쇠퇴위에 어떤 식물을 이용하여 악귀를 억제할 것인지 살펴보자.

서북	북	동북
서 1993		동 1993
서남 1992	남 1992	동남

【그림27】 1992년과 1993년의 쇠퇴위

 조금만 바꾸면 행복해지는 풍수 대백과

1992년 불길한 쇠퇴위는 남쪽이나 서남쪽이고 1993년 동쪽과 서쪽이다. 보통 쇠퇴위에는 가시 돋힌 식물, 각종 선인장과 장미꽃이 모두 여기에 속한다. 선인장류의 가시 있는 식물들을 쇠퇴위 혹은 흉한 범위에 놓으면 악귀를 억제하는 작용이 있다.

제3장

가옥의 흉상을
길상으로 바꾸는 방법

# 실내 공간의 개선(1)

풍수학에서 가장 중시하는 가옥은 【그림28】에서처럼 늠름하고 위풍
당당한 전통 가옥이다.

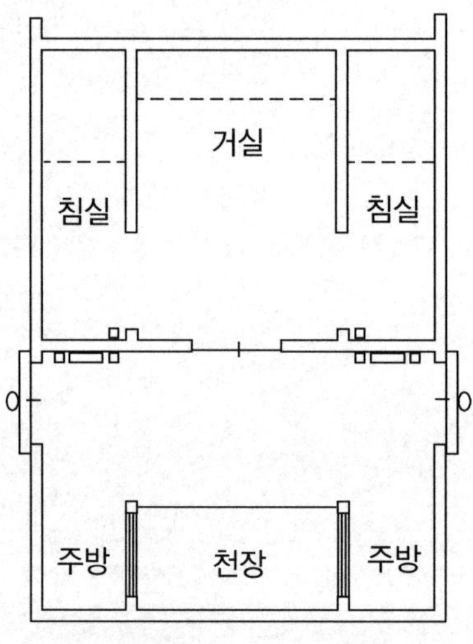

【그림28】 전통적인 가옥

　풍수학에서는 정사각형의 가옥의 길한 반면 좁고 긴 직사각형이나 불규칙적인 가옥은 불길하게 여긴다. 현재 많은 사람들이 거주하고 있는 아파트들을 살펴보면 직사각형이나 불규칙적인 형태가 많다. 거기에 거주하는 사람들은 대부분 편안한 생활을 영위하지 못한다.

　직사각형과 불규칙 형태 가옥의 구제 방법을 알아보자.

　먼저 거실이 좁고 긴 형태일 경우를 살펴보자.

　소위 좁고 긴 형이란 길이가 폭의 한 배 이상인 것을 가리킨다.

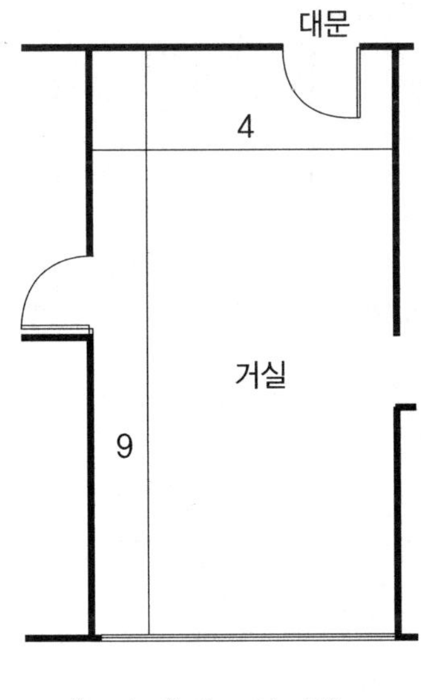

【그림29】 좁고 긴 거실

　【그림29】에서 거실의 길이는 9미터인데 폭이 겨우 4미터에도 못 미치므로 너무 좁고 길다. 이런 거실은 비단 풍수상으로 좋지 못할 뿐만 아니라 실내 설계에 있어서도 어려울 것이다.

이때 제일 좋은 해결 방법은 거실을 낮은 가구나 화장대를 이용하여 두 부분으로 나누는 것이다.

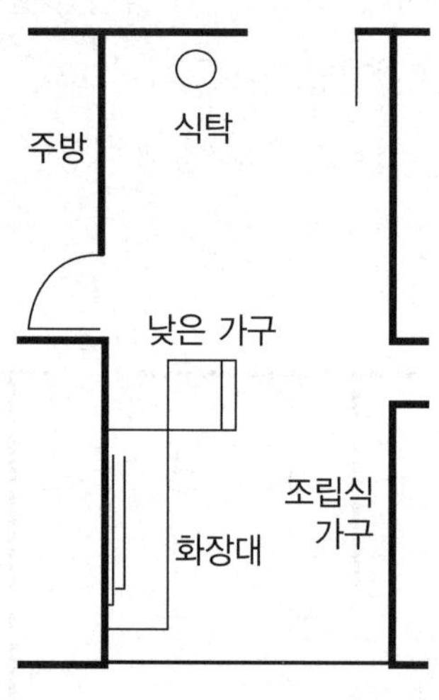

【그림30】

【그림30】에서처럼 좁고 긴 거실을 나누어 두 개의 정사각형으로 만들면 풍수에 맞을 뿐만 아니라 눈에 거슬리지도 않고 좁고 길게 느껴져 담담한 감도 없어졌다.

그러나 주의할 점은,

⑴ 되도록 중간 지점에 가깝게 분리해야만 나누어진 두 부분이 정사각형이 될 것이다.

정사각형이 아니라면 애써 분리한 의미가 없어진다.

⑵ 되도록 낮은 가구를 이용하여 칸막이를 해야 한다.

예를 들면 1미터 정도 되는 낮은 가구나 화장대가 매우 좋다. 그래야만 나누어진 두 공간이 서로 소통할 수 있다.

만약 높은 널빤지로 벽을 대신한다면 그 효과는 썩 좋지 못하다.

⑶ 칸막이로 쓰이는 가구가 방문과 마주 보아서는 안 된다.

【그림31】에서처럼 낮은 가구가 방문과 바로 이어진다면 그 방을 사용하는 사람에게 매우 불리하다. 특히 건강이 좋지 않게 된다. 어린이의 방문에 직면하지 않도록 각별히 주의해야 한다.

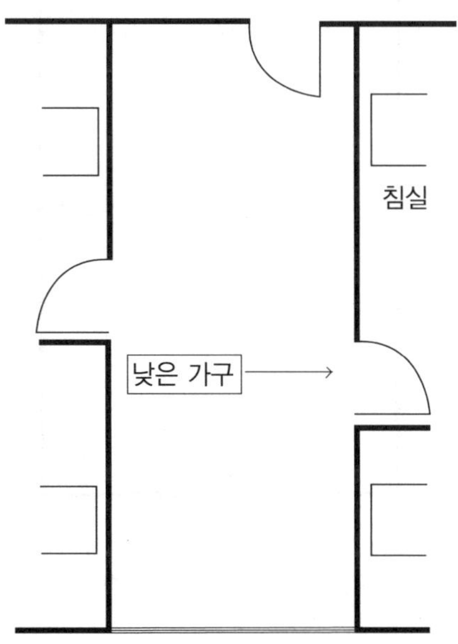

【그림31】 낮은 가구가 방문과 바로 마주보아서는 안된다

만약 불가피한 형편이라면 그 낮은 가구 옆에 화분(식물)을 놓으면 도움이 된다.

위에서 좁고 긴 거실을 언급했은데 좁고 긴 침실도 이와 같은 방법으로 나눌 수 있다. 【그림32】와 같은 방일 경우 침대에 누워서 좁고 긴 방 안을 바라보면 음습하고 고적한 느낌이 생겨서 신경이 예민한 사람에게는 여러 가지 환상이 떠오를 것이다.

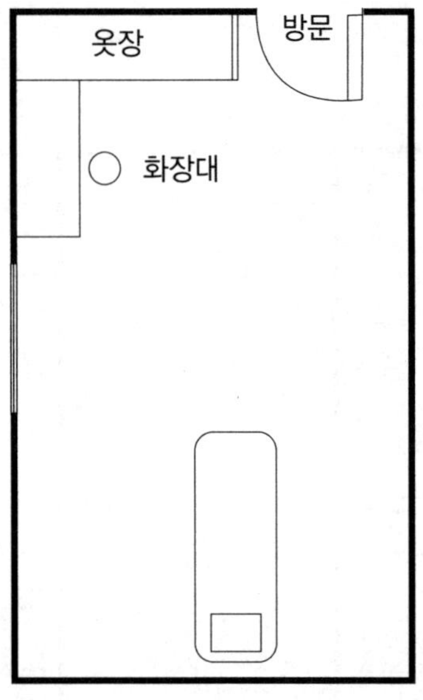

【그림32】 침실이 좁고 길면 음습하고 고적한 느낌이 생긴다

【그림33】에서처럼 낮은 가구로 좁고 긴 방을 나누어 한쪽은 화장용이나 서재로 사용하고, 다른 한쪽은 침실로 사용하면 좋다. 만약 낮은

가구 위에 TV를 올려놓는다면 침대에 누워서 좋은 프로그램도 감상할 수 있을 것이다.

　이처럼 긴 방을 분리하면 텅 빈 느낌이 사라져 한층 충만한 느낌이 들 것이다.

　【그림32】와 【그림33】을 비교해 보면 그 차이가 매우 크다는 것을 알 게 될 것이다. 【그림33】의 배치가 훨씬 더 이상적이다.

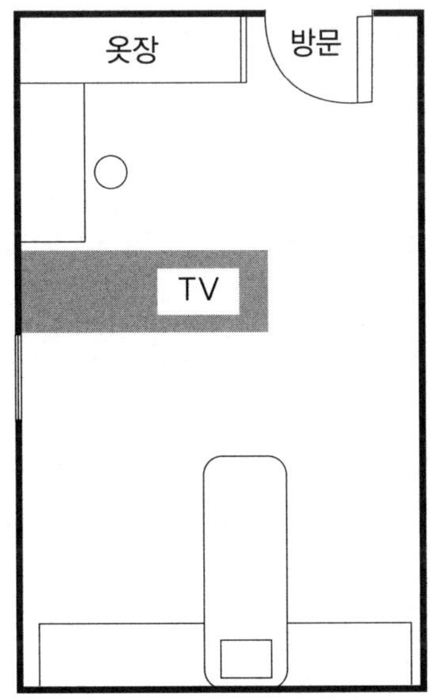

【그림33】 낮은 가구를 좁고 긴 방의 칸막이로 사용한다

어떤 사람은 거울을 칸막이로 사용하는데 이 방법은 그리 좋지 않다. 만약 거울이 서재나 화장실로 향하면 문제가 없지만 침실 쪽을 향하면 풍수학에 있어서 금기를 범하게 된다. 그 결과 질병을 얻게 된다.

실내 공간의 개선(2)

앞에서 좁고 긴 거실의 배치 방법을 살펴보았는데 여기에서는 다각형 거실의 배치 방법을 소개하겠다.

풍수학적으로 볼 때 이 다각형 거실은 별로 불길하지는 않지만 그래도 바꾸는 것이 좋다.

가구를 효과적으로 배치함에 있어서 아래의 두 가지 원칙은 반드시 지켜야 한다.

1) 예각(銳角)은 없애야 한다

풍수학에서 제일 꺼리는 것이 예각이다. 예각은 날카롭고 뾰족하여 매우 강한 살상력(殺傷力)을 지니고 있다. 즉 주위 환경에 충격과 손상을 입힌다. 특히 실내 예각의 살상력은 매우 크다.

그러므로 다각형 거실을 효과적으로 바꾸기 위해서는 먼저 이 예각부터 처리해야 한다. 그 처리가 잘 된다면 더이상 풍수 때문에 걱정하지 않아도 된다.

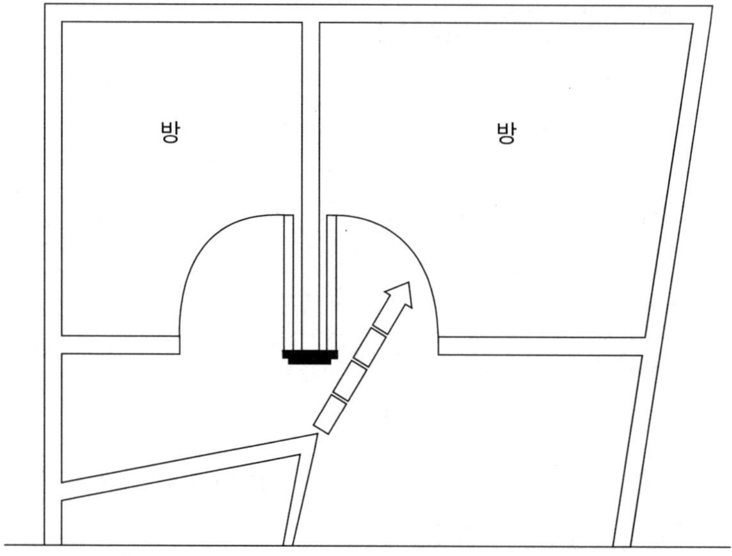

【그림34】 예각이 방문을 향해 충격을 주고 있다

　예를 들면 【그림34】에서처럼 뾰족한 벽 모퉁이(예각)가 방문으로 향했다면 이 침심을 사용하는 사람은 큰 화를 당하게 된다. 재산의 손실은 말할 것도 없고 가장 힘든 시기에 가족의 사망까지 겹치게 될 것이다.

　이런 화를 막기 위한 방법 중 한 가지는 원목 가구나 기타의 가루를 이용하여 【그림35】와 같이 예각 모서리를 막아 버리는 것이다. 그러면 예각 충격의 사기(邪氣)를 없애 버릴 수 있다.

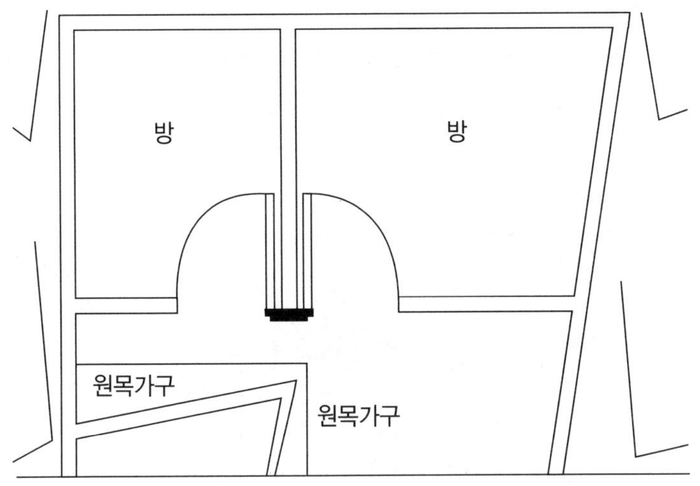

【그림35】 원목 가구로 예각을 메웠다

예각 모서리를 막아버리는데 사용하는 원목 가구가 높든 낮든 【그림36】처럼 한데 연이어야만 효과가 있다.

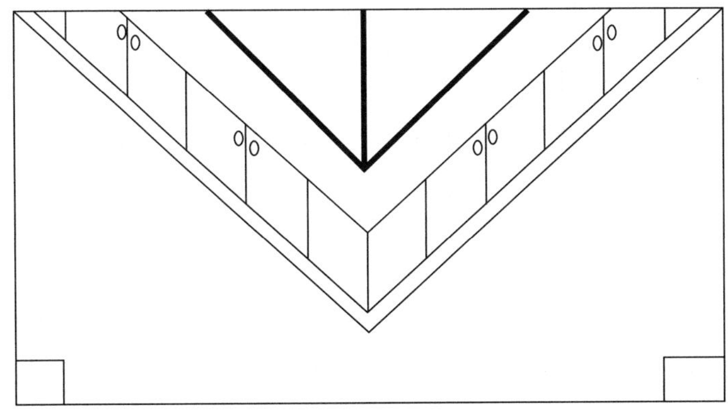

【그림36】 서로 연결된 원목 가구

만약 변화를 원한다면【그림37】처럼 두 원목 가구에 연결된 곳에 한 그루의 식물이나 어항을 놓아둘 수도 있다. 주의해야 할 것은 중간에 텅 빈 자리가 있다면 효과가 없어진다는 점이다.

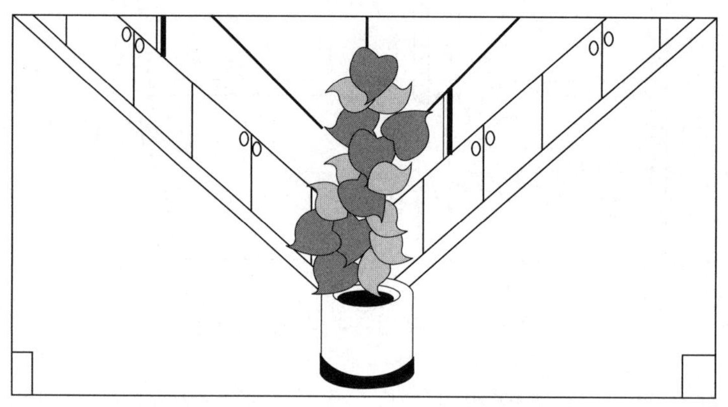

【그림37】 원목 가구가 연결된 곳에 식물을 놓아둔다

2) 구분(區分)하여 배치한다

다각형 거실을 배치함에 있어서 가장 곤란한 것은 중심점을 찾기 어렵다는 점이다. 그리하여 배치한 가구가 서로 어울리지 않고 제각기 따로 떨어져 혼란스럽게 된다.

【그림38】의 다각형 거실을 예로 들면 육면으로 된 벽이 일정하지도 않을뿐더러 또 네 개의 통로까지 있어 배치하기에 매우 어려움을 겪게 된다. 이런 상황에서는 우선 거실 내의 중심점을 파악해야 한다.

그리고 이 중심점을 근거하여 몇 개의 구역으로 나누어 배치한다.

 조금만 바꾸면 행복해지는 풍수 대백과

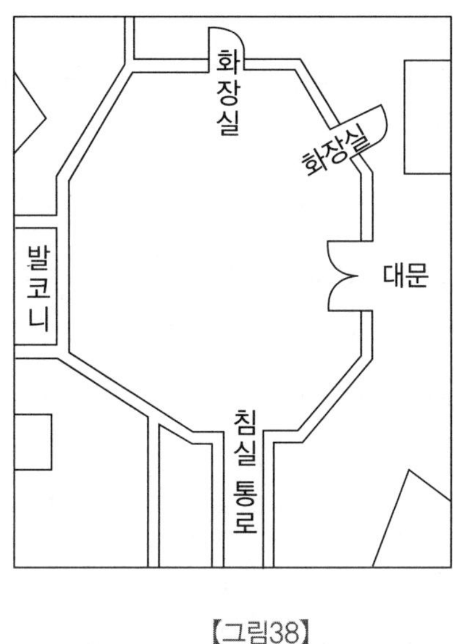

【그림38】

【그림39】에서 중심점은 실내로 통하는 각 통로의 교차점으로서 마
땅히 그 통로의 문을 확보해야 한다.

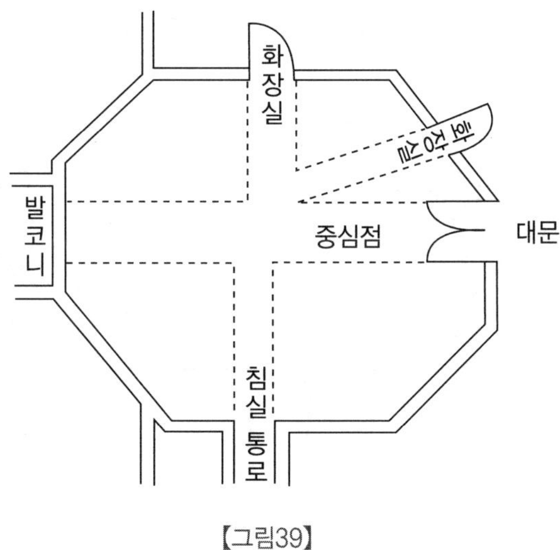

【그림39】

그래야만 실내가 막힘 없이 소통된다.

중심점에는 대형 등(燈)을 설치하는 것이 좋다. 수정등(水晶燈)을 설치하면 더욱 효과적이다.

이같이 배치함에 있어서 가장 주의할 것은 되도록 각 구역마다 4방형이 되도록 해야 한다. 그렇게 하면 예각에 의한 충격도 해결할 수 있으며 동시에 여러 가지 문제가 저절로 풀려나간다.

【그림40】이 매우 좋은 예이다.

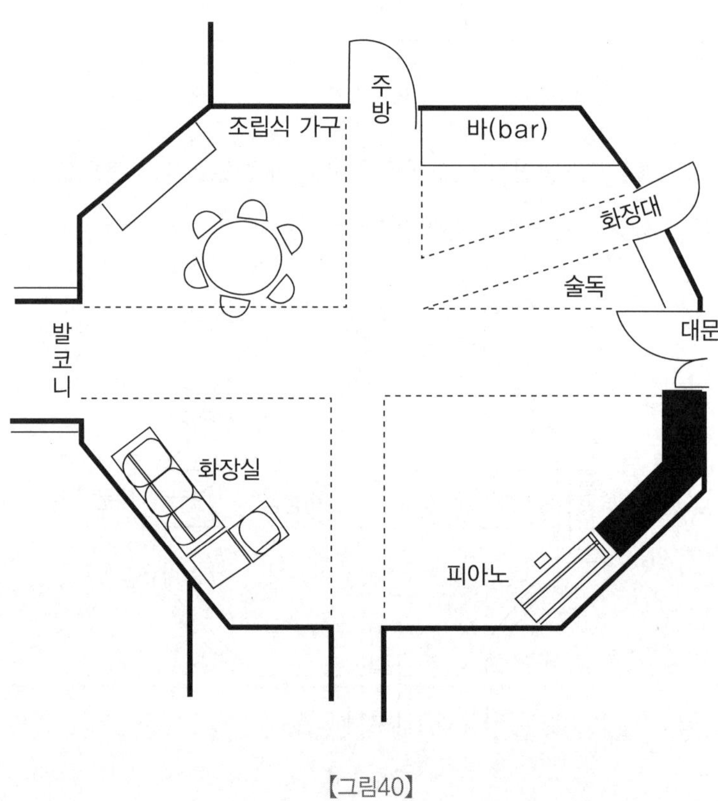

【그림40】

각 구역마다 가구를 이용하여 예각을 막고 4방형이 되도록 만들었다
면 조립식 가구, 원형 식탁, 그리고 피아노 등이 서로 영향을 미쳐서 풍
수에도 잘 부합될 것이다.

# 예각의 충격

풍수학에서 '예각은 불길하다' 고 하여 불안과 질병을 가져오며 재난으로 인하여 망하고 가족도 사망한다고 한다.

왜 이런 말이 생겼을까?

원형은 온 가족이 단란하게 지냄과 만사가 원만해짐을 상징할 뿐 아니라 각이 없으므로 예각의 충격에서 벗어날 수 있다.

사각형은 안정감을 준다. 사각형에 있는 각은 둔각이어서 예각처럼 심각한 영향은 없다.

그러나 삼각형은 예각(90도보다 작은 각)이 있으며 각이 첨예할수록 그것이 미치는 영향은 강하다.

그러므로 주택을 구입할 때는 집 주위에 예각이 없는지 살피고 만약 있다면 다른 주택을 선택하는 것이 좋다.

예각에는 여러 종류가 있지만 【그림41】에서처럼 대문을 향한 것이 가장 해롭다.

풍수학설에 의하면 곧바로 대문을 향한 예각은 매우 많은 피해를 초래한다. 예를 들면 자주 병이 들던지 가정이 망하고 가족이 사망하는 등, 사실 이것은 좀 과장된 말에 지나지 않지만 만약 우려가 된다면 아래 네 가지 방법을 사용하여 침습을 막을 수 있다.

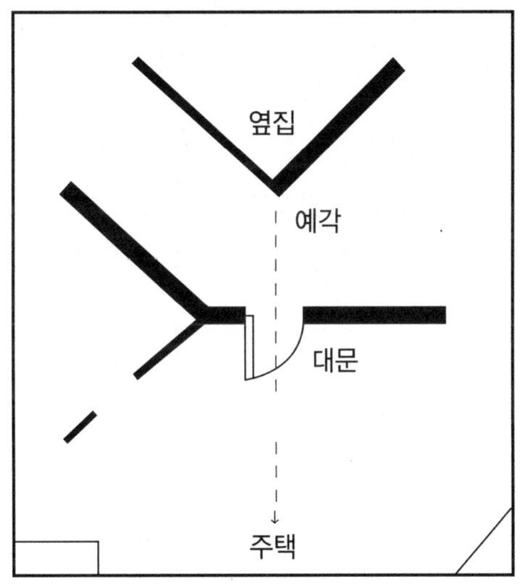

【그림41】 대문을 향한 예각은 흉하다

1) 수두(獸頭, 짐승의 머리 모양) 패(牌)를 이용하는 방법

현재에는 수두 패가 매우 드물다.

수두 패란 너비 21cm, 높이 36cm 정도인 널빤지에 그려진 입벌린 짐승의 머리다. 이 수두 패를 예각이 향한 쪽에 마주 보도록 걸어 놓기만 하면 그 해를 막을 수 있다.

주의할 점은 짐승의 얼굴에 못질을 하지 말아야 한다는 것이다.

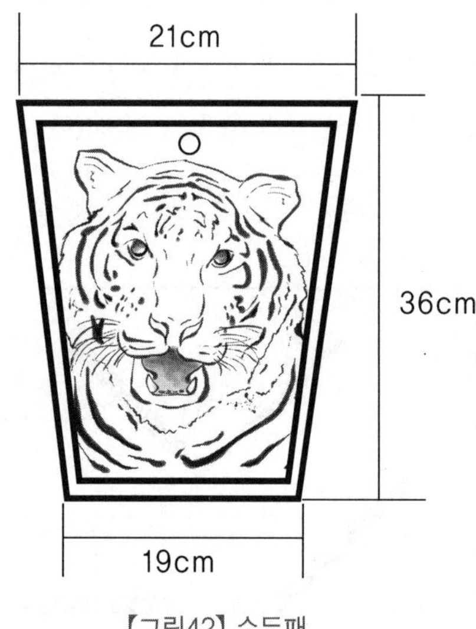

【그림42】 수두패

2) 오목 거울을 이용하는 방법

오목 거울은 거울에 비치는 형상을 모두 반사해서 몰아내는 작용이
있다. 그리하여 예각의 영향을 막
아 내는 가장 훌륭한 도구로 인정
된다.

오목 거울 역시 예각을 향해서
마주 보도록 걸어 놓으면 된다.

【그림43】 오목 거울은 예각의 영향을 막아준다

3) 널빤지를 이용하는 방법

예각이 보이는 곳에 【그림44】에서처럼 널빤지를 세워 가리면 된다. 눈에 띄지 않도록 하는 것이 가장 좋은 방법으로 그렇게만 해도 재난을 피하게 된다.

만약 이렇게 실행한 뒤에도 마음이 놓이지 않는다면 오목한 거울이나 수두 패를 걸어두면 더욱 좋다.

【그림44】

위에서 살펴본 악귀를 물리치는 방법은 옛 풍수학 책 『노반경(魯班經)』에 수록된 내용이다. 이 세가지 방법이 너무 번거롭다면 아래의 네 번째 방법을 참고하기 바란다.

4) 어항을 이용하는 방법

　예각의 방향에 어항을 놓아두는 방법이 있다. 이 방법은 재화를 상서롭게 바꿔준다.

　어항을 진열하면 아래 두 가지 작용이 있다.

　⑴ 유리나 알루미늄 등으로 만들어진 어항은 팔괘(八卦) 거울과 마찬가지로 반사 작용을 하여 악을 물리친다.

　⑵ 예각은 날카로운 무기이므로 금(金)에 속한다. 금이 어항의 수(水)와 마주치니 그의 원기(元氣)가 크게 손상을 받는다. 그러므로 예각의 충격이 약해지게 된다.

　어항으로 예각의 영향을 와해하므로 마음도 놓이고 보기에도 좋다. 그렇다면 과연 몇 마리의 금붕어를 길러야 적당할까? 여섯 마리가 가장 이상적이다. 그중 다섯 마리는 흑색, 나머지 한 마리는 붉은색이 좋다. 제일 이상적인 물고기는 금붕어나 금잉어다.

거울과 유리

거울과 유리는 가정에서 주로 사용하는 장식품이다. 그러나 풍수학상으로 살펴볼 때 유리와 거울은 그 길흉이 같지 않으므로 잘 구별하여 사용해야 한다.

1) 거울

풍수학에서 거울은 금기에 해당하므로 함부로 사용해서는 안 된다. 거울을 배치할 때에는 두 개의 거울이 서로 마주보게 해서는 안 되며 또 길한 방위로 향하게 해서도 안 된다.

그 이유를 살펴보기 위해서는 먼저 거울의 작용부터 알아야 한다.

풍수학에서 사용하는 거울은 그 종류가 매우 많으며 오목 거울, 볼록 거울, 팔괘 거울, 백호(白虎) 거울 등이 있다. 【그림45】

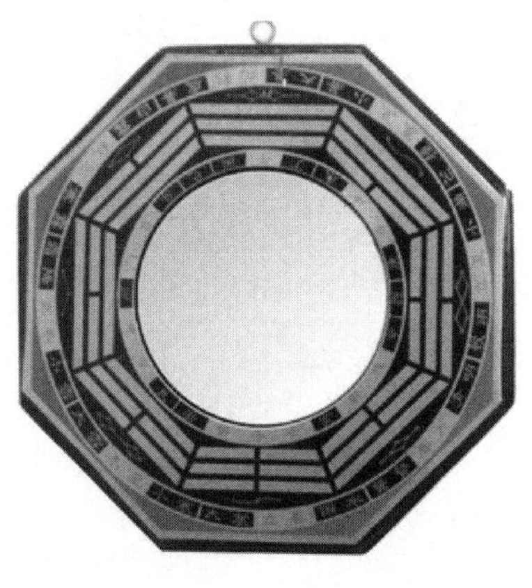

【그림45】 팔괘 거울, 백호 거울

이 거울들은 주로 악귀를 비추는데 사용한다.

여기에서 '악귀를 비춘다'는 뜻은 거울을 사용하여 그 맞은편에서 다가오는 악귀와 흉신들을 반사해 물리침으로써 손상당하는 일을 피한다는 것이다.

그러므로 상식적으로 생각해 보더라도 거울이 흉신을 비추는데 쓰인다면 그것을 다시 사람에게 향하도록 배치하는 것은 매우 불길한 일로 여겨질 것이다.

【그림46】이 바로 거울이 사람을 곧바로 비추는 예다. 【그림46】에서처럼 거울이 침대 머리를 향해 있는 것은 매우 좋지 않다. 잠을 편히 잘 수 없을뿐더러 병에 시달리게 된다. 거울이 침대 머리를 마주보는 것도 나쁘고 부엌의 화기와 마주 보는 것도 역시 불길하다.

때문에 거울을 배치하기 전에 부엌의 가스렌즈를 향하는지 살펴보아야 한다. 만약 곧게 향했다면 가족이 편치 않을 것이다.

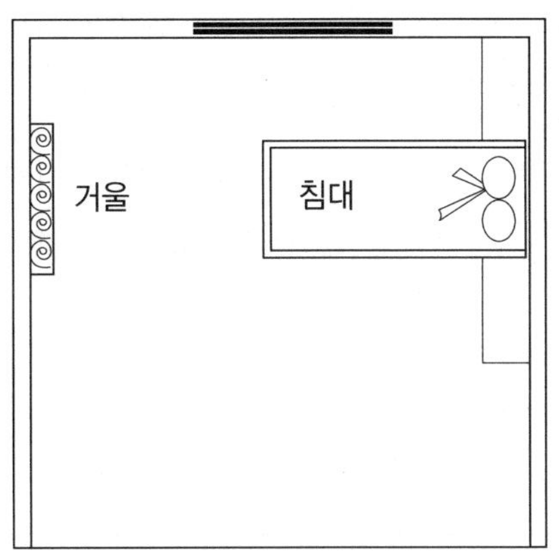

【그림46】 거울이 침대와 마주 보는 것은 불길하다

또한 거울이 대문이나 방문과 곧바로 마주한 것도 좋지 않다.

【그림47】을 살펴보면 대문 입구에 거울이 두 개 있는데 거울 A는 대문과 곧바로 마주 보고 있으므로 흉하다.

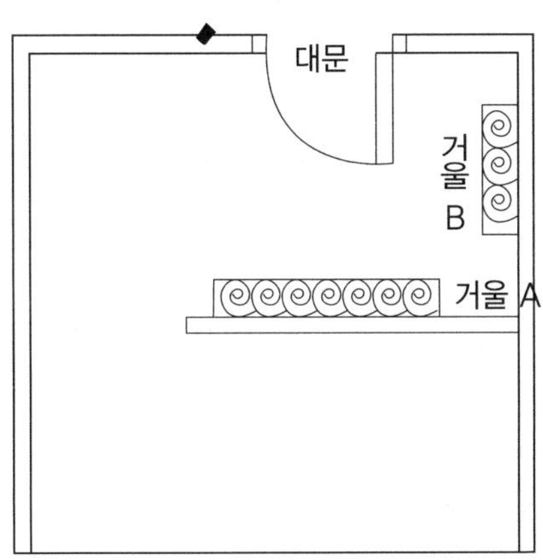

【그림47】 거울이 대문을 곧바로 마주한 것은 흉하다

그러나 거울 B는 대문 옆쪽에, 즉 대문과 곧바로 상대하지 않았으므로 풍수에는 방해가 되지 않는다.

거울을 배치할 때 한 가지만은 피해야 한다. 즉 거울이 방바닥에서 떨어지지 않도록 낮은 가구로 거울을 받쳐 놓는다면【그림48】비교적 이상적이다.

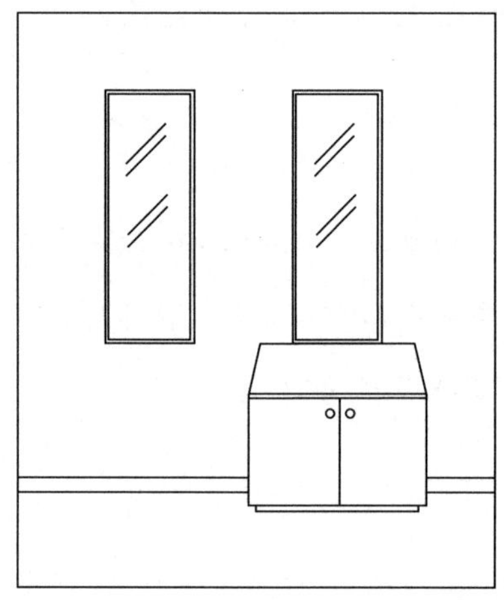

【그림48】 거울이 방바닥에서 떨어지게 배치한 것은 흉하다

2) 유리

유리는 투명하고 두껍지 않아 실내 장식에 좋은 재료다. 유리로 칸막이를 하면 방안이 밝고 공간도 훨씬 넓어 보인다. 결점은 쉽게 부서진

다는 것이다. 어린이가 있는 집에서는 안전을 고려해서 되도록 피하는
것이 좋다. 유리는 피사체를 반사하지 않으므로 거울처럼 크게 신경쓰
지 않아도 된다. 때문에 대문을 곧바로 마주 보든지 침대머리와 곧바
로 마주 보아도 된다.

제4장

음양오행으로 보는
주택 풍수

동사면괘(東四命卦)

대부분의 사람들은 주택과 그곳에 거주하는 이와의 관계가 매우 밀접하기 때문에 서로 잘 융합이 되어야 번영하고 그렇지 않으면 안락하게 살 수 없다고 여긴다.

『팔택명경』이라는 풍수학 고전에서는 사람과 주택을 크게 '동사(東四)'와 '서사(西四)', 두 종류로 나눈다. 만일 사람과 주택이 동류(同類)라면 서로 융합이 되는 것이어서 매우 길하며 동류가 아니면 융합이 안 되어 매우 불길하다고 한다.

'동사'와 '서사'는 팔괘(八卦), 오행(五行), 방위(方位)에 근거하여 구분한 것이다.

팔괘는, 건(乾), 감(坎), 간(艮), 진(震), 손(巽), 이(離), 곤(坤), 태(兌)로 나누어진다. 그 중 진(震), 손(巽), 감(坎), 이(離)는 동사(東四)에 속하며 건(乾), 태(兌), 간(艮), 곤(坤)은 서사(西四)에 속한다.

오행은 수(水), 화(火), 목(木), 금(金), 토(土)로 나누어지고 그 중 수, 목, 화는 동사에 속하며 토와 금은 서사에 속한다.

여덟 개의 방위 중에서 동, 동남, 남 및 북이 동사에 속하고, 서, 서남, 서북이나 동북은 서사에 속한다.

동사와 서사를 다음과 같이 표로 나타냈었다.

【표2】

유별	팔괘(八卦)	오행(五行)	방위(方位)
동사(東四)	진(震)	목(木)	동방(東方)
	손(巽)	목(木)	동남방
	감(坎)	수(水)	북방
	이(離)	화(火)	남방
서사(西四)	건(乾)	금(金)	서북
	태(兌)	금(金)	서방
	간(艮)	토(土)	동북
	곤(坤)	토(土)	사남

위의 표에서 볼 수 있듯이 오행이 수나 목, 화에 속한다면 동사명(東四命)에 해당하며 방위가 동, 동남, 남, 북은 동사방(東四方)에 거주하는 것이 좋다. 만약 오행이 토나 금에 해당하는 사람은 서사명(西四命)에 속하며 서, 서남, 서북 및 동북은 서사방(西四方)에 거주하면 좋다.

오행은 그 사람의 출생년도를 기준으로 계산한다. 다시 말하면 같은 해에 태어난 사람의 오행은 동일하다. 단 남녀의 구별이 있을 뿐이다.

예를 들면 1968년에 출생한 남자는 모두 곤토(坤土)이고 서사명(西四命)에 속한다. 그러나 1968년에 태어난 여자의 경우는 모두 감수(坎水)이며 동사명(東四命)에 속한다.

그러나 풍수학과 명리학은 오행을 계산하는 방법(100페이지 참조)이 다르다. 풍수학에서는 출생년도를 기준으로 하지만 명리학에서는 출생일이 기준이다. 그러므로 혼동하지 말아야 한다.

이외에 또 주의해야 할 한 가지는 해(年)가 바뀌는 시기를 양력 2월 4일이나 5일을 경계로 한다는 것이다. 그러므로 이 날 이후에 출생한 사람은 새해에 출생한 것으로 계산해야 한다.

동, 동남, 남이나 북은 동사명(東四命)인 사람에게 길방(吉方)이다. 다시 말해서 매우 좋은 방위다. 반대로 서, 서남, 서북이나 북방은 동사명인 사람과 배합이 안 되는 흉한 방위다. 즉 길하지 않은 방위다.

동사명의 길흉(吉兇) 방위는 【그림49】를 보면 쉽게 알 수 있다. 참고로 동사명의 출생년도를 남녀로 나누어 아래에 표시한다.

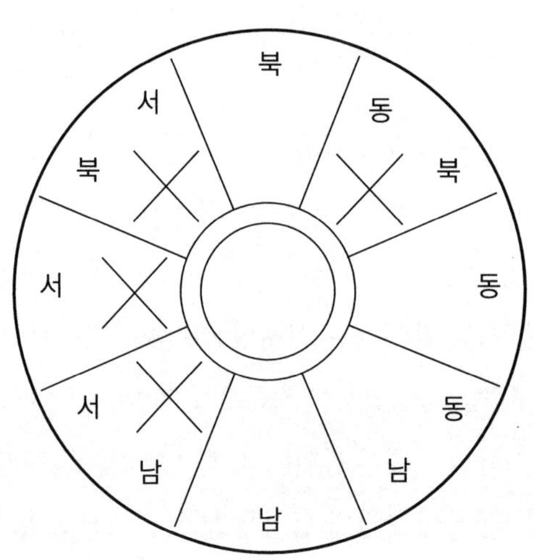

【그림49】 동사명의 길흉 방위

 조금만 바꾸면 행복해지는 풍수 대백과

【표3】 동사명(東四命)

남(男)		여(女)	
1927	감수(坎水)	1925	진목(震木)
1928	이화(離火)	1926	손목(巽木)
1933	손목(巽木)	1931	이화(離火)
1934	진목(震木)	1932	감수(坎水)
1936	감수(坎水)	1934	진목(震木)
1937	이화(離火)	1935	손목(巽木)
1942	손목(巽木)	1940	이화(離火)
1943	진목(震木)	1941	감수(坎水)
1945	감수(坎水)	1943	진목(震木)
1946	이화(離火)	1944	손목(巽木)
1951	손목(巽木)	1949	이화(離火)
1952	진목(震木)	1950	감수(坎水)
1954	감수(坎水)	1952	진목(震木)
1955	이화(離火)	1953	손목(巽木)
1960	손목(巽木)	1958	이화(離火)
1961	진목(震木)	1959	감수(坎水)
1963	감수(坎水)	1961	진목(震木)
1964	이화(離火)	1962	손목(巽木)
1969	손목(巽木)	1967	이화(離火)
1970	진목(震木)	1968	감수(坎水)
1972	감수(坎水)	1970	진목(震木)
1973	이화(離火)	1971	손목(巽木)
1978	손목(巽木)	1976	이화(離火)
1979	진목(震木)	1977	감수(坎水)
1981	감수(坎水)	1979	진목(震木)
1982	이화(離火)	1980	손목(巽木)
1987	손목(巽木)	1985	이화(離火)
1988	진목(震木)	1986	감수(坎水)
1990	감수(坎水)	1988	진목(震木)
1991	이화(離火)	1989	손목(巽木)

◆ 남명공식

(100 − 출생년) ÷ 9 → 나머지

예를 들어 1962년에 출생한 남자의 경우

(100 − 62) ÷ 9 = 38 ÷ 9 = 2

나머지 수는 2

2는 곤(坤)에 속하므로 이해에 출생한 남자는 곤명에 해당한다.

◆ 여명공식

(출생년 − 4) ÷ 9 → 나머지

예를 들어 1962년에 출생한 여자의 경우

(62 − 4) ÷ 9 = 58 ÷ 9 = 4

나머지 수는 4

4는 손(巽)에 속하므로 이해에 출생한 여자는 손명에 속한다.

여기까지 나머지 숫자가 나타내는 명쾌를 살펴보자

1 − 감(坎)명   6 − 건(乾)명

2 − 곤(坤)명   7 − 태(兌)명

3 − 진(震)명   8 − 간(艮)명

4 − 손(巽)명   0 − 이(離)명

5 − 남자일 경우 곤(坤)명, 여자일 경우 간(艮)명

아래에 1901년부터 2000년에 이르는 남녀 명괘를 자세히 밝혀 놓았으니 참고하기 바란다.

【표4】　　　　　　　　　　　　　　　　　　　　　　○은 동4명, ●는 서4명

출생년도		남명(南命)		여명(女命)	
1901	신축(辛丑)	이화(離火)	○	건금(乾金)	●
1902	임인(壬寅)	간토(艮土)	●	태금(兌金)	●
1903	계묘(癸卯)	태금(兌金)	●	간토(艮土)	●
1904	갑진(甲辰)	건금(乾金)	●	이화(離火)	○
1905	을사(乙巳)	곤토(坤土)	●	감수(坎水)	○
1906	병오(丙午)	손목(巽木)	○	곤토(坤土)	●
1907	정미(丁未)	진목(震木)	○	진목(震木)	○
1908	무신(戊申)	곤토(坤土)	●	손목(巽木)	○
1909	기유(己酉)	감수(坎水)	○	간토(艮土)	●
1910	경술(庚戌)	이화(離火)	○	건금(乾金)	●
1911	신해(辛亥)	간토(艮土)	●	태금(兌金)	●
1912	임자(壬子)	태금(兌金)	●	간토(艮土)	●
1913	계축(癸丑)	건금(乾金)	●	이화(離火)	○
1914	갑인(甲寅)	곤토(坤土)	●	감수(坎水)	○
1915	을묘(乙卯)	손목(巽木)	○	곤토(坤土)	●
1916	병진(丙辰)	진목(震木)	○	진목(震木)	○
1917	정사(丁巳)	곤토(坤土)	●	손목(巽木)	○
1918	무오(戊午)	감수(坎水)	○	간토(艮土)	●
1919	기미(己未)	이화(離火)	○	건금(乾金)	●
1920	경신(庚申)	간토(艮土)	●	태금(兌金)	●
1921	신유(辛酉)	태금(兌金)	●	간토(艮土)	●
1922	임술(壬戌)	건금(乾金)	●	이화(離火)	○
1923	계해(癸亥)	곤토(坤土)	●	감수(坎水)	○
1924	갑자(甲子)	손목(巽木)	○	곤토(坤土)	●
1925	을축(乙丑)	진목(震木)	○	진목(震木)	○
1926	병인(丙寅)	곤토(坤土)	●	손목(巽木)	○
1927	정묘(丁卯)	감수(坎水)	○	간토(艮土)	●

출생년도		남명(南命)		여명(女命)	
1928	무진(戊辰)	이화(離火)	○	건금(乾金)	●
1929	기사(己巳)	간토(艮土)	●	태금(兌金)	●
1930	경오(庚午)	태금(兌金)	●	간토(艮土)	●
1931	신미(辛未)	건금(乾金)	●	이화(離火)	○
1932	임신(壬申)	곤토(坤土)	●	감수(坎水)	○
1933	계유(癸酉)	손목(巽木)	○	곤토(坤土)	●
1934	갑술(甲戌)	진목(震木)	○	진목(震木)	○
1935	을해(乙亥)	곤토(坤土)	●	손목(巽木)	○
1936	병자(丙子)	감수(坎水)	○	간토(艮土)	●
1937	정축(丁丑)	이화(離火)	○	건금(乾金)	●
1938	무인(戊寅)	간토(艮土)	●	태금(兌金)	●
1939	기묘(己卯)	태금(兌金)	●	간토(艮土)	●
1940	경진(庚辰)	건금(乾金)	●	이화(離火)	○
1941	신사(辛巳)	곤토(坤土)	●	감수(坎水)	○
1942	임오(壬午)	손목(巽木)	○	곤토(坤土)	●
1943	계미(癸未)	진목(震木)	○	진목(震木)	○
1944	갑신(甲申)	곤토(坤土)	●	손목(巽木)	○
1945	을유(乙酉)	감수(坎水)	○	간토(艮土)	●
1946	병술(丙戌)	이화(離火)	○	건금(乾金)	●
1947	정해(丁亥)	간토(艮土)	●	태금(兌金)	●
1948	무자(戊子)	태금(兌金)	●	간토(艮土)	●
1949	기축(己丑)	건금(乾金)	●	이화(離火)	○
1950	경인(庚寅)	곤토(坤土)	●	감수(坎水)	○
1951	신묘(辛卯)	손목(巽木)	○	곤토(坤土)	●
1952	임진(壬辰)	진목(震木)	○	진목(震木)	○
1953	계사(癸巳)	곤토(坤土)	●	손목(巽木)	○
1954	갑오(甲午)	감수(坎水)	○	간토(艮土)	●
1955	을미(乙未)	이화(離火)	○	건금(乾金)	●
1956	병신(丙申)	간토(艮土)	●	태금(兌金)	●
1957	정유(丁酉)	태금(兌金)	●	간토(艮土)	●
1958	무술(戊戌)	건금(乾金)	●	이화(離火)	○
1959	기해(己亥)	곤토(坤土)	●	감수(坎水)	○
1960	경자(庚子)	손목(巽木)	○	곤토(坤土)	●

출생년도		남명(南命)		여명(女命)	
1961	신축(辛丑)	진목(震木)	○	진목(震木)	○
1962	임인(壬寅)	곤토(坤土)	●	손목(巽木)	○
1963	계묘(癸卯)	감수(坎水)	○	간토(艮土)	●
1964	갑진(甲辰)	이화(離火)	○	건금(乾金)	●
1965	을사(乙巳)	간토(艮土)	●	태금(兌金)	●
1966	병오(丙午)	태금(兌金)	○	간토(艮土)	●
1967	정미(丁未)	건금(乾金)	●	이화(離火)	○
1968	무신(戊申)	곤토(坤土)	●	감수(坎水)	○
1969	기유(己酉)	손목(巽木)	○	곤토(坤土)	●
1970	경술(庚戌)	진목(震木)	○	진목(震木)	○
1971	신해(辛亥)	곤토(坤土)	●	손목(巽木)	○
1972	임자(壬子)	감수(坎水)	○	간토(艮土)	●
1973	계축(癸丑)	이화(離火)	○	건금(乾金)	●
1974	갑인(甲寅)	간토(艮土)	●	태금(兌金)	●
1975	을묘(乙卯)	태금(兌金)	●	간토(艮土)	●
1976	병진(丙辰)	건금(乾金)	●	이화(離火)	○
1977	정사(丁巳)	곤토(坤土)	●	감수(坎水)	○
1978	무오(戊午)	손목(巽木)	○	곤토(坤土)	●
1979	기미(己未)	진목(震木)	○	진목(震木)	○
1980	경신(庚申)	곤토(坤土)	●	손목(巽木)	○
1981	신유(辛酉)	감수(坎水)	○	간토(艮土)	●
1982	임술(壬戌)	이화(離火)	○	건금(乾金)	●
1983	계해(癸亥)	간토(艮土)	●	태금(兌金)	●
1984	갑자(甲子)	태금(兌金)	●	간토(艮土)	●
1985	을축(乙丑)	건금(乾金)	●	이화(離火)	○
1986	병인(丙寅)	곤토(坤土)	●	감수(坎水)	○
1987	정묘(丁卯)	손목(巽木)	○	곤토(坤土)	●
1988	무진(戊辰)	진목(震木)	○	진목(震木)	○
1989	기사(己巳)	곤토(坤土)	●	손목(巽木)	○
1990	경오(庚午)	감수(坎水)	○	간토(艮土)	●
1991	신미(辛未)	이화(離火)	○	건금(乾金)	●
1992	임신(壬申)	간토(艮土)	●	태금(兌金)	●
1993	계유(癸酉)	태금(兌金)	●	간토(艮土)	●

출생년도		남명(南命)		여명(女命)	
1994	갑술(甲戌)	건금(乾金)	●	이화(離火)	○
1995	을해(乙亥)	곤토(坤土)	●	감수(坎水)	○
1996	병자(丙子)	손목(巽木)	○	곤토(坤土)	●
1997	정축(丁丑)	진목(震木)	○	진목(震木)	○
1998	무인(戊寅)	곤토(坤土)	●	손목(巽木)	○
1999	기묘(己卯)	감수(坎水)	○	간토(艮土)	●
2000	경진(庚辰)	이화(離火)	○	건금(乾金)	●

서사명괘(西四命卦)

이제 서사명에 대해 알아보자. 오행에서 토(土)나 금(金)에 해당하는 사람은 모두 서사명에 속한다.

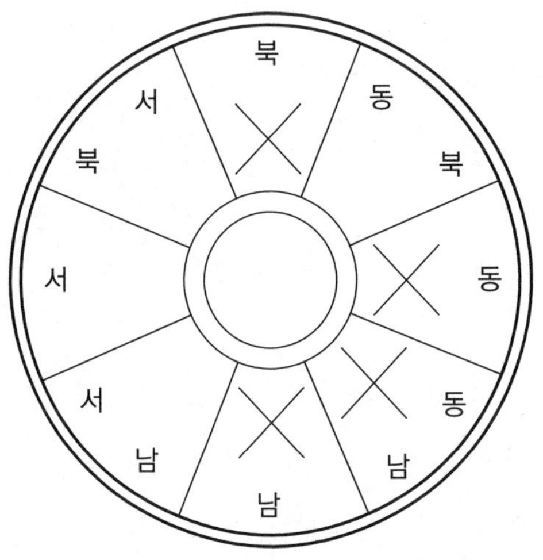

【그림50】 서사명의 길흉 방위

【그림50】에서 서, 서남, 서북, 동북은 유리한 길방(吉方)이고 그 이외는 흉방(兇方)이다.

앞에서도 언급했지만 다시 한 번 서사명의 명괘(命卦)를 계산하는 방법을 알아보자.

◆ 남명공식

(100 − 출생년) ÷ 9 → 나머지

예를 들어 1962년에 출생한 남자의 경우

(100 − 62) ÷ 9 = 38 ÷ 9 = 2

나머지 수는 2

2는 곤(坤)에 속하므로 이해에 출생한 남자는 곤명에 해당한다.

◆ 여명공식

(출생년 − 4) ÷ 9 → 나머지

예를 들어 1962년에 출생한 여자의 경우

(62 − 4) ÷ 9 = 58 ÷ 9 = 4

나머지 수는 4

4는 손(巽)에 속하므로 이해에 출생한 여자는 손명에 속한다.

여기까지 나머지 숫자가 나타내는 명쾌를 살펴보자

1 - 감(坎)명　　　　6 - 건(乾)명

2 - 곤(坤)명　　　　7 - 태(兌)명

3 - 진(震)명　　　　8 - 간(艮)명

4 - 손(巽)명　　　　0 - 이(離)명

5 - 남자일 경우 곤(坤)명, 여자일 경우 간(艮)명

 조금만 바꾸면 행복해지는 풍수 대백과

여기에서 유의해야 할 점은 남녀의 계산 방법이 다르지만 두 공식에서 얻어진 나머지의 수가 대표하는 명괘(命卦)나 오행은 같다는 것이다. 예를 들면 나머지가 1이면 남녀를 막론하고 감명에 속하며 오행은 수(水)에 속한다. 아래에 나머지 숫자가 대표하는 명괘(命卦)와 오행을 표로 나타내었다.

【표5】

나머지수	팔괘(八卦)	오행(五行)	동사명(東四命)
1	감(坎)	수(水)	동(東)
2	곤(坤)	토(土)	서(西)
3	진(震)	목(木)	동(東)
4	손(巽)	목(木)	동(東)
5	(여)艮, (남)坤	토(土)	서(西)
6	건(乾)	금(金)	서(西)
7	태(兌)	금(金)	서(西)
8	간(艮)	토(土)	서(西)
9	이(離)	화(火)	동(東)

이상에서 제공된 남녀 명괘 계산 방법과 나머지 숫자가 나타내는 의미를 표로 나타내었다. 이 표를 참고하면 자신이나 다른 사람들의 명괘까지 계산해 낼 수 있다.

그러나 이처럼 복잡한 과정을 생략하고 알기 쉽게 서사명의 출생년 표를 다음과 같이 나타내었다.

【표6】 서사명(西四命)

남		여	
1932	곤토(坤土)	1936	간토(艮土)
1935	곤토(坤土)	1937	건금(乾金)
1938	간토(艮土)	1938	태금(兌金)
1939	태금(兌金)	1939	간토(艮土)
1940	건금(乾金)	1942	곤토(坤土)
1941	곤토(坤土)	1945	간토(艮土)
1944	곤토(坤土)	1946	건금(乾金)
1947	간토(艮土)	1947	태금(兌金)
1948	태금(兌金)	1948	간토(艮土)
1949	건금(乾金)	1951	곤토(坤土)
1950	곤토(坤土)	1954	간토(艮土)
1953	곤토(坤土)	1955	건금(乾金)
1956	간토(艮土)	1956	태금(兌金)
1957	태금(兌金)	1957	간토(艮土)
1958	건금(乾金)	1960	곤토(坤土)
1959	곤토(坤土)	1963	간토(艮土)
1962	곤토(坤土)	1964	건금(乾金)
1965	간토(艮土)	1965	태금(兌金)
1966	태금(兌金)	1966	간토(艮土)
1967	건금(乾金)	1969	곤토(坤土)
1968	곤토(坤土)	1972	간토(艮土)
1971	곤토(坤土)	1973	건금(乾金)
1974	간토(艮土)	1974	태금(兌金)
1975	태금(兌金)	1975	간토(艮土)
1976	건금(乾金)	1978	곤토(坤土)
1977	곤토(坤土)	1981	간토(艮土)
1980	곤토(坤土)	1982	건금(乾金)
1983	간토(艮土)	1983	태금(兌金)
1984	태금(兌金)	1984	간토(艮土)
1985	건금(乾金)	1987	곤토(坤土)
1986	곤토(坤土)	1990	간토(艮土)
		1991	건금(乾金)

 조금만 바꾸면 행복해지는 풍수 대백과

아래에 1901년부터 2000년에 이르는 남녀 명괘를 자세히 밝혀 놓았으니 참고하기 바란다.

【표7】 ○은 동4명, ●는 서4명

출생년도		남명(南命)		여명(女命)	
1901	신축(辛丑)	이화(離火)	○	건금(乾金)	●
1902	임인(壬寅)	간토(艮土)	●	태금(兌金)	●
1903	계묘(癸卯)	태금(兌金)	●	간토(艮土)	●
1904	갑진(甲辰)	건금(乾金)	●	이화(離火)	○
1905	을사(乙巳)	곤토(坤土)	●	감수(坎水)	○
1906	병오(丙午)	손목(巽木)	○	곤토(坤土)	●
1907	정미(丁未)	진목(震木)	○	진목(震木)	○
1908	무신(戊申)	곤토(坤土)	●	손목(巽木)	○
1909	기유(己酉)	감수(坎水)	○	간토(艮土)	●
1910	경술(庚戌)	이화(離火)	○	건금(乾金)	●
1911	신해(辛亥)	간토(艮土)	●	태금(兌金)	●
1912	임자(壬子)	태금(兌金)	●	간토(艮土)	●
1913	계축(癸丑)	건금(乾金)	●	이화(離火)	○
1914	갑인(甲寅)	곤토(坤土)	●	감수(坎水)	○
1915	을묘(乙卯)	손목(巽木)	○	곤토(坤土)	●
1916	병진(丙辰)	진목(震木)	○	진목(震木)	○
1917	정사(丁巳)	곤토(坤土)	●	손목(巽木)	○
1918	무오(戊午)	감수(坎水)	○	간토(艮土)	●
1919	기미(己未)	이화(離火)	○	건금(乾金)	●
1920	경신(庚申)	간토(艮土)	●	태금(兌金)	●
1921	신유(辛酉)	태금(兌金)	●	간토(艮土)	●
1922	임술(壬戌)	건금(乾金)	●	이화(離火)	○
1923	계해(癸亥)	곤토(坤土)	●	감수(坎水)	○
1924	갑자(甲子)	손목(巽木)	○	곤토(坤土)	●
1925	을축(乙丑)	진목(震木)	○	진목(震木)	○
1926	병인(丙寅)	곤토(坤土)	●	손목(巽木)	○
1927	정묘(丁卯)	감수(坎水)	○	간토(艮土)	●

출생년도		남명(南命)		여명(女命)	
1928	무진(戊辰)	이화(離火)	○	건금(乾金)	●
1929	기사(己巳)	간토(艮土)	●	태금(兌金)	●
1930	경오(庚午)	태금(兌金)	●	간토(艮土)	●
1931	신미(辛未)	건금(乾金)	●	이화(離火)	○
1932	임신(壬申)	곤토(坤土)	●	감수(坎水)	○
1933	계유(癸酉)	손목(巽木)	○	곤토(坤土)	●
1934	갑술(甲戌)	진목(震木)	○	진목(震木)	○
1935	을해(乙亥)	곤토(坤土)	●	손목(巽木)	○
1936	병자(丙子)	감수(坎水)	○	간토(艮土)	●
1937	정축(丁丑)	이화(離火)	○	건금(乾金)	●
1938	무인(戊寅)	간토(艮土)	●	태금(兌金)	●
1939	기묘(己卯)	태금(兌金)	●	간토(艮土)	●
1940	경진(庚辰)	건금(乾金)	●	이화(離火)	○
1941	신사(辛巳)	곤토(坤土)	●	감수(坎水)	○
1942	임오(壬午)	손목(巽木)	○	곤토(坤土)	●
1943	계미(癸未)	진목(震木)	○	진목(震木)	○
1944	갑신(甲申)	곤토(坤土)	●	손목(巽木)	○
1945	을유(乙酉)	감수(坎水)	○	간토(艮土)	●
1946	병술(丙戌)	이화(離火)	○	건금(乾金)	●
1947	정해(丁亥)	간토(艮土)	●	태금(兌金)	●
1948	무자(戊子)	태금(兌金)	●	간토(艮土)	●
1949	기축(己丑)	건금(乾金)	●	이화(離火)	○
1950	경인(庚寅)	곤토(坤土)	●	감수(坎水)	○
1951	신묘(辛卯)	손목(巽木)	○	곤토(坤土)	●
1952	임진(壬辰)	진목(震木)	○	진목(震木)	○
1953	계사(癸巳)	곤토(坤土)	●	손목(巽木)	○
1954	갑오(甲午)	감수(坎水)	○	간토(艮土)	●
1955	을미(乙未)	이화(離火)	○	건금(乾金)	●
1956	병신(丙申)	간토(艮土)	●	태금(兌金)	●
1957	정유(丁酉)	태금(兌金)	●	간토(艮土)	●
1958	무술(戊戌)	건금(乾金)	●	이화(離火)	○
1959	기해(己亥)	곤토(坤土)	●	감수(坎水)	○
1960	경자(庚子)	손목(巽木)	○	곤토(坤土)	●

출생년도		남명(男命)		여명(女命)	
1961	신축(辛丑)	진목(震木)	○	진목(震木)	○
1962	임인(壬寅)	곤토(坤土)	●	손목(巽木)	○
1963	계묘(癸卯)	감수(坎水)	○	간토(艮土)	●
1964	갑진(甲辰)	이화(離火)	○	건금(乾金)	●
1965	을사(乙巳)	간토(艮土)	●	태금(兌金)	●
1966	병오(丙午)	태금(兌金)	○	간토(艮土)	●
1967	정미(丁未)	건금(乾金)	●	이화(離火)	○
1968	무신(戊申)	곤토(坤土)	●	감수(坎水)	○
1969	기유(己酉)	손목(巽木)	○	곤토(坤土)	●
1970	경술(庚戌)	진목(震木)	○	진목(震木)	○
1971	신해(辛亥)	곤토(坤土)	●	손목(巽木)	○
1972	임자(壬子)	감수(坎水)	○	간토(艮土)	●
1973	계축(癸丑)	이화(離火)	○	건금(乾金)	●
1974	갑인(甲寅)	간토(艮土)	●	태금(兌金)	●
1975	을묘(乙卯)	태금(兌金)	●	간토(艮土)	●
1976	병진(丙辰)	건금(乾金)	●	이화(離火)	○
1977	정사(丁巳)	곤토(坤土)	●	감수(坎水)	○
1978	무오(戊午)	손목(巽木)	○	곤토(坤土)	●
1979	기미(己未)	진목(震木)	○	진목(震木)	○
1980	경신(庚申)	곤토(坤土)	●	손목(巽木)	○
1981	신유(辛酉)	감수(坎水)	○	간토(艮土)	●
1982	임술(壬戌)	이화(離火)	○	건금(乾金)	●
1983	계해(癸亥)	간토(艮土)	●	태금(兌金)	●
1984	갑자(甲子)	태금(兌金)	●	간토(艮土)	●
1985	을축(乙丑)	건금(乾金)	●	이화(離火)	○
1986	병인(丙寅)	곤토(坤土)	●	감수(坎水)	○
1987	정묘(丁卯)	손목(巽木)	○	곤토(坤土)	●
1988	무진(戊辰)	진목(震木)	○	진목(震木)	○
1989	기사(己巳)	곤토(坤土)	●	손목(巽木)	○
1990	경오(庚午)	감수(坎水)	○	간토(艮土)	●
1991	신미(辛未)	이화(離火)	○	건금(乾金)	●
1992	임신(壬申)	간토(艮土)	●	태금(兌金)	●
1993	계유(癸酉)	태금(兌金)	●	간토(艮土)	●

출생년도		남명(南命)		여명(女命)	
1994	갑술(甲戌)	건금(乾金)	●	이화(離火)	○
1995	을해(乙亥)	곤토(坤土)	●	감수(坎水)	○
1996	병자(丙子)	손목(巽木)	○	곤토(坤土)	●
1997	정축(丁丑)	진목(震木)	○	진목(震木)	○
1998	무인(戊寅)	곤토(坤土)	●	손목(巽木)	○
1999	기묘(己卯)	감수(坎水)	○	간토(艮土)	●
2000	경진(庚辰)	이화(離火)	○	건금(乾金)	●

침실과 침상

만약 부부 중 한 사람은 동사명이고 다른 한 사람은 서사명일 때 침실의 배치는 어떻게 하는 것이 좋을까?

이 문제에 대해 어떤 사람들은 남자를 중심으로 배치하는 것이 옳다고 주장하고 어떤 사람들은 아내를 위주로 해야 한다고 말하기도 한다.

이 주장들처럼 어느 한쪽에 절대적으로 치우치는 것은 이상적인 해결책이 못 된다. 가장 좋은 방법은 서로 양보하면서 어느 한쪽을 완전히 묵살시키지 않는 것이 원칙이다.

예를 들어 침실이 서사방이어서 서사명인 남편의 오행과 배합이 되었다면 침대를 동사방에 놓아 아내의 오행과 배합시키는 것이 좋다. 다시 말해 침실을 남편과 맞추었다면 침대는 아내에게 맞추는 것이 좋다. 이런 배치는 부부 두 사람 모두에게 좋은 점이 많고 나쁜 점은 적다.

다시 한 번 그림으로 살펴보자.

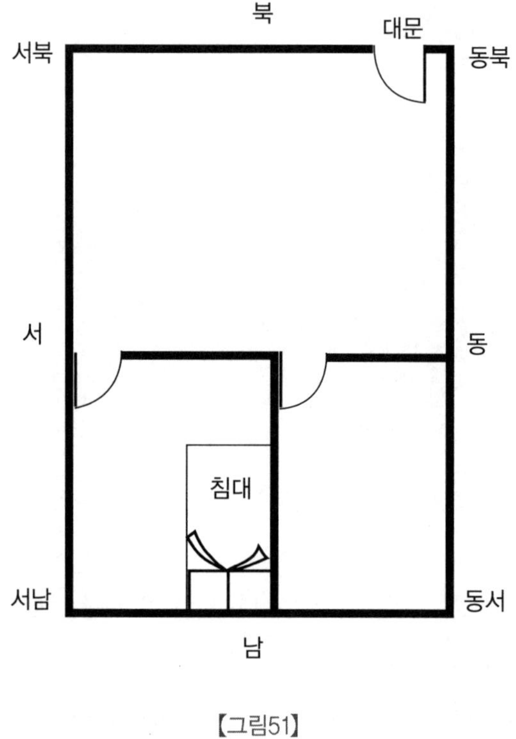

【그림51】

【그림51】에서 침실은 집의 남쪽에 있으므로 서사방에 속한다. 때문에 서사명인 사람에게 적합하다. 그러나 침대는 이 방의 동남쪽에, 침대 머리는 남쪽을 향하였으므로 모두 동사방에 속한다. 그러므로 이 침대는 동사명인 사람에게 적합하다. 그리하여 쌍방이 각각 제자리를 찾은 것이다.

【그림51】에서처럼 침실은 서사명과 배합하고 침대는 동사명과 배합하는, 즉 쌍방이 제각기 적합한 자리를 찾은 이 방법은 부부의 명괘가

서로 다를 때 문제 해결의 좋은 방법이다. 그리고 또 간과해서는 안 되는 것은 부부 중 어느 쪽에 눕는가에 대한 문제다. 왜냐하면 이 역시 그 사람의 명괘와 배합해야 하기 때문이다.

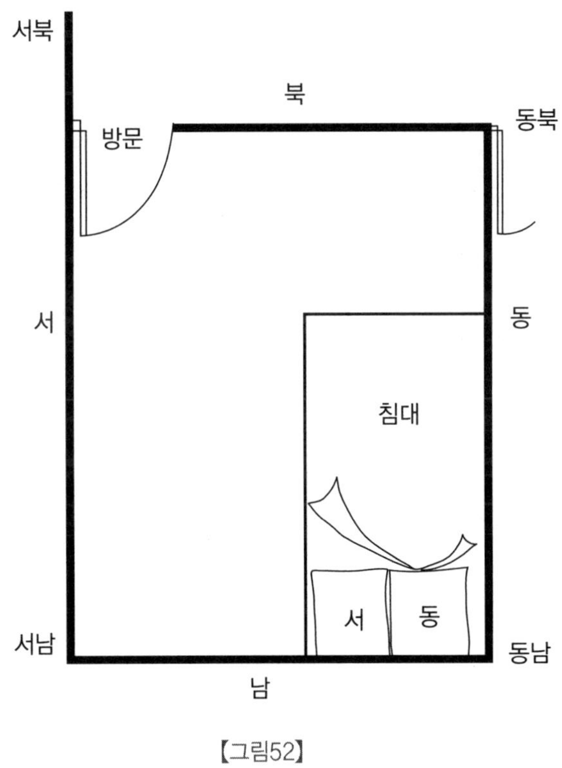

【그림52】

　【그림52】는 【그림51】의 침실 쪽만을 확대한 것이다.

　그림을 보면 침대 위에 베개가 있다. '동' 자가 있는 것은 침대의 동쪽에 있으므로 동사명에 적합하고 '서' 자가 있는 것은 침대의 서쪽에 있으므로 서사명에 적합하다.

부부가 서로 자리를 바꾸는 일이 종종 있는데 이는 큰 문제가 아니
다. 그러나 오랫동안 바꾸어 누우면 좋지 않다.

침실의 길흉

명방(命房) 배합은 어떻게 하는가?

침실은 휴식을 취하고 잠을 자는 장소다. 때문에 반드시 그 방을 사용하는 사람과 잘 맞아야 비로소 편히 잠을 자고 건강을 유지할 수 있게 된다.

명방(命房) 배합이란 침실의 문을 그 사용자 본명(本命)의 길방(吉方)에 만드는 것을 말한다.

예를 들면 동4명에 속하는 사람의 침실은 가택의 동·남·북 및 동남 네 방위에 자리해야 하고, 서4명에 속하는 사람의 침실은 가택의 서·서·서북 및 동북 네 방위에 자리해야 한다【그림53】.

그림 중에 짙은 색으로 표시된 침실은 동4방으로 만약 동4명인 사람이 이곳에 거주하면 명방배합이다. 이는 매우 길(吉)하다. 그러나 서4명인 사람이 이곳에 거주한다면 불합리한 배합이어서 흉이 많고 길이 적다.

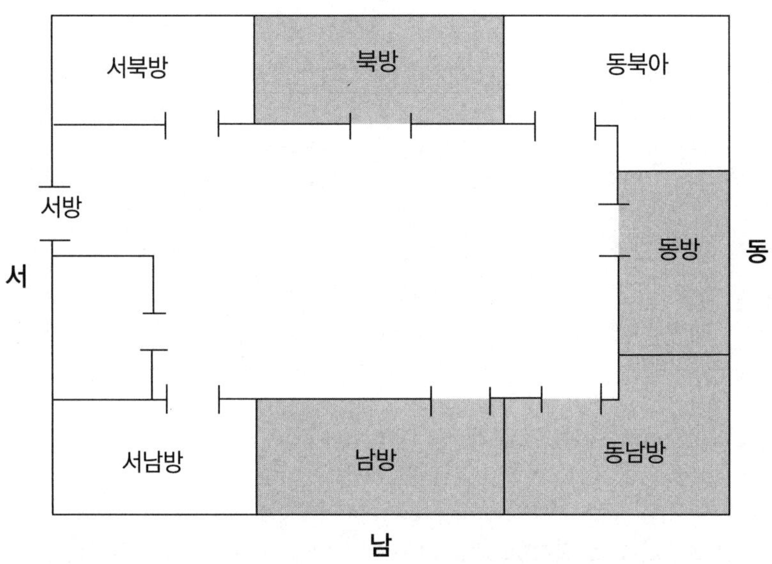

【그림53】 동4방, 서4방의 설명도

명방배합이 왜 중요한지 살펴보자.

풍수학에서는 명택 배합을 매우 중요하게 생각한다. 만일 이 경지에 도달할 수 없을 때는 명방배합으로 보완할 수밖에 없다.

예를 들어 동4명인 사람이 서4택에 들어갔다면 이는 불합리한 명택 배합이다. 이때에는 동4방을 택하여 보완해야 한다.

【그림54】를 보면서 좀더 자세히 살펴보도록 하겠다.

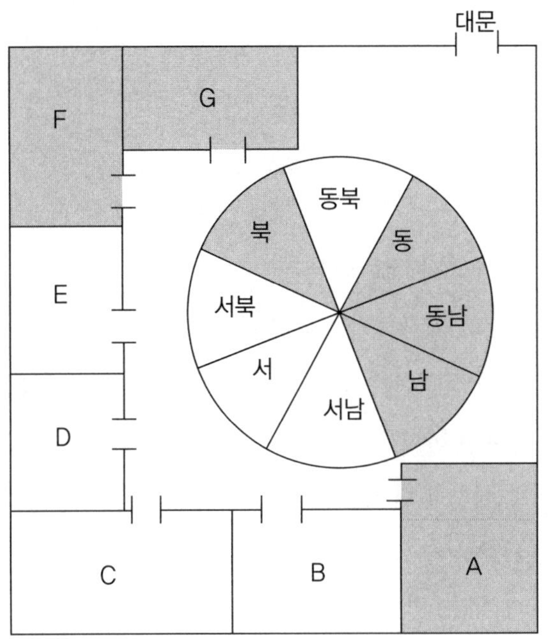

【그림54】

이 가택은 서남에 자리한 곤택이다. 이 그림은 서4택이므로 동4명인 사람에게는 불합리한 명택 배합이다. 그러므로 짙은 색의 A, F, G를 택하여 침실로 만들어야 한다. 이 세 칸은 동4방(東四方)에 있는 동4방(東四房)이다. 그러니 동4명인 사람에게는 명방 배합이 되어 불합리한 명택배합으로 인해 생기는 문제점을 보완할 수 있다.

그러나 만약 흰색의 서4방에 입거한다면 그것은 불합리한 명택배합일 뿐만 아니라 명방(命房)까지도 불리하여 더더욱 좋지 않다.

반대로 만약 서4방인 사람이 이 가택 중의 흰색 방향에 있는 침실을 사용한다면 그것은 명택도 명방도 모두 배합이 되어 매우 좋다.

그러므로 명택은 배합이 되는 말든 상관없이 명방만은 꼭 배합이 되도록 해야 한다. 그래야만 길한 사람은 더욱 길해지고 흉한 사람은 흉이 감소되기 때문이다.

명문(命門)은 어떻게 배합하는가?

침실은 방위상의 길흉뿐만 아니라 방문의 길흉도 매우 중요하다.

방문을 만들 때의 원칙은 동4명인 사람은 동4문을 내야 좋고, 서4명이면 서4문을 내야 한다.

이것이 바로 명문 배합이다.

동4문은 동·동남·남 및 북쪽 이 네 방위의 문을 말하며, 동4명에게 적합하다. 이때는 명문이 배합되는 것이다.

그리고 서·서북·서남 및 동북 이 네 개 방위의 문은 서4문에 속하며 서4명에 속하는 사람이 거주하기에 좋다. 아래에 동4명과 서4명을 예로 설명하겠다.

1) 동4명

동4명의 가장 이상적인 침실 배치는 【그림55】와 같다. 【그림55】의 침실은 동4명인 사람이 거주하기에 매우 좋다. 왜냐하면 방문이 동4방(東四方, 짙은 색으로 표시된)에 있으며 침대도 역시 동4방에 놓여 있기 때문이다. 그러므로 방문이나 침대 모두 본명과 배합이 된다.

그리고 옷장은 흰색의 서4방에 놓여 악귀를 억누르는 작용을 한다. 그러므로 여러 면에서 볼 때 매우 이상적인 배치다.

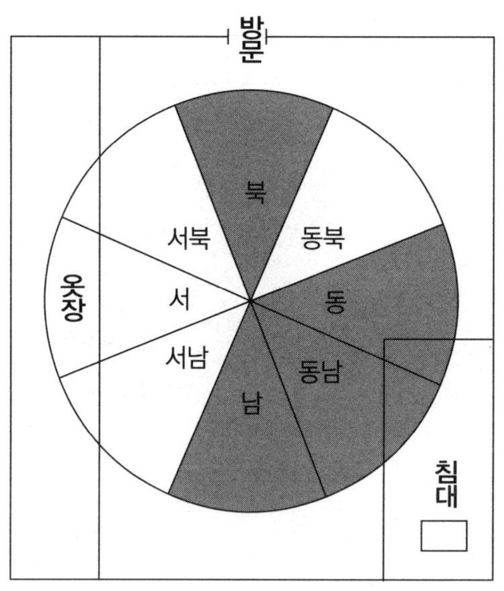

【그림55】 동4명의 이상적인 침실 배치

2) 서4명

서4명의 가장 이상적인 침실 배치는 【그림56】과 같다.

【그림56】의 침실은 서4명인 사람이 거주하기에 가장 이상적이다.

왜냐하면 방문이 흰색으로 표현된 서4방에 있고 침대도 역시 서4방에 놓여 있기 때문이다. 그러므로 방문이나 침대 모두 본명(本命)과 배합이 된다. 이외에 옷장은 짙은 색으로 표현된 동4방에 놓여 흉신을 억누르고 있으므로 각 방면의 배합이 몹시 이상적이다.

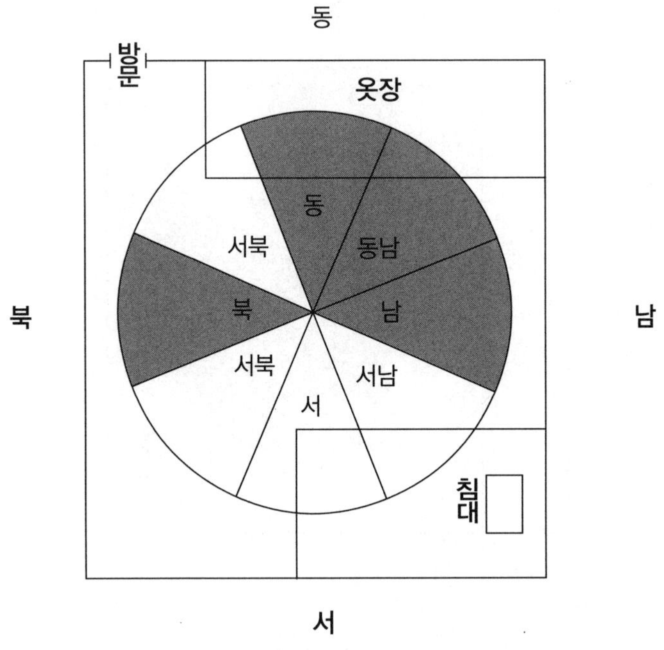

【그림56】 서4명의 가장 이상적인 침실 배치

3) 명문이 불합리하게 배합되었을 때 사귀에 대한 색(色) 해소법

만약 방문이 본명과 배합이 안 되었더라도 크게 걱정할 필요가 없다. 여러 색깔의 카펫으로 사귀를 해소하는 방법이 있기 때문이다.

동4명인 사람이 서4문에 입주했을 때나 서4명인 사람이 동4문에 입주했을 때의 해소 방법을 간단하게 표로 나타내었다.

동사명 (東四命)	서사문 (西四門)		해소용 색
목(木)	서문(西門)　　서북문(西北門)		회 · 남색(灰藍色)
	서남(西南門)　　동북문(東北門)		청 · 녹색(靑綠色)
화(火)	서문(西門)　　서북문(西北門)		자 · 홍색(紫紅色)
	서남(西南門)　　동북문(東北門)		청 · 녹색(靑綠色)
수(水)	서문(西門)　서북문(西北門)		회 · 녹색(灰綠色)
	서남(西南門)　동북문(東北門)		백 · 살구색(百杏色)
서사명 (西四命)	동사문 (東四門)		해소용 색 (化解顔色)
토(土)	동문(東門)　　동남문(東南門)		자 · 홍색(紫紅色)
	남문(南門)　　북문(北門)		커피 · 황색(黃色)
금(金)	동문(東門)　　동남문(東南門)		백 · 살구색(百杏色)
	남문(南門)　　북문(北門)		커피 · 황색(黃色)

4) 방문이 삼가야 할 점

　방문은 침실로 통하는 출입구일 뿐만 아니라 침실 안에 기(氣)를 끌어들이는 입구이므로 침실에 미치는 영향은 매우 크다.

　그러므로 방문이 삼가야 할 몇 가지를 살펴보자.

⑴ 거울이 방문을 비추는 것은 삼가야 한다.

　풍수학에서는 거울을 많이 꺼린다. 그러므로 거울을 함부로 진열하면 안 된다. 풍수학에서 거울의 작용은 흉신(凶神)을 반사해 몰아내는 것이다. 그래야만 흉신에 의한 피해를 피할 수 있기 때문이다. 그러므로 거울이 자신의 방문을 향하게 해서는 안 된다.

만약 【그림57】에서처럼 거울이 방문과 곧바로 마주 보고 있으면 그 방을 사용하는 사람의 건강에도 해를 미치게 된다.

이때는 거울을 옮기거나 천으로 가려야 한다.

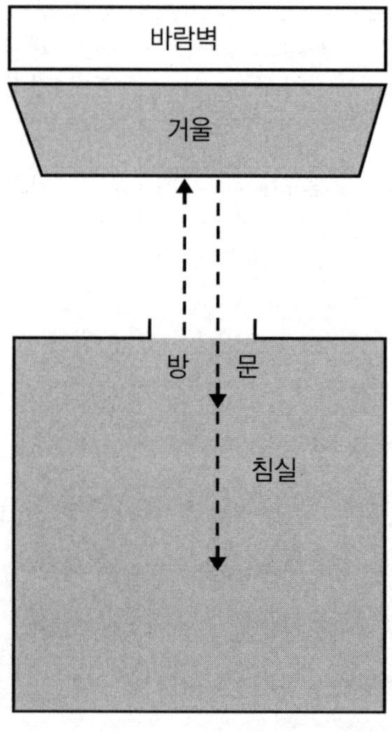

【그림57】

(2) 신상(神像)이 방문과 곧바로 마주보는 것을 삼가야 한다.

신상은 반드시 대문 밖을 향해야 한다. 절이나 사당에 모신 신상이 문을 등지고 서 있는 것을 본 일이 있는가?

신상이 방안을 향하는 것은 절대 금물이며 특히 침실 문과 곧바로 마주 보는 것은 더욱 좋지 않다. 또한 침실 안에 놓아도 안 된다.

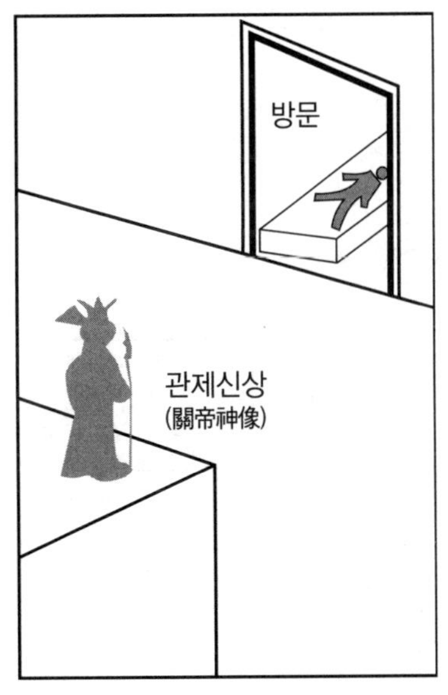

【그림58】

(3) 예각이 방문을 곧바로 향하는 것은 삼가야 한다.

풍수학에서는 예각에 대해 매우 민감하다. 예각은 마치 날카로운 칼날 같아서 큰 살상력이 있다고 믿는다. 때문에 예각이 방문을 곧바로 향하는 것을 금기로 여긴다.

　보통 사람들은 실외의 예각이 대문을 향하지는 않는지에만 주의를 기울일 뿐 실내의 예각이 방문을 가로지르는 것에는 별로 주의를 기울이지 않는다.

　실내 예각은 일반적으로 【그림59】과 같이 뾰족한 벽 모서리가 예각을 형성한다. 그림에서 보듯이 예각은 방B의 방문을 가로지르고 있어 B방에 불행을 초래한다.

　그러나 A방에는 영향이 없다.

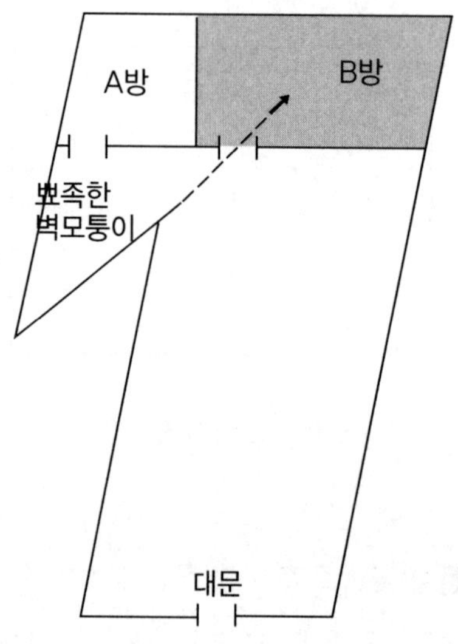

【그림59】

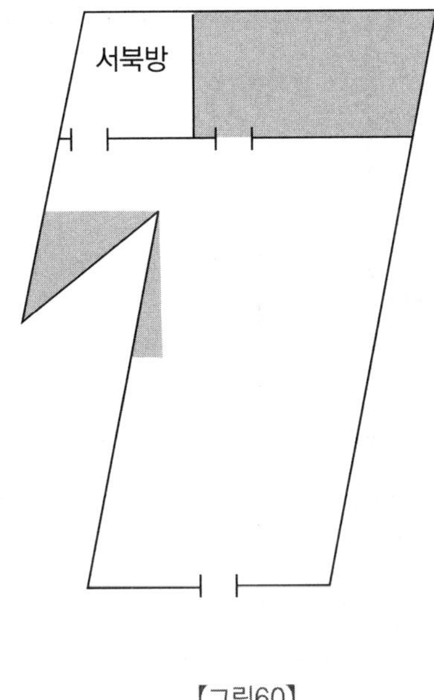

【그림60】

　예각의 영향에서 벗어날 수 있는 방법은 가구나 다른 도구를 이용하여 【그림60】처럼 예각을 메워 버리는 것이다. 그러면 흉이 사라지게 된다.

　(4) 대문이 방문을 곧바로 향하는 것을 삼가야 한다.

　전통적인 풍수학에서는 【그림61】처럼 대문이 안방 문을 곧바로 마주하면 그 방에 거주하는 사람에게 상당히 좋지 않은 영향을 미친다고 한다. 한마디로 건강과 재산상에 손실이 생긴다고 여기는 것이다.

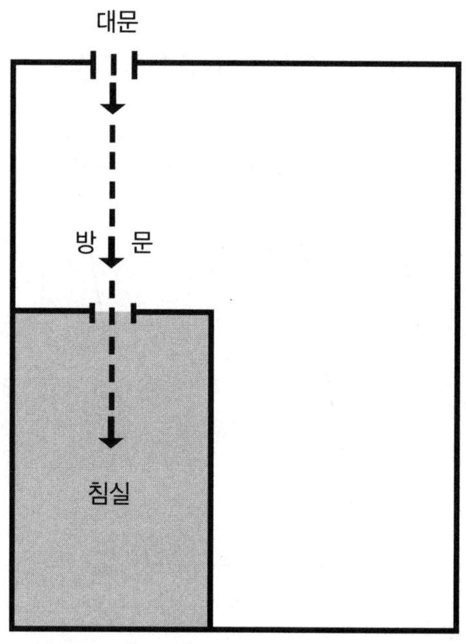

【그림61】

하지만 몇 가지 해결 방법이 있다. 집을 크게 수리하지 않아도 간단히 고칠 수 있는 방법이므로 실천하기도 힘들지 않을 것이다.

첫째, 대문과 방문 사이에 병풍을 세운다.

【그림62】처럼 대문과 방문 사이에 병풍을 세운다. 이는 대문을 통하여 들어오는 온갖 사기를 막는 방법으로서 매우 이상적이다.

풍수에서는 직면하거나 가로지르는 것을 매우 꺼리는 반면 우회하도록 굽어진 것을 즐긴다.

병풍은 곧바로 통하는 것을 우회하도록 바꾸므로 실내 분위기도 훨씬 부드럽게 하며 침실의 사생활도 막아 주니 이상적인 방법이다.

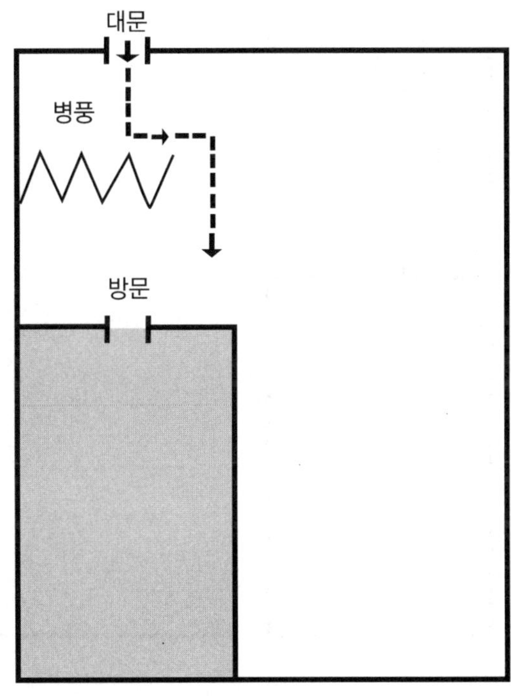

【그림62】

둘째, 현관을 만든다.

만약 병풍이 넘어지거나 마음에 들지 않는다면 【그림63】처럼 벽을 쌓아 현관을 만드는 것도 좋은 방법이다. 그러나 현관이 너무 좁아서는 안 된다. 또한 현관의 벽이 너무 높지 않도록 주의하여야 한다. 즉, 문보다 더 높아서는 안 된다.

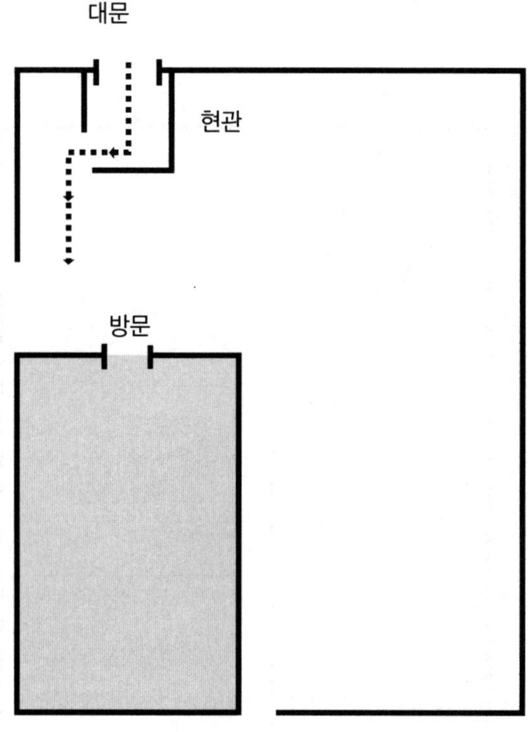

【그림63】

셋째, 낮은 가구로 문 입구를 막는다.

실내가 매우 비좁다면 병풍이나 현관을 작은 가구로 대치하는 것도 좋은 방법이다. 작은 가구 위에 TV나 어항, 화분 등을 놓아 실내를 장식할 수도 있다【그림64】.

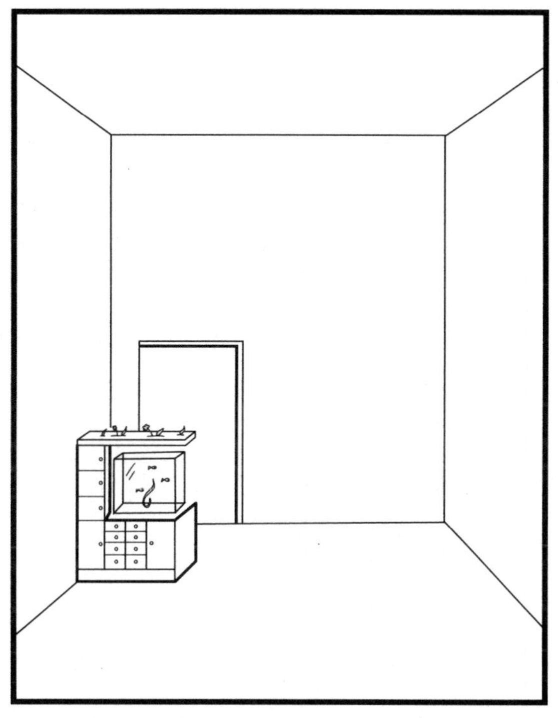

【그림64】

　넷째, 두꺼운 유리나 글라스 블록(glass block) 따위로 문 입구를 막는다.

　낮은 가구 등은 자리를 많이 차지하므로 글라스 블록(glass block) 등을 사용하면 공간도 적게 차지하고 햇빛도 차단되지 않으며 또 깨끗

하므로 매우 이상적이다. 글라스 블록으로 쌓은 벽이 너무 단조롭다면
【그림65】에서처럼 층계형의 벽을 쌓아도 보기 좋다.

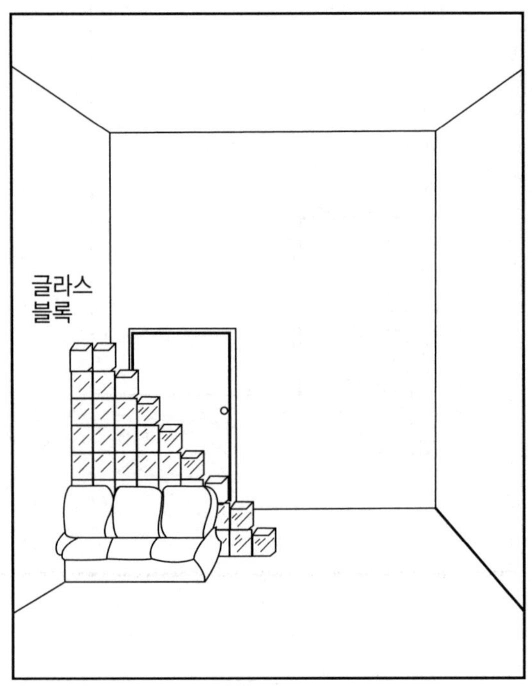

【그림65】

다섯째, 발(簾)을 문에 거는 방법

만약 글라스 블록마저 놓을 자리가 없다면 【그림66】에서처럼 발을
이용해도 된다. 하지만 발의 색과 그림은 주위 환경과 잘 어울려야 한

다. 보통 흰 바탕에 그림이 있는 발이 비교적 이상적이다. 주위와 쉽게 어울리기 때문이다. 그러나 엉성하게 짜인 것보다는 오밀조밀하게 엮은 발이 풍수에 더욱 좋다.

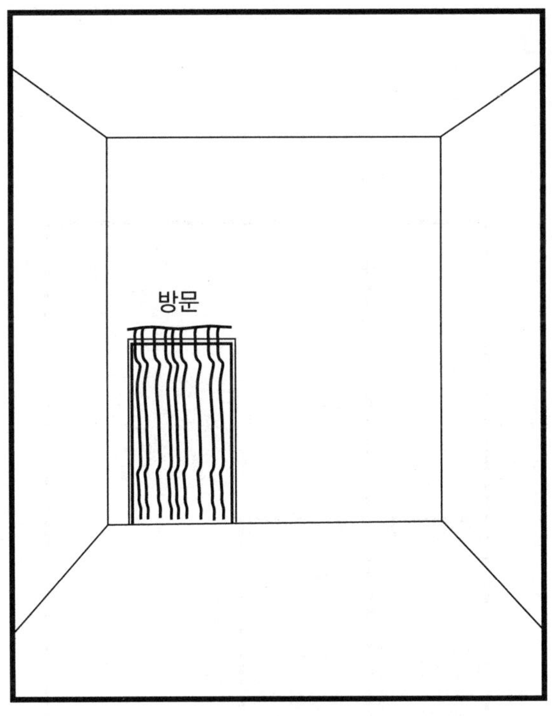

【그림66】

⑸ 대문, 방문, 창문 등이 일직선에 놓이는 것을 삼가야 한다.

풍수학에서는【그림67】처럼 대문, 방문, 창문, 이 세 가지가 일직선 상에 놓이면 재기(財氣)와 왕기(旺氣)가 모두 빠져나간다고 몹시 꺼린다. 만약 이런 상황에 처해 있다면 위에서 설명한 병풍, 현관, 글라스 블록 등을 사용할 수도 있고 또 발을 거는 방법도 사용할 수 있다.

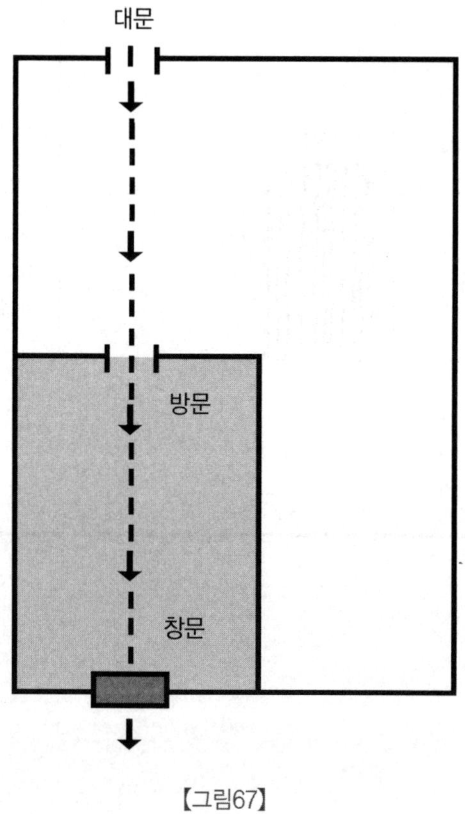

【그림67】

이외에도 【그림68】에서처럼 창문에 블라인드(blind)나 커튼 등을 설
치할 수 있다. 또는 【그림69】에서처럼 화분을 놓을 수도 있다.

그래야만 방안의 재기(財氣)가 새어나가는 것을 막는다.

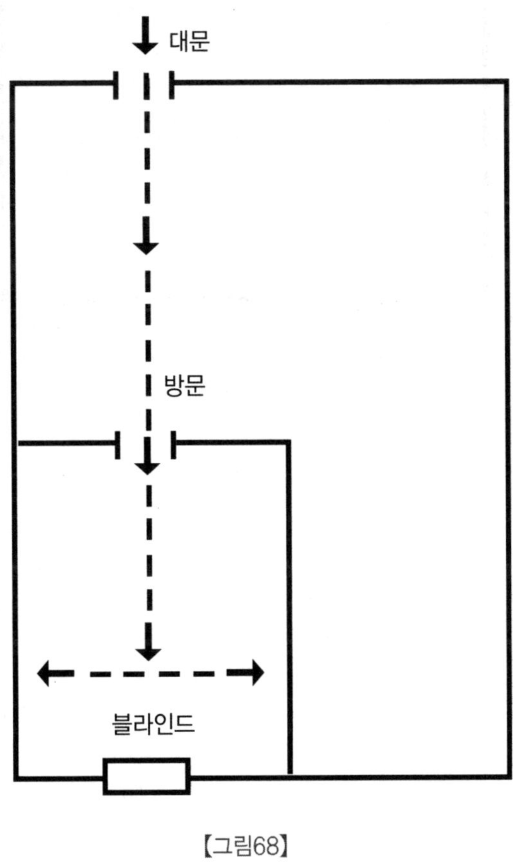

【그림68】

【그림69】

침실의 색(色) 배합

침실의 가장 이상적인 색깔은 연녹색, 연남색, 살구색, 분홍색이다.

많은 사람들이 우윳빛을 선호하는데 만약 배합이 잘 되지 않으면 단조롭고 차가운 느낌을 준다. 그리고 오행이 목(木)에 속하는 사람에게는 적합하지 않다.

흰색이 다른 색들과는 잘 어울리므로 매우 이상적이지만 침실의 '주색'으로 쓸 때는 색 배합에 주의해야 한다.

침실의 '주색'이란 벽, 침대, 옷장, 카펫의 색깔을 말한다. 이 네 가지가 침실의 주요 부분을 이루기 때문이다.

만약 살구색으로 침실을 꾸민다면 벽, 침대, 옷장, 카펫 등은 모두 살구색을 사용해야만 깔끔한 느낌을 주는 동시에 본명(本命)의 오행색과도 배합하기 쉽다.

이상은 미학적인 각도로 살펴보았고 다음은 풍수학적 각도에서 언급하겠다.

풍수학에서는 오행이 각각의 대표색을 갖고 있다.

목 – 청색

토 – 황색

수 – 흑색

화 – 붉은색

금 – 흰색

만약 모든 일이 잘 되기를 바란다면 자신의 본색을 잘 선택해야 한다. 예를 들면 오행이 '목'에 해당하는 사람은 침실의 색상을 청색(연녹색)으로 선택하면 좋다. 왜냐하면 청색이 '목'의 본색이기 때문이다.
오행이 '화'에 속하는 사람은 분홍색으로 해야 한다. '화'의 본색이 분홍이기 때문이다. 다른 것도 역시 마찬가지다.

1) 오행 상생(相生) 현상

목생화(木生火), 화생토(火生土), 토생금(土生金), 금생수(金生水), 수생목(水生木)

이 때문에 오행이 '목'인 사람은 청색과 수색(水色)인 흑색도 택할 수 있다. 그것은 수생목(水生木)이기 때문에 가능하다.

2) 오행 상극(相克) 현상

목극토(木克土), 토극수(土克水), 수극화(水克火), 화극금(火克金), 금극목(金克木)

그러므로 오행이 '목' 인 사람은 흰색을 사용하지 말아야 한다. 왜냐하면 백(白)은 '금' 의 색이고 금극목(金克木)이기 때문이다.

목명(木命)의 배치

풍수학에서는 각 개인의 출생년도에 따라서 목(木), 화(火), 토(土), 금(金), 수(水) 등의 오행으로 나눈다. 그리하여 어떤 사람은 목에 속하고 어떤 사람은 화에 속하는 등 오행이 각자 다르다.

동시에 각자의 길흉과 적합한 방위, 색깔, 숫자도 모두 다르다.

이제부터 오행이 목(木)에 해당(【표8】참조)하는 사람에게 풍수상 좋은 점과 삼갈 점을 알아보자.

아래의 표를 참고하기 바란다.

【표9】

*부호가 있는 것은 '진' 목, 그 이외는 '손' 목

남(男)		
1915	1942	1969
1916*	1943*	1970*
1924	1951	1978
1925*	1952*	1979*
1933	1960	1987
1934*	1961*	1988*

여(女)		
1916*	1943*	1970*
1917	1944	1971
1925*	1952*	1979*
1926	1953	1980
1934*	1961*	1988*
1935	1962	1989

1) 방위

팔괘(八卦) 중의 진(震)괘와 손(巽)괘는 모두 목(木)에 속한다. 진괘가 후천팔괘(後天八卦)에서는 동쪽에 배치되었으나 손괘는 동남쪽에 배치되었다. 이로써 동쪽과 동남쪽은 모두 목(木)의 방위이며 목에게 특별히 좋은 방위다.

동쪽이나 동남쪽 이외에 북쪽도 목에 해당하는 사람에게 매우 적합하다. 그것은 북쪽이 물(水)이 흔한 곳이고 또 목은 물에 의해 자라는 것이므로 북쪽도 목이 왕성할 방위인 것이다.

목에 속하는 사람에게는 남쪽도 또한 선택할 만한 방위다.

풍수학의 팔택파(八宅派)에서는 동쪽의 진(震木), 동남의 손(巽木), 북방의 감(坎水) 및 남방의 이(離火)를 동사괘(東四卦)에 귀열하고 이들은 서로가 같은 줄기에서 뻗은 곁가지여서 같이 생존 번영한다고 여기고 있다.

그러므로 오행 중에서 목(木)에 속하는 사람은 만약 대문, 침대 및 책상을 위에서 말한 네 방위에 진열한다면 매우 좋다.

아래에 오행의 목에 속하는 사람에 대한 길흉의 방위를 모두 열거하니 참고하기 바란다.

【그림70】을 보면 각기 방위 내에 숫자가 있는데 1부터 8까지가 길(吉)에서부터 흉에 이르는 순서를 나타낸다. 즉 1은 가장 길하고 8은 가장 불길하다.

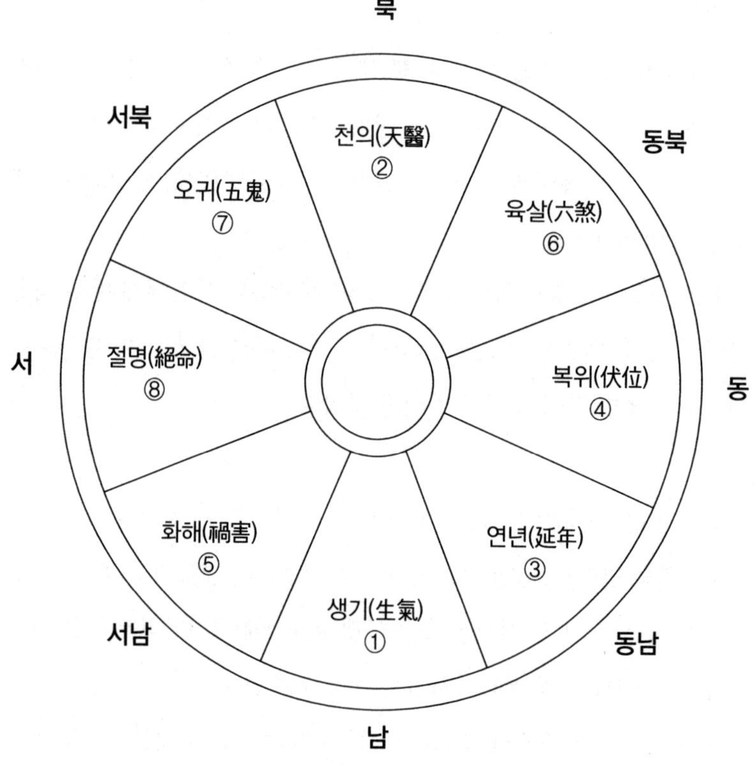

【그림70】 진명의 길흉 방위 선택

　【그림70】은 '진' 명 길흉의 방위이다. 목에는 진(震)과 손(巽), 이 두 괘(卦)가 있다. 이 괘는 모두 목(木)에 속하지만 길흉 선택에 있어서는 다소 차이가 있다. 【그림70】은 진목(震木)의 길흉 방위표이고 【그림71】은 손목(巽木)의 길흉 방위표이다.

　자신이 진목인지 손목인지를 알려면 【표9】를 보라. 출생년도 옆에 *부호가 있으면 진목이고 없으면 손목이다.

진목이든 손목이든 중요한 가구를 서, 서남, 서북 및 동북 등의 방위
에는 되도록 놓지 말아야 한다.

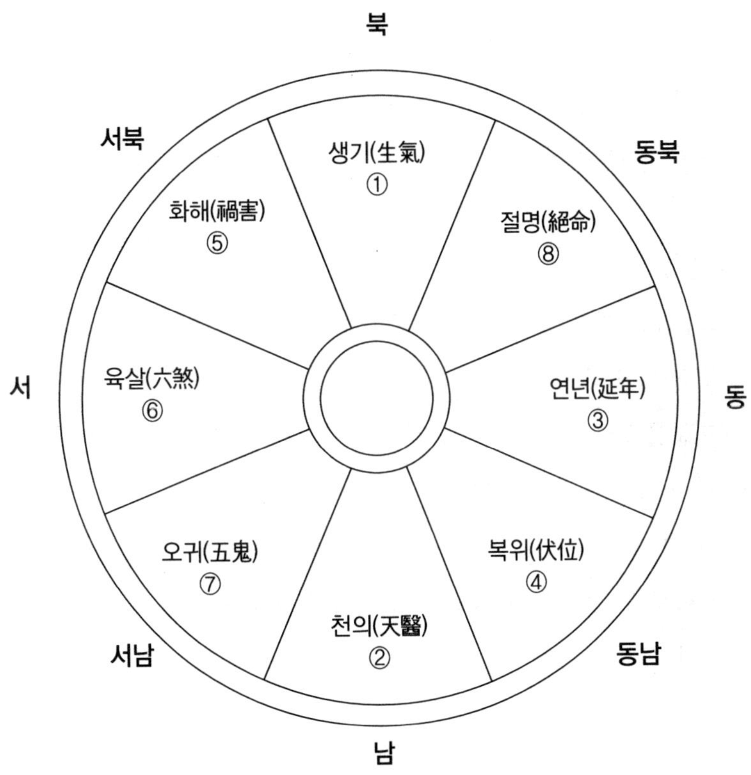

【그림71】 손명의 길흉 방위 선택

2) 색깔

오행에는 각기 대표색이 있는데 목의 대표색은 청녹색이다.

이유는 원래 모든 식물들이 엽록소를 함유하고 있기 때문에 이들은
대부분 청녹을 띠고 있다. 그러므로 자연히 청녹색을 자기의 대표색으

로 하게 된 것이다. 그러므로 목에 해당하는 사람은 청록색으로 실내를 장식하는 것이 좋다.

같은 녹색이라도 진한 녹색과 연한 녹색으로 나눌 수 있다. 이 색에 다른 색을 알맞게 배합한다면 시원하고 생기 발랄한 기분이 든다.

만약 오행의 목에 해당하지만 집주인이 목을 꺼린다면 거실은 다른 색깔로 사용하고 자신의 침실만 녹색을 쓰면 된다.

3) 숫자

오행에는 제각기 대표적인 숫자가 있다. 목의 숫자는 3과 4다. 그러므로 이 두 숫자를 많이 사용하는 것이 좋다. 예를 들면 창문턱에 세 개의 화분을 놓아둔다든지 세네 개의 전구가 달린 조명등을 사용하는 것이 좋다. 일반적으로 오행의 목에 해당하는 사람에게 적합지 않은 숫자는 6과 7이다. 이 숫자는 되도록 피하는 것이 좋다.

이제 목명(木命)의 풍수상의 각종 적합한 점과 꺼리는 점들을 표로 나타내면 아래와 같다.

【표10】

목명	흉(凶)	길(吉)
방위	서북 서방	동남 동방
색깔	은색 백색	녹색 청색
숫자	67	41

화명(火命)의 배치

오행이 화(火)에 해당하는 사람의 풍수에서의 적합한 점과 삼갈 점에 대해 살펴보자.

오행에서 화에 해당하는 사람을 알기 쉽게 표로 나타내었다. 표에 자신의 출생년도가 있으면 그는 당연히 화에 해당하는 사람이다.

【표11】

남(男)	
1910	1955
1919	1964
1928	1973
1937	1982
1946	1991

여(女)	
1913	1958
1922	1976
1931	1976
1940	1985
1949	1994

1) 적합한 방위

오행의 화에 속하는 사람에게는 남쪽이 가장 좋다.

8괘 중에서 이(離)는 화에 해당한다. 그리고 이화(離火)는 남쪽에 배치되어 있으므로 풍수학에서 남쪽은 화기(火氣)가 가장 왕성한 방위라고 여기고 있다. 만약 화에 해당하는 사람이 남쪽에 자리하고 있다면 운수가 아주 대길하다. 남쪽 외에도 동과 동남쪽도 화(火)인 사람에게 상당히 좋다. 왜냐하면 이 두 방위는 목(木)의 기운이 왕성한 곳으로 목은 화를 만들 수 있으므로 화를 흥하게 하는 작용이 있다. 북쪽이 화에 속한 사람에게 있어서 비록 대길한 곳이지는 않지만 여전히 길한 방위로 볼 수 있다.

다시 말한다면 동, 동남, 남 및 북방【그림72】의 짙은색은 화(火)에 속하는 사람에게 매우 적합한 방위이므로 잘 이용해야 하며 이것이 바로 인력으로 행운을 불러들이는 방법이다.

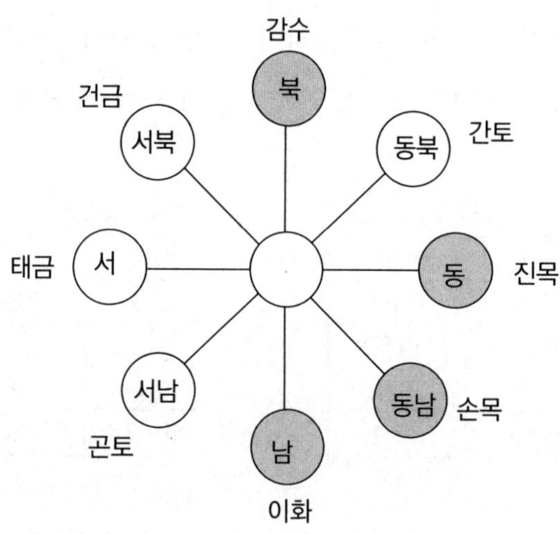

【그림72】 이화(離火)에 해당하는 사람의 길흉 방위

【그림72】에서 볼 수 있듯이 동북, 서북, 서남 및 서쪽은 오행이 화인 사람에게 있어서 적당치 않은 곳이니 되도록 피해야 한다.

다시 정리해 보면 오행이 화인 사람에게는 네 개의 길한 방위와 흉한 방위도 있다. 그 중 가장 길한 방위와 흉한 방위는【그림73】을 보면 쉽게 알 수 있다. 그림 중 각기 방위 안에 숫자가 있는데 1부터 8까지가 길에서부터 흉에 이르는 순서를 나타낸다. 즉 1은 가장 길하고 8은 가장 불길하다.

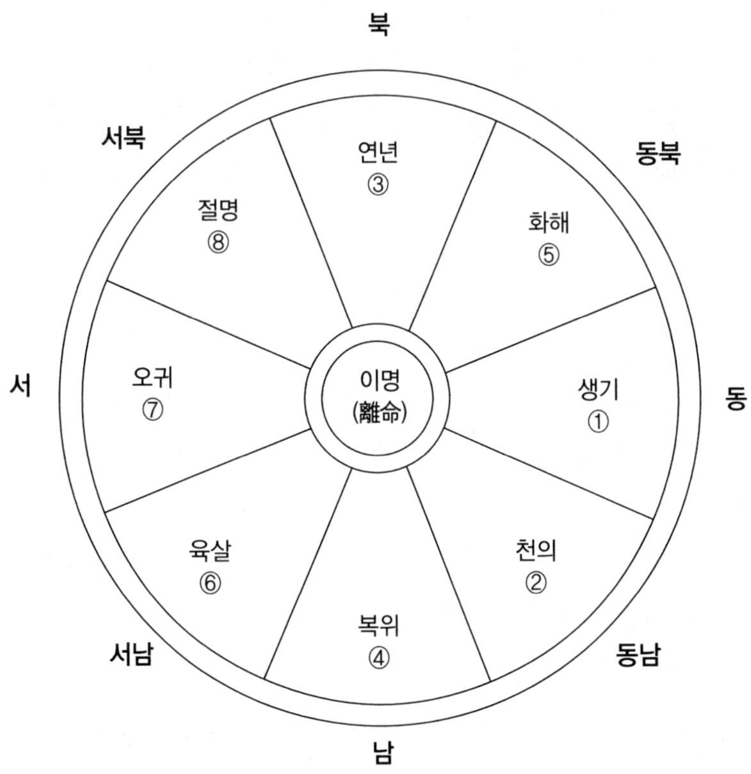

【그림73】 화명의 길흉 방위 선택

2) 색깔

화에 해당하는 사람에게 적합한 색깔은 붉은 색, 자주색, 오렌지색, 분홍색 등이다. 그러므로 실내를 장식할 때는 붉은 색 계통으로 하는 것이 좋다.

붉은 색은 따뜻한 색깔에 속한다. 때문에 너무 진하게 처리해서는 안 된다. 특히 햇볕이 잘 드는 거실에는 더욱 주의해야 한다. 붉은 색을 기초로 방안을 장식하라. 거기에 다른 색깔을 알맞게 배합하면 온화한 느낌을 줄 수 있다.

그리고 오행이 화에 해당하는 사람은 회색, 남색, 흑색 이 세 가지 색깔을 많이 쓰면 좋지 않다. 왜냐하면 이 세 종류의 색깔은 수(水)의 대표적인 색상이며 물은 불과 상극이므로 물의 색상이 많은 것은 좋지 않기 때문이다.

3) 숫자

화의 대표 숫자는 9(九)다. 위에서 이미 말했듯이 남쪽의 이화(離火)는 구자(九紫)로 되었으므로 9가 화(火)의 대표 숫자라는 것을 알 수 있다.

이 때문에 오행이 화에 해당하는 사람은 숫자 9를 많이 사용하는 것이 좋다. 예를 들면 창문턱에 아홉 마리의 용을 그린 그림이나 아홉 개의 전구가 있는 조명등을 매어달면 된다.

일반적으로 오행이 화에 해당하는 사람에게 좋지 않은 숫자는 1이다. 그러므로 되도록 피하는 것이 좋다.

다시 정리해 보면, 오행이 화에 해당하는 사람에게 적합한 방위, 색상, 숫자 등을 표로 나타내었다.

【표10】

목명	흉(凶)	길(吉)
방위	서북쪽	남쪽
색깔	흑색 회, 남색	붉은색 자주, 오렌지색
숫자	1	9

토명(土命)의 배치

오행이 토(土)에 해당하는 사람에게 적합한 방위와 색상, 숫자에 대해 살펴보자. 아래의 표에 자신의 출생년도가 있으면 당신은 토(土)에 해당한다.

【표13】

*부호가 있는 나는 '곤토, 그 이외는 간토

남(男)		
1929	1950	1971
1932	1953	1974
1935	1956	1977
1938	1959	1980
1941	1962	1983
1944	1965	1986
1947	1968	1989

여(女)		
1930	1951	1972
1933	1954	1975
1936	1957	1978
1936	1960	1981
1942	1963	1984
1945	1966	1987
1948	1969	1990

1) 방위

오행이 토(土)인 사람은 서남과 동북이 길(吉)하다.

왜냐하면 팔괘(八卦) 중에서 곤(坤)과 간(艮)은 모두 토(土)에 속하고 곤
토(坤土)는 서남에, 간토(艮土)는 동북에 있다.

그러므로 이 두 방위는 토에 해당하는 사람에게 매우 적합하다.

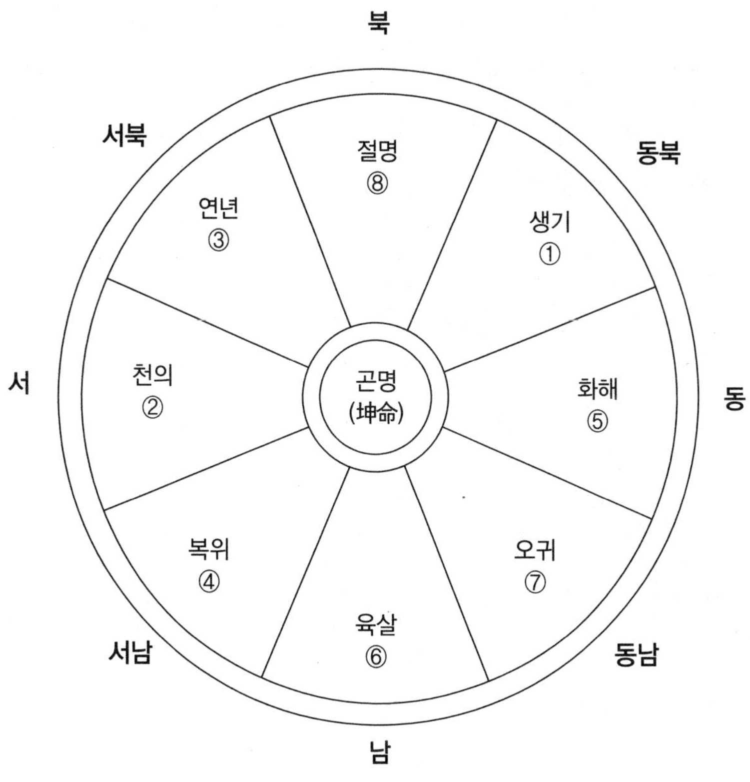

【그림74】 곤명(坤命)에게 길한 방위

이외에도 서쪽 및 서북쪽도 토에 해당하는 사람에게는 길하다. 다시
말하면 토에 속한 사람은 서쪽, 서남쪽, 서북쪽, 동북쪽, 이 네 방위 모

두 길(吉)하다. 예를 들면 침대나 식탁, 책상, 화장대 등을 이 방위에 배치하면 아주 대길(大吉)하다.

반대로 가구를 동쪽, 동남, 남쪽 또는 북쪽, 이 네 방위에 배치한다면 흉이 많고 길이 적으므로 되도록 피해야 한다.

아래에 오행의 토에 해당하는 사람의 길흉 방위를 모두 열거하니 참고하기 바란다. 【그림74】를 보면 각기 방위 내에 숫자가 있는데 1부터 8까지가 길에서부터 흉에 이르는 순서를 나타낸다. 즉 1은 가장 길하고 8은 가장 불길하다.

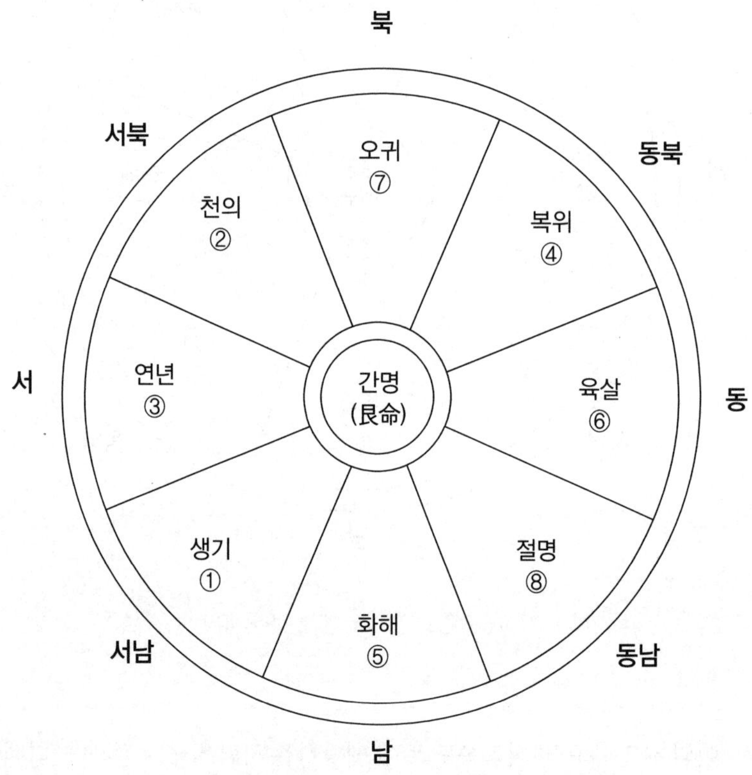

【그림75】 간명(艮命)에게 길한 방위

토에는 곤(坤)과 간(艮), 두 괘가 있다. 이들은 비록 같은 토에 속하지만 각자의 길흉 방위에서는 약간의 차이가 있다. 그러므로 곤토(坤土)는 【그림74】를 참조하고 간토(艮土)는 【그림75】을 참조하면 된다.

자신이 곤토인지 간토인지를 알려면 【표13】을 참조하면 된다. 출생년도 뒤에 *부호가 있으면 곤토이고, 없으면 간토다. 곤토이든 아니면 간토이든 되도록 동, 동남, 남 및 북방을 피해야 한다.

2) 색깔

토의 대표색은 커피처럼 누런색이다. 왜냐하면 진흙의 색깔이 대부분 누런색이므로 이 색이 토의 대표색이 된 것이다.

『낙서(洛書)』의 원운도(元運圖)에 의하면 중궁(中宮)에 있는 토를 오황(五黃)이라 하였다. 이로서 황(黃)색으로 토를 대표하였음을 알 수 있다.

그러므로 토에 해당하는 사람은 마땅히 이 색깔로 실내를 장식해야 한다. 누런색은 온화한 느낌을 준다. 만약 이 색을 기초로 다른 색을 알맞게 배합하여 실내를 장식한다면 고귀하고 우아한 분위기를 자아낼 수 있다.

오행이 토인 사람은 청녹색을 많이 쓰지 말아야 한다. 왜냐하면 청녹색은 목(木)의 색깔이므로 오행 상생상극(相生相克)의 원리에 의해 되도록 피하는 것이 좋다.

3) 숫자

토의 대표적인 숫자는 2, 5, 8이다. 그러므로 오행이 토인 사람은 이 숫자를 많이 사용하는 것이 좋다.

예를 들면 두 개의 화분, 다섯 개의 전구가 끼어 있는 조명등, 또는 8층에 거주하는 것이 좋다.

일반적으로 토인 사람이 삼가야 할 숫자는 3과 4다.

다시 정리해 보면, 오행이 화에 해당하는 사람에게 적합한 방위, 색상, 숫자 등을 표로 나타내었다.

【표14】

목명	흉(凶)	길(吉)
방위	동남 동방	동북 서남
색깔	녹색 청색	커피색 황색
숫자	43	8 2, 5

금명(金命)의 배치

오행이 금(金)에 해당하는 사람의 방위, 색상, 숫자에 대한 길흉을 살펴보도록 하자.

아래의 표에 자신의 출생년도가 있으면 당신은 금에 해당한다.

【표15】   *부호가 있는 것은 건금(乾金), 없는 것이 태금(兌金)

남(男)		
1913*	1940*	1967*
1921	1948	1975
1922*	1949*	1976*
1922*	1957	1984
1931*	1958*	1985*
1939	1966	1993

여(女)		
1919*	1946*	1973*
1920	1947	1974
1928*	1955*	1982*
1929	1956	1983
1937*	1964*	1991*
1938	1965	1992

1) 방위

오행이 금(金)에 해당하는 사람은 서와 서북쪽이 가장 좋다. 왜냐하면 금에 속하는 건(乾)괘와 태(兌)괘, 이 두 가지가 각각 서쪽과 서북쪽에 자리잡고 있기 때문이다.

금에 속하는 사람이 이 두 방위에 머물고 있다면 이는 본명(本命)의 오행과 방위(方位)의 오행이 서로 배합된 것으로 매우 대길하다. 서쪽과 서북쪽 외에 서남이나 동북 방위 역시 좋다. 왜냐하면 이 두 방위는 토의 기(氣)가 왕성하여 금에도 흥왕 작용이 있기 때문이다.

반대로 동, 동남, 남 및 북 이 네 방위는 피하는 것이 좋다.

아래에 오행의 금에 해당하는 사람의 길흉 방위를 모두 열거하니 참고하기 바란다. 【그림76】을 보면 각기 방위 내에 숫자가 있는데 1부터 8까지가 길에서부터 흉에 이르는 순서를 나타낸 것이다. 즉 1은 가장 길하고 8은 가장 불길하다.

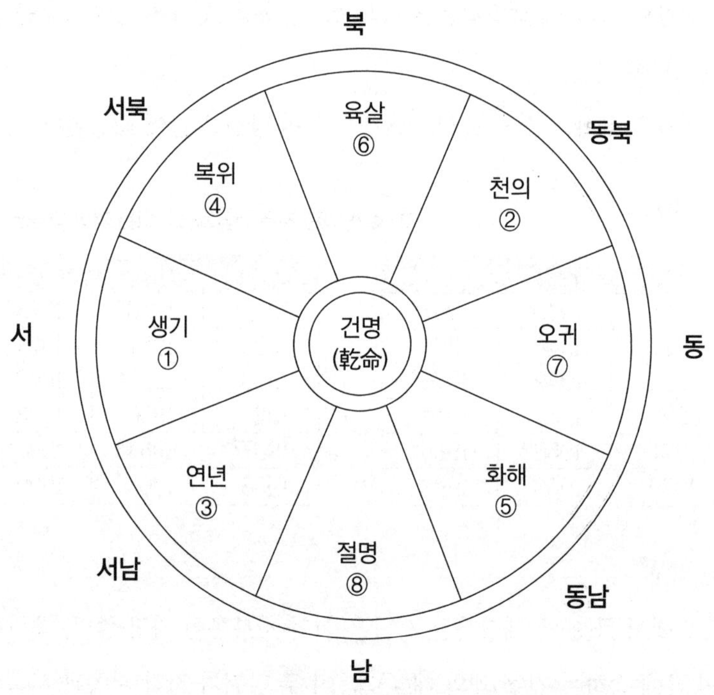

【그림76】 건명(乾命)의 길흉 방위

금에는 건과 태, 이 두 괘(卦)가 있다. 이 두 괘 모두 금에 속하지만 길방 선택에 있어서는 약간 다르다. 건(乾)금은【그림76】을 보아야 하고 태(兌)금은【그림77】을 보아야 한다. 자신이 과연 건금과 태금 중 어디에 해당하는지 알기 위해서는【표15】를 참조하면 된다.

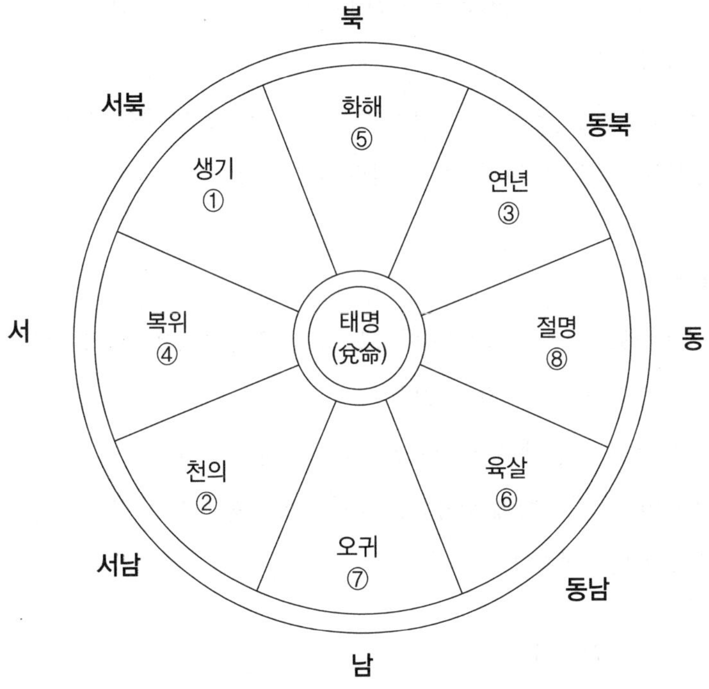

【그림77】 태명(兌命)의 길흉 방위

2) 색깔

금의 대표색은 백색과 은색이다.

원래 금에는 황금과 백금이 있다. 그런데 황(黃)색은 이미 토(土)의 대표색으로 사용되었기 때문에 백(白)색으로 금의 대표색으로 만든 것이다. 백색과 은색은 같은 색상이다. 이 두 가지 색이 금의 원래 색인 이 상금에 속한 사람은 이 색깔로 실내를 장식하는 것이 좋다.

백색은 깨끗하고 티없이 말쑥한 느낌을 준다. 만약 다른 색과 알맞게 배합한다면 명쾌하고 말쑥하여 고요한 기분을 조성해 줄 것이다. 그러나 너무 지나치게 백색을 많이 사용하면 차가운 느낌을 주므로 좋지 않다.

금에 속하는 사람은 붉은색을 너무 많이 쓰지 않는 것이 좋다. 왜냐하면 붉은색은 화(火)의 색깔인데 화와 금은 상극이므로 붉은색은 삼간다.

3) 숫자

금이 대표 숫자는 6과 7이다. 그러므로 오행이 금인 사람은 이 두 숫자를 많이 사용하는 것이 좋다.

일반적으로 금에 속한 사람은 9라는 숫자는 삼가야 한다. 다시 정리해 보면, 오행이 화에 해당하는 사람에게 적합한 방위, 색상, 숫자 등을 표로 나타내었다.

【표16】

목명	흉(凶)	길(吉)
방위	남	서북 서방
색깔	자주색 붉은색, 오렌지색	은색 백색
숫자	9	96

수명(水命)의 배치

오행이 수(水)에 해당하는 사람의 방위, 색상, 숫자에 대한 길흉을 살펴보도록 하자.

아래에 남녀로 구분해 표로 나타내었으므로 참고하기 바란다. 자신의 출생년도가 있으면 당신은 오행 중의 수에 속하는 것이다.

【표17】

남(男)	
1909	1954
1918	1963
1927	1972
1936	1981
1945	1990

여(女)	
1905	1950
1914	1959
1923	1968
1932	1977
1941	1986

1) 방위

오행 중 수(水)에 속하는 사람은 북쪽이 가장 길하다. 그것은 팔괘(八卦) 중 감괘(坎卦)가 수에 속하며 또 감수(坎水)는 북방에 있기 때문이다.

풍수학에서는 북쪽을 수의 기운이 왕성한 방위라고 말한다. 만약 오행이 수에 해당하는 사람이 북쪽에 살고 있다면 이는 본명(本命)의 오행과 방위(方位)의 오행이 맞아떨어져 매우 대길하다.

북쪽을 제외하고 동과 동남, 이 두 방위가 수기(水氣)가 왕성할 방위이며 아울러 남방이 화기(火氣)가 왕성할 방위로 수인 사람에게 역시 상당히 길하므로 많이 이용해야 한다.

다시 말하면 동, 동남, 남 및 북은 수(水)에 속하는 사람에게 매우 적합하다. 【그림78】에서 동북, 서북, 서남 및 서방은 서4괘(西四卦)에 속한다. 때문에 동사괘(東四卦)에 속한 수명(水命)인에게는 적합지 않으므로 되도록 피해야 한다. 그러므로 오행이 수에 속하는 사람에게는 네 개의 길한 방위와 불길한 방위가 있다.

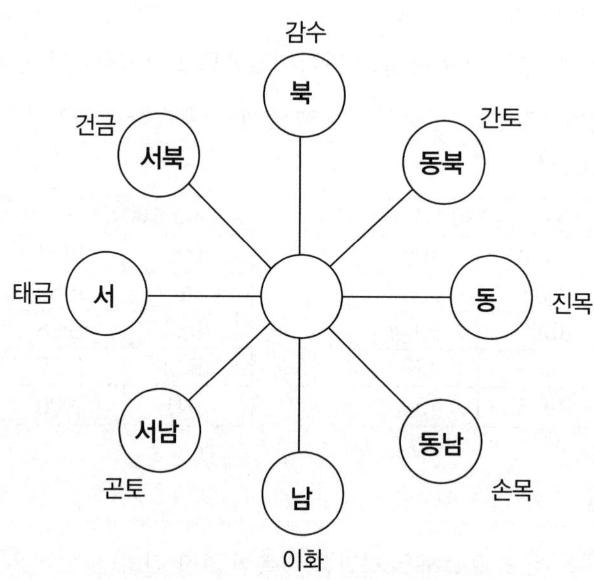

【그림78】 수명(水命)의 길흉 방위

아래에 오행의 수에 해당하는 사람의 길흉 방위를 모두 열거하니 참고하기 바란다. 【그림79】를 보면 각기 방위 내에 숫자가 있는데 1부터 8까지가 길에서부터 흉에 이르는 순서를 나타낸다. 즉 1은 가장 길하고 8은 가장 불길하다.

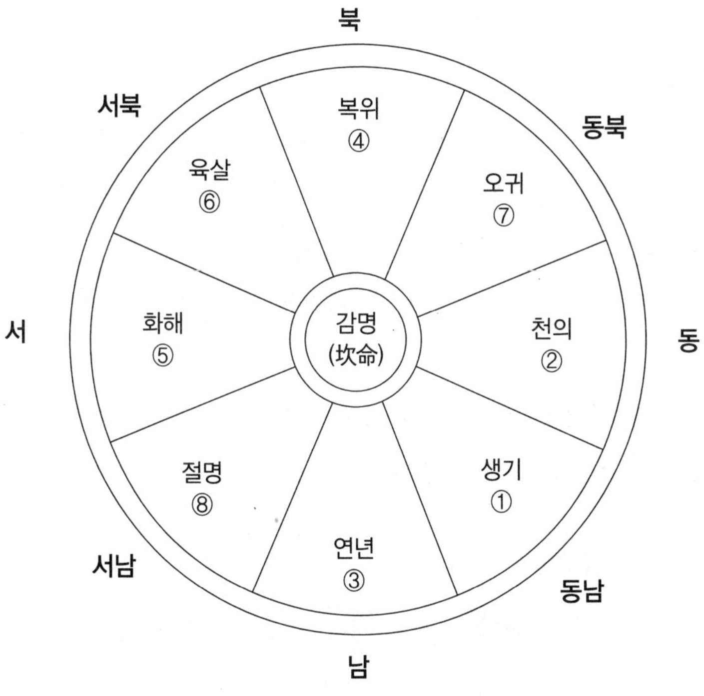

【그림79】 감명의 길한 방위 선택 순서

2) 색깔

수(水)의 대표색은 흑색, 회색 및 남색이다. 그러므로 오행이 수에 속하는 사람은 이 세 가지 색으로 방을 장식하는 것이 좋다.

그러나 세 종류의 색깔은 찬 색상에 속하므로 너무 많이 사용하면 차고 냉정한 느낌을 주기에 좋지 않다. 가장 이상적인 것은 오렌지색, 분홍색, 살구 노란색 등 따스한 색깔을 섞는 것이 좋다.

수에 속하는 사람은 커피색이나 짙은 황색을 사용하면 나쁘다. 이 색은 토(土)의 색이므로 토와 수는 상극이기 때문이다.

3) 숫자

수(水)의 대표적인 숫자는 1이다. 그러므로 오행이 수(水)인 사람은 이 숫자를 많이 사용하는 것이 좋다. 예를 들면 하나의 화분을 진열하거나 11층이나 21층에 거주하는 것이 좋다.

일반적으로 오행이 수에 속하는 사람은 2, 5, 8 이 세 숫자를 삼가야 한다.

다시 정리해 보면, 오행이 수에 해당하는 사람에게 적합한 방위, 색상, 숫자 등을 표로 나타내었다.

【표18】

목명	흉(凶)	길(吉)
방위	동북 서남	북방
색깔	짙은 황색 커피색	흑회색 남색
숫자	8 2, 5	1

가택 운수 측정법

1) 주택의 동서 4택

풍수학과 '팔택파(八宅派)'는 주택을 동4택과 서4태으로 나눈다.

동4택 – 동쪽에 자리(坐)한 진(震)택

동남쪽에 자리한 손(巽)택

남쪽에 자리한 이(離)택

북쪽에 자리한 감(坎)택

서4택 – 서남쪽에 자리(坐)한 곤(坤)택

서쪽에 자리한 태(兌)택

서북쪽에 자리한 건(乾)택

동북쪽에 자리한 간(艮)택

【그림80】은 동4택을 나타내었다. 좀 더 쉽게 이해가 될 것이다.

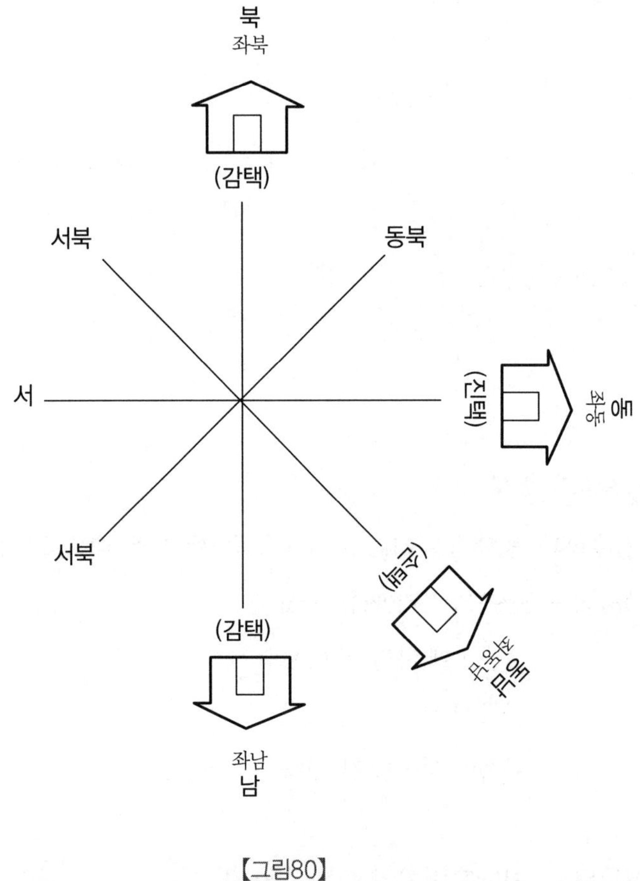

【그림80】

동4명인 사람이 진(震), 손(巽), 감(坎), 이(離) 인 동4택에 거주하면 명택(命宅)이 배합되고 기운이 아주 좋아진다.

서4택을 【그림81】로 알아보자.

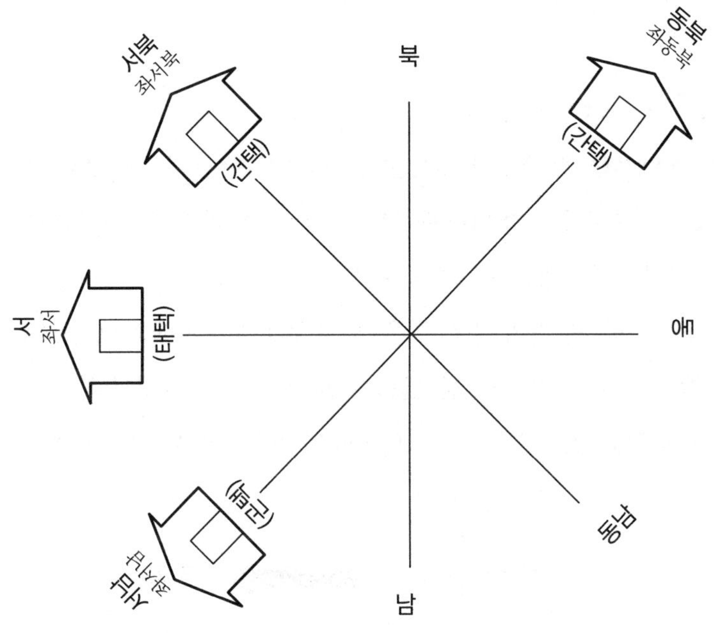

【그림81】

　서4명인 사람이 건(乾), 태(兌), 간(艮), 곤(坤)인 서4택에 거주하면 명택(命宅)이 배합되어 매우 길하다.

　《팔택명경(八宅明鏡)》에는 이렇게 씌어 있다. 사람의 명괘와 주택의 자리함(坐)은 같아야 한다. 동4명에 속하는 사람은 진, 손, 감, 이인 동

4택에 거주해야 한다. 또 서4명에 속하는 사람은 건, 태, 간, 곤인 서4택에 거주하는 것이 좋다.

왜냐하면 복을 받을 수 있기 때문이다.

2) 가택의 좌(坐) 와 향(向)

풍수학에서는 좌(坐)와 향(向)을 중시한다. 왜냐하면 그것이 길흉성쇠(吉凶盛衰)의 주요 근거가 되기 때문이다. 그러므로 좌와 향을 구별하는 방법, 그리고 중요성을 알아보도록 하자.

하나의 무덤, 한 채의 가옥, 혹은 한 사람의 앉은 자세 등에는 모두 좌와 향의 구별이 있다. 【그림82】를 보면 잘 알 수 있을 것이다.

【그림82】에서 보면 무덤, 가옥, 의자의 뒷면이 좌이고 앞면이 향이다.

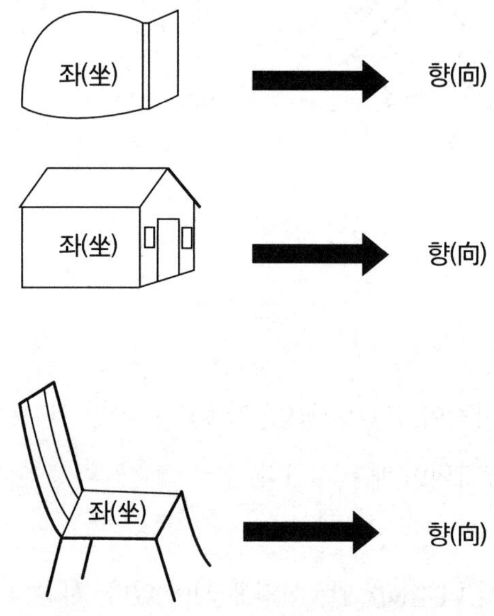

【그림82】 무덤, 가옥, 의자의 좌와 향의 명확한 구별

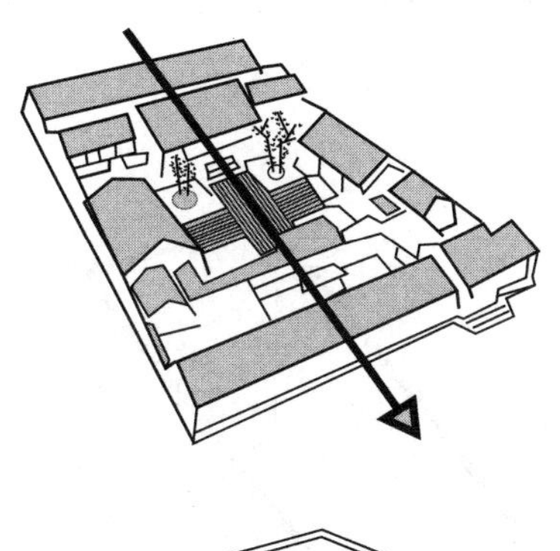

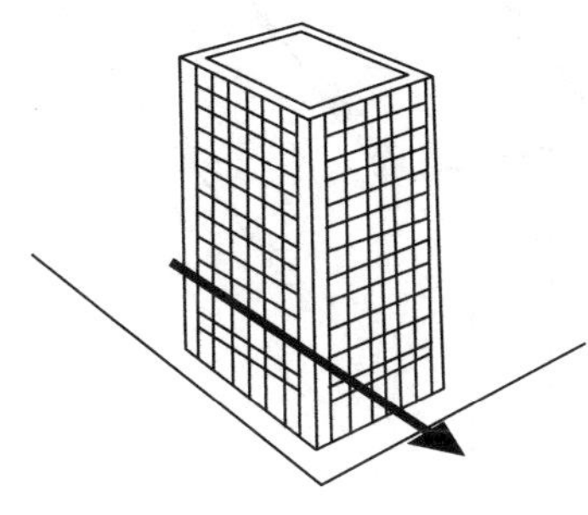

【그림83】

좀 더 명확하고 구체적인 설명을 위해 전통적인 가옥 한 채를 예를 들었다【그림83】.

좌와 향은 항상 직선상에 놓이므로 북에 앉았다면(좌), 반드시 남을 보게(향) 되며 동에 앉았다면 반드시 서를 향하게 된다.

그러나 많은 사람들이 좌와 향을 구별하기 어려워한다. 그 원인으로는 창문을 기준으로 하여 좌와 향을 구별하기 때문이다. 창문이 남쪽을 향했으면 남향 집이라 하고, 또 창문이 서쪽을 향했으면 서향집이라고 잘못 알고 있는 것이다. 그러나 좌와 향은 거실을 기준으로 하여야 한다.

【그림84】를 예로 들면 창문이 모두 동쪽으로 향해 있다.

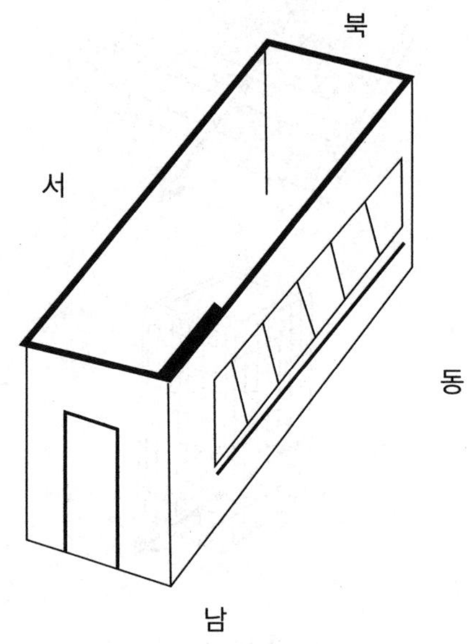

【그림84】 가옥의 좌, 행은 거실을 기준으로 해야 한다

그렇지만 이 집은 동향(서쪽에 자리잡고 동쪽을 향한) 집이라고 할 수 없다. 이 집은 북에 자리하고 남쪽을 향한 남향집이라고 해야 옳다. 대문을 기준으로 좌와 향을 구별하기 때문이다.

왜 창문을 기준으로 하지 않는가? 거기에는 두 가지 원인이 있다. 첫째, 기(氣)를 방안으로 끌어들이는 통로는 창문이 아니라 대문이다.

둘째, 한 채의 집을 기준으로 했을 때 창문이 어느 일정한 방향으로 향한 것이 아니라 여러 군데에 있을 수 있기 때문이다.

그러나 대문은 어느 집마다 하나밖에 없으므로 절대 이런 혼란이 생기지 않는다. 그러므로 창문을 기준으로 가옥의 좌, 향을 정한다는 것은 착오임을 알 수 있다.

풍수학에서 좌향(坐向)을 중시하는 이유는 그것이 가택 운수의 길흉을 판단하는 근거가 되기 때문이다. 만약 한 채의 가옥이 좌도 길하고 향도 길한 곳에 자리를 잡았다면 그 집은 대단히 길(吉)하다.

그렇다면 좌와 향 중 어느 쪽이 더 중요한가?

여러 가지 설이 있지만 결론을 내릴 수가 없다.

좌는 기초라고 할 수 있다. 길한 곳에 앉으면 길하고, 흉한 자리에 앉으면 흉해지는 법이다. 그러나 향은 쉽게 조절이 가능하다. 가령 나쁜 방향을 향했다 하더라도 고칠 수가 있는 것이다. 그 예로 【그림85】를 보라.

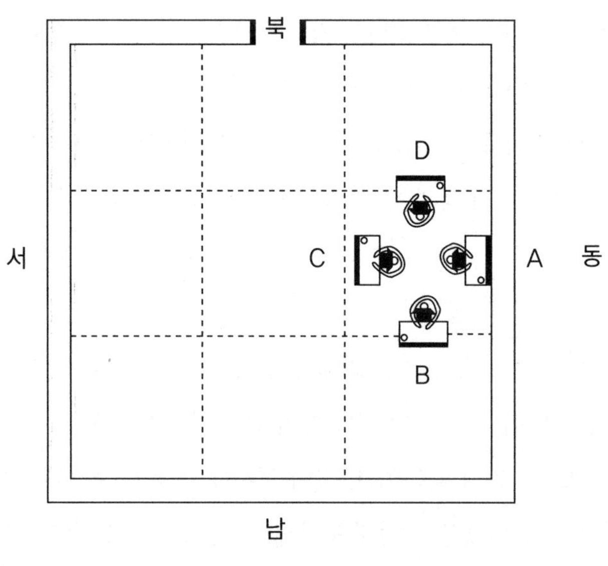

【그림85】

그림을 보면 네 사람 모두 가옥의 동쪽에 앉았지만 저마다 다른 방향을 향하고 있다. A는 동향, B는 남향, C는 서향, D는 북향이다.

그러나 좌(坐 앉음)는 하나의 좌표라고 할 수 있어 함부로 이동할 수 없다. 그렇기 때문에 대부분의 경우에 풍수를 고친다면, 향을 고칠 뿐 좌를 고치지는 않는다.

3) 명괘의 기준

명괘와 택괘가 배합이 되어야 좋다고 했는데 가족 중 누구의 명괘를 중심으로 해야 하는가?

한 집에 여러 명의 가족 구성원이 있을 때는 각각 그 명괘도 다르다. 어떤 사람은 동4명이고 또 다른 사람은 서4명일 경우도 있다.

이때는 고민할 필요 없이 가장(家長)의 명괘를 기준으로 한다. 가장은 가정의 중심이기 때문에 만약 가옥의 풍수가 가장에게 유리하다면 그의 사업도 순조로워 재산이 불어나게 된다.

그러나 반대로 가택 풍수가 가장에게 불길하면 그의 사업도 실패하고 재산적 손실이 생길 때는 그 가족도 같이 고통을 겪게 된다.

4) 방위의 측정 방법

방위는 풍수학과 밀접한 관계가 있다. 만약 방향(동서남북)도 제대로 알지 못한다면 가옥 내의 어느 쪽이 길한 방위이고 어느 쪽이 흉한 방위인지 알 수 없기 때문이다. 그와 동시에 행운을 불러들이거나 재화를 피할 수 있는 방법도 얻지 못하게 된다. 그러므로 이와 같은 형편이라면 풍수를 논할 여지조차 없는 것이다.

이때에는 나침반을 사용하면 된다. 풍수를 업으로 하는 사람들도 이 나침반을 사용한다. 일반 가정에서도 하나쯤 비치하면 손쉽게 실내의 방위를 측정해 낼 수 있다.

양택 풍수학의 '팔택파'는 가옥을 여덟 개의 방위로 나누어 방향의 길흉을 연구하였다.

아래는 가옥 평면도를 예로 하여 가옥을 어떻게 여덟 방위로 나누는지 설명하겠다.

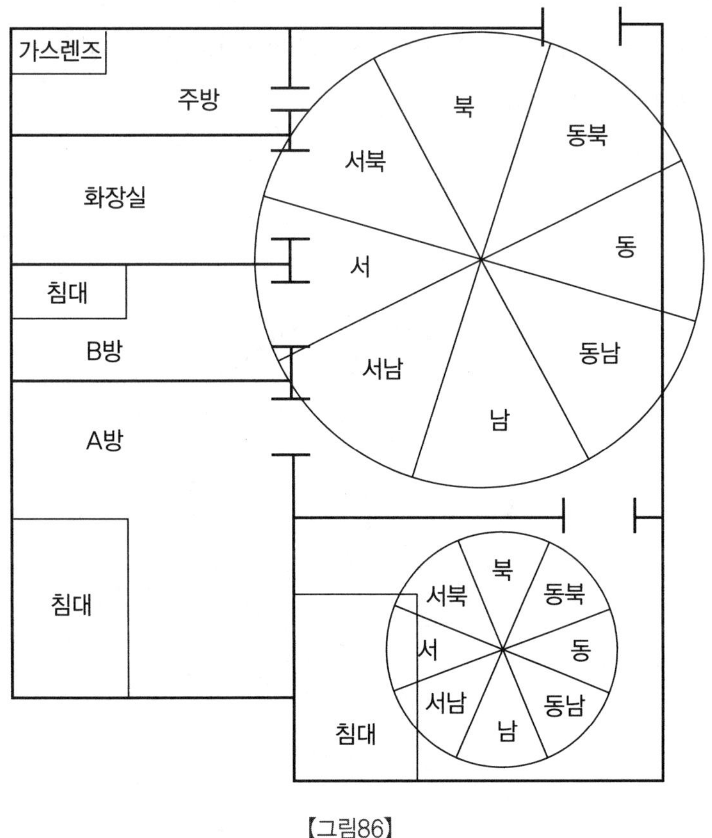

【그림86】

(1) 중심점을 선택한 후 방위를 측정한다.

【그림86】을 예로 들면 먼저 거실의 중심점을 찾은 후 거실 각 방위를 알아보고, 그 다음 각각 방의 중심점을 찾은 뒤 그 방의 각 방위를 알아본다. 이 방식으로 어느 방의 어떤 방위이든 다 알 수가 있다.

(2) 0° 정북(正北)을 찾는다.

중심점에서 나침반의 자침이 정북쪽인 0°(【그림87】에서처럼)를 가리킬 때까지 돌린다. 그래야만 여덟 개의 방위를 정확히 정할 수가 있다. 반드시 기억할 것은 방위를 측정하기 위해서는 반드시 정북쪽의 위치부터 찾아내야 한다는 것이다.

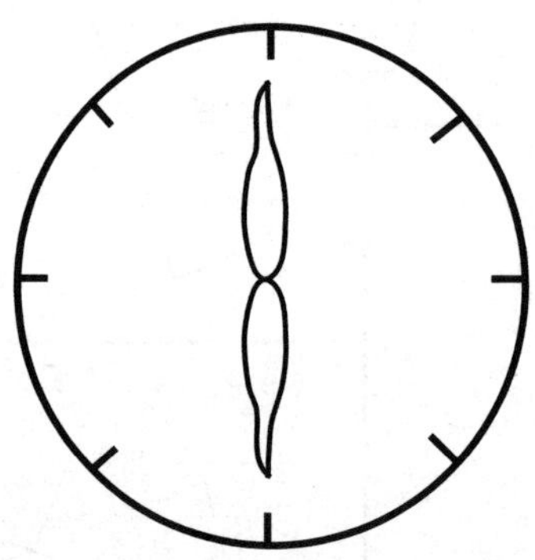

【그림87】

⑶ 중심점에서부터 목표 방위를 측정한다.

정북쪽을 찾아낸 다음 측정한 목표와 중심점을 하나의 직선으로 연결(끈으로 두 점을 연결)하면 측정할 목표의 방위를 정할 수 있다.

나침반의 중심점에서부터 일직선을 그으면 대문은 정북쪽에 있고, 어항은 정동쪽에, 침대는 서남쪽에 있음을 쉽게 알 수 있다.

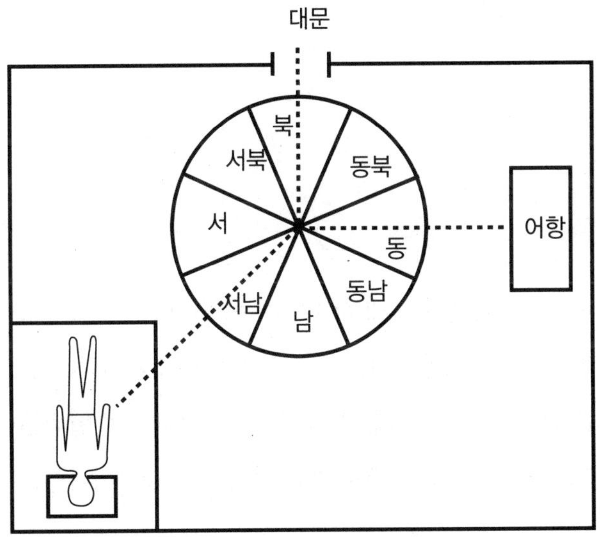

【그림88】

이와 같은 방법으로 기타 가구들의 방위를 측정할 수 있다.

실내 각 부분에 대한 방위를 정확하게 파악한 다음에는 과연 어느 방위가 길하고 흉한지 앞에서 살펴본 명택 배합의 재료를 다시 한번 보면 알 수 있을 것이다. 또한 행운을 불러들이는 방법과 재화를 피하는 방법까지도 알 수 있다.

대문의 길흉(吉凶)

전통적인 풍수학에서는 대문이 미치는 영향이 매우 크다고 생각한다. 《양택삼요(陽宅三要)》에서도 대문과 집주인이 기거하는 방, 부엌의 부뚜막(가스렌즈) 이 세 가지를 가택 풍수의 3대 요소로 일컫는다.

이 3대 요소 중에서도 첫째로 꼽는 것이 바로 대문이다.

1) 동4문과 서4문

다른 것도 마찬가지지만 대문은 반드시 길한 방위에 있어야 한다. 만약 동4명에 해당하는 사람이 서4택에 거주하거나 서4명인 사람이 동4택에 산다면 명택 배합이 되지 않는다. 그러면 이 경우는 어떻게 해야 하는가?

《팔택명경》에 이르기를 '명택 배합이 되지 않았을 때는 대문을 옮겨서 명괘(命卦)와 배합이 되도록 해야 한다' 고 씌어 있다. 다시 풀어보면 동4명인 사람은 대문을 고쳐 동이나 동남, 남, 북 이 네 곳 즉 동4괘의 방위에 놓이게 해야 한다. 그리고 서4명인 사람은 서, 서남, 서북, 동북 이 네 개의 서4괘 방위에 대문이 놓이게 해야 한다.

즉, 명택 배합이 되지 않더라도 명문(命門) 배합이라도 되도록 만들어 놓으면 가운이 좋아진다는 것이다.

동4문과 서4문을 【그림89】에서 살펴보자.

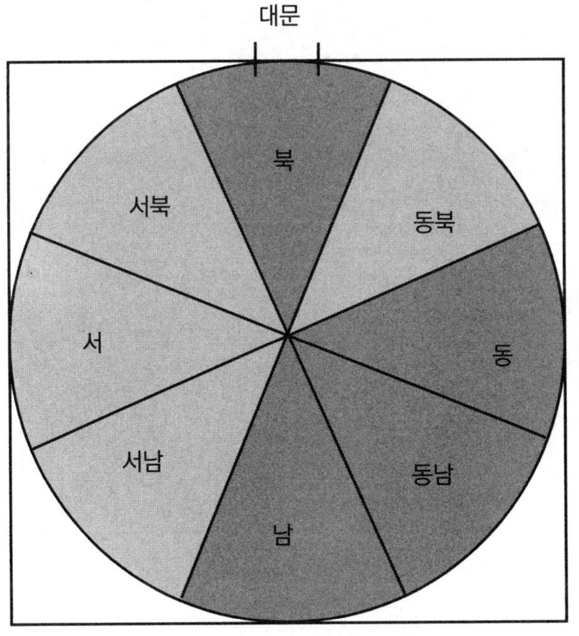

【그림89】

【그림89】를 잠시 살펴보면 대문이 북쪽을 향하여 있기 때문에 동4문(東四門)에 속한다. 그러므로 동4명인 사람이 거주하면 좋다.

　대문이 북쪽에 있지 않더라도 그림에서 진하게 표시된 동이나 동남, 또는 남쪽에 있다면 역시 동4문에 속하므로 동4명인 사람이 거주하기에 적합하다. 그러나 동4명인 사람이 거주하는 집의 대문이 동북, 서, 서남, 서북쪽 등 이 네 방위에 있다면 좋지 않다.

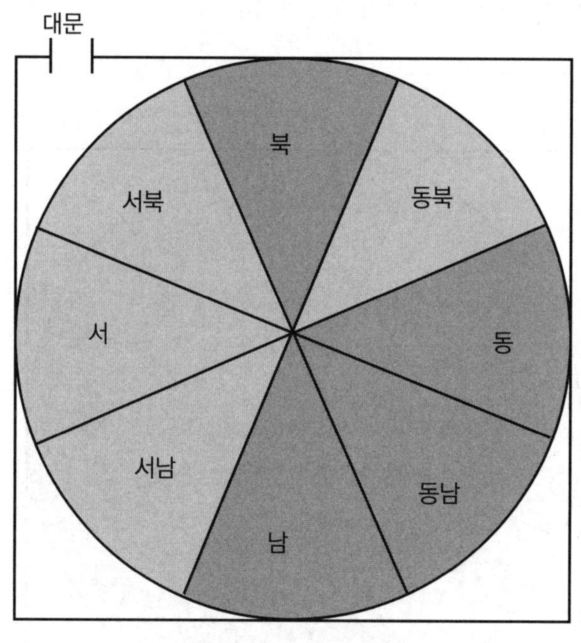

【그림90】

　【그림90】에서 대문은 서북쪽에 있으므로 서4문(西四門)에 속한다. 그러므로 서4명인 사람이 거주하기에 좋다.

만약 대문이 서북쪽에 있지 않고 동북이나 서남, 서쪽에 있다면 그
또한 서4문에 속하므로 서4명인 사람이 거주하기에 적합하다. 그러나
서4명인 사람이 동쪽이나 동남, 동, 북쪽으로 난 대문의 집에 거주한
다면 좋지 않다.

이상 명(命)과 문(門)의 배합을 살펴보았다.

동4명인 사람에게 동4문은 사길문(四吉門)이라고 할 수 있다. 왜냐하
면 이 네 방위에 대문을 배치하면 아주 길하기 때문이다.

이와 마찬가지로 서4문은 서4명인 사람에게 사길문(四吉門)이다.

그러나 이 4길문 중에서도 가장 길한 것을 선택하려면 어떻게 해야
하는가?

찾아보기 편하도록 아래에 그림으로 나타내었다. 자신의 명괘에 따
라 그림을 찾아보면 자신에게 알맞은 가장 좋은 방위를 알 수 있다.

예를 들면 명괘가 진(震)에 속하는 사람은 진명(震命) 그림을 보면 되
고 명괘가 건(乾)인 사람은 건명(乾命)을 보면 된다.

그림 속 숫자, 즉 ①은 제일 좋은 선택, ②는 두 번째로 좋은 선택이
다. 이처럼 다른 숫자들도 길흉 순서를 나타내는 것이다. 그러므로 ⑧
은 가장 불길함임을 알 수 있다.

2) 4길성(四吉星)과 4흉성(四凶星)

팔택파(八宅派)에서는 여덟 개 방위에 각기 한 개의 성(星)을 배치하였
는데 이 8개 성은 또 4개의 길한 4길성(四吉星)과 4개의 흉한 4흉성(四
凶星)으로 나뉘어져 있다.

그럼 4길성과 4흉성을 알아보자.

4길성 중   제1 길성은 생기(生氣) ①

　　　　　제2 길성은 천의(天醫) ②

　　　　　제3 길성은 연년(延年) ③

　　　　　제4 길성은 복위(伏位) ④

4흉성 중   제4 흉성은 화해(禍害) ⑤

　　　　　제3 흉성은 육살(六煞) ⑥

　　　　　제2 흉성은 오귀(五鬼) ⑦

　　　　　제1 흉성은 절명(絕命) ⑧

①부터 ⑧까지의 숫자는 선택함에 있어서의 길흉의 순서다.

쉽게 찾을 수 있도록 여덟 개 명괘에 따라 각각 4길문과 4흉문을 따
로 정리하였다.

(1) 진명(震命)

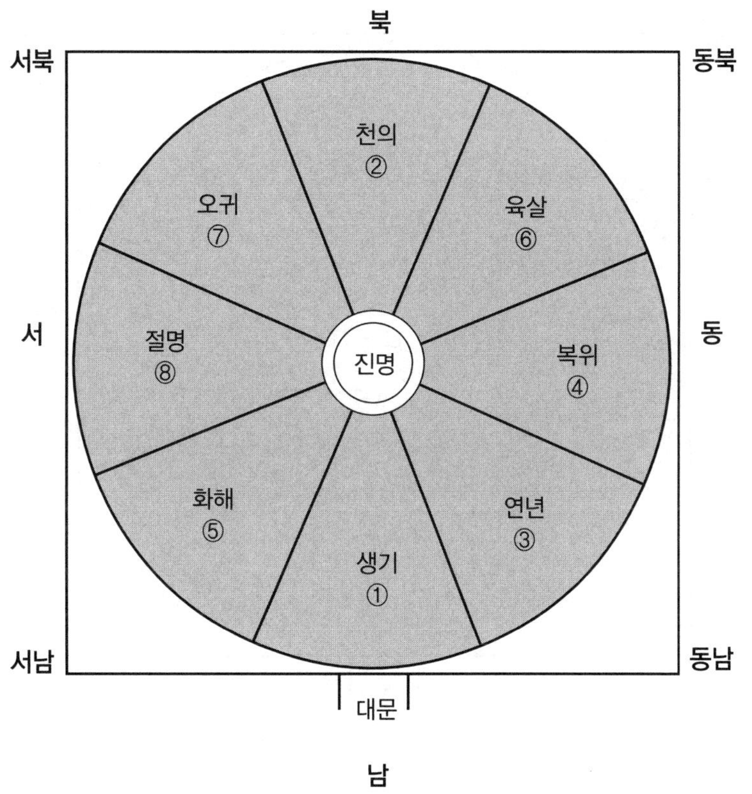

4길문(四吉門)	4흉문(四凶門)
① 남방(南方) – 생기(生氣)	⑤ 서남(西南) – 화해(禍害)
② 북방(北方) – 천의(天醫)	⑥ 동북(東北) – 육살(六煞)
③ 동남(東南) – 연년(延年)	⑦ 서북(西北) – 오귀(五鬼)
④ 동방(東方) – 복위(伏位)	⑧ 서방(西方) – 절명(絶命)

(2) 손명(巽命)

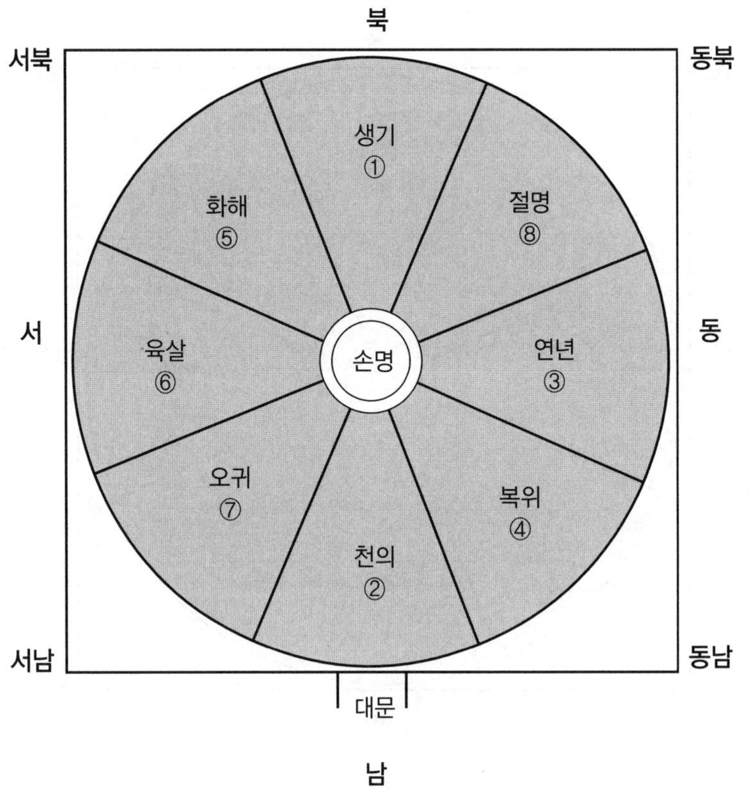

4길문(四吉門)	4흉문(四凶門)
① 북방(北方) – 생기(生氣)	⑤ 서북(西北) – 화해(禍害)
② 남방(南方) – 천의(天醫)	⑥ 서방(西方) – 육살(六煞)
③ 동방(東方) – 연년(延年)	⑦ 서남(西南) – 오귀(五鬼)
④ 동남(東南) – 복위(伏位)	⑧ 동북(東北) – 절명(絕命)

(3) 감명(坎命)

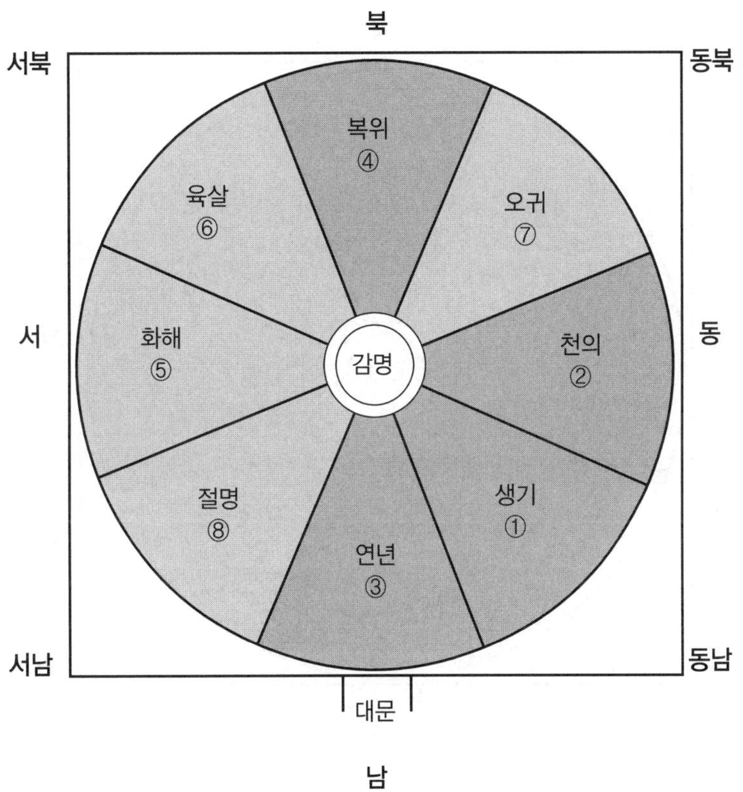

4길문(四吉門)	4흉문(四凶門)
① 동남(東南) – 생기(生氣)	⑤ 서방(西方) – 화해(禍害)
② 동방(東方) – 천의(天醫)	⑥ 서북(西北) – 육살(六煞)
③ 남방(南方) – 연년(延年)	⑦ 동북(東北) – 오귀(五鬼)
④ 북방(北方) – 복위(伏位)	⑧ 서남(西南) – 절명(絕命)

(4) 이명(離命)

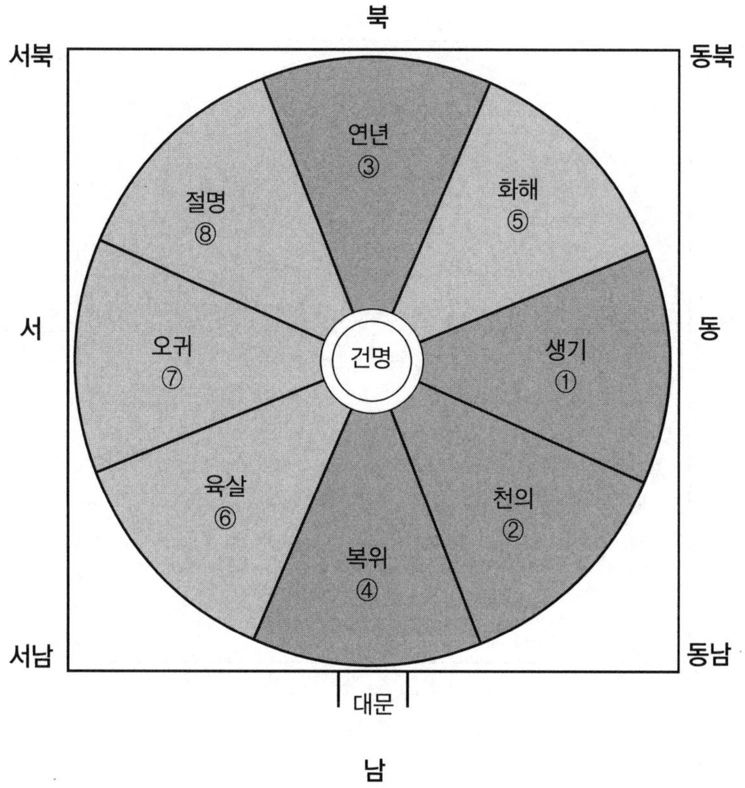

4길문(四吉門)	4흉문(四凶門)
① 동방(東方) – 생기(生氣)	⑤ 동북(東北) – 화해(禍害)
② 동남(東南) – 천의(天醫)	⑥ 서남(西南) – 육살(六煞)
③ 북방(北方) – 연년(延年)	⑦ 서방(西方) – 오귀(五鬼)
④ 남방(南方) – 복위(伏位)	⑧ 서북(西北) – 절명(絕命)

(5) 건명(乾命)

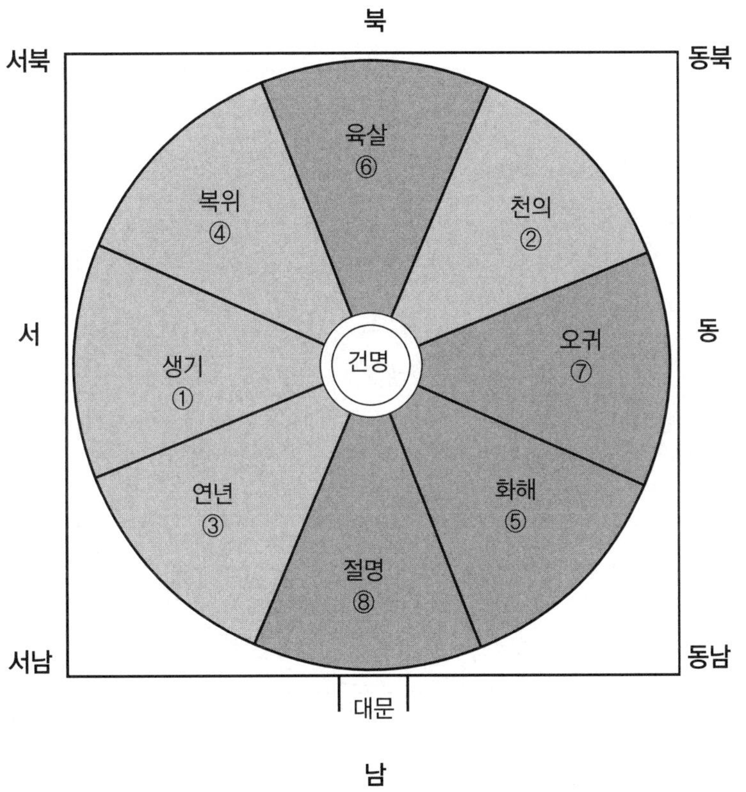

4길문(四吉門)	4흉문(四凶門)
① 서방(西方) – 생기(生氣)	⑤ 동남(東南) – 화해(禍害)
② 동북(東北) – 천의(天醫)	⑥ 북방(北方) – 육살(六煞)
③ 서남(西南) – 연년(延年)	⑦ 동방(東方) – 오귀(五鬼)
④ 서북(西北) – 복위(伏位)	⑧ 남방(南方) – 절명(絕命)

(6) 태명(兌命)

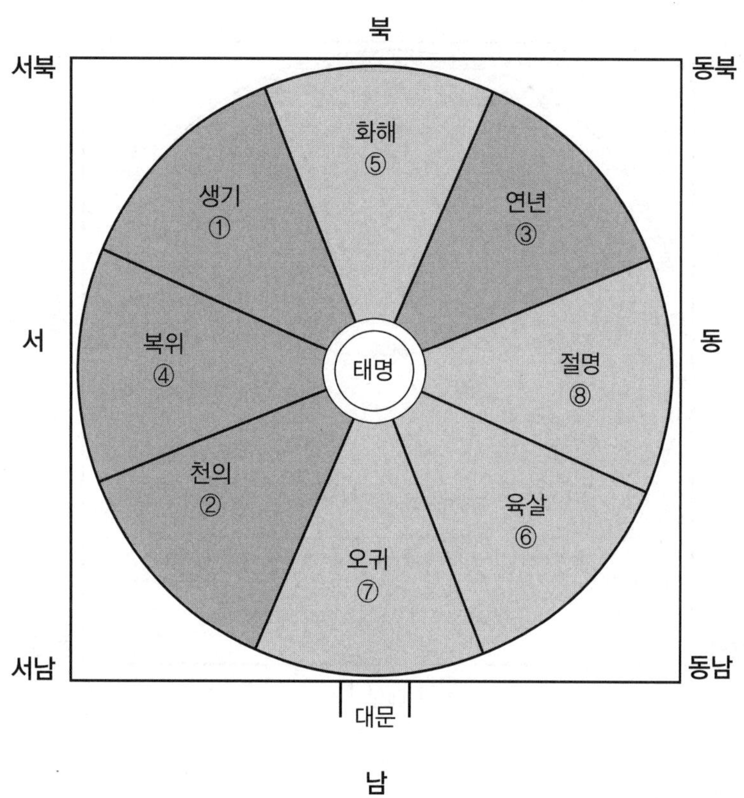

4길문(四吉門)	4흉문(四凶門)
① 서북(西北) - 생기(生氣)	⑤ 북방(北方) - 화해(禍害)
② 서남(西南) - 천의(天醫)	⑥ 동남(東南) - 육살(六煞)
③ 동북(東北) - 연년(延年)	⑦ 남방(南方) - 오귀(五鬼)
④ 서방(西方) - 복위(伏位)	⑧ 동방(東方) - 절명(絶命)

(7) 간명(艮命)

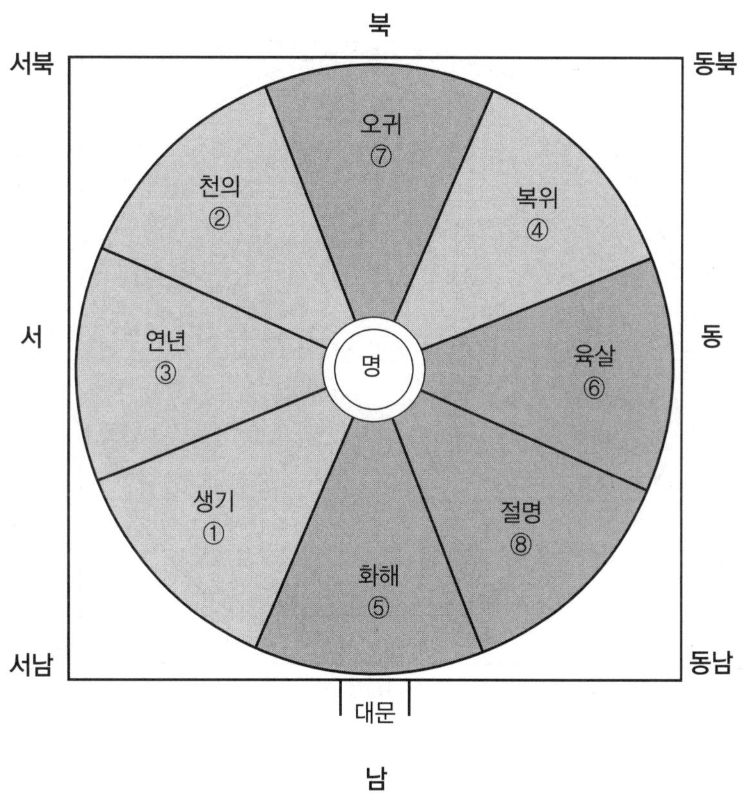

4길문(四吉門)	**4흉문(四凶門)**
① 서남(西南) - 생기(生氣)	⑤ 남방(南方) - 화해(禍害)
② 서북(西北) - 천의(天醫)	⑥ 동방(東方) - 육살(六煞)
③ 서방(西方) - 연년(延年)	⑦ 북방(北方) - 오귀(五鬼)
④ 동북(東北) - 복위(伏位)	⑧ 동남(東南) - 절명(絕命)

(8) 곤명(坤命)

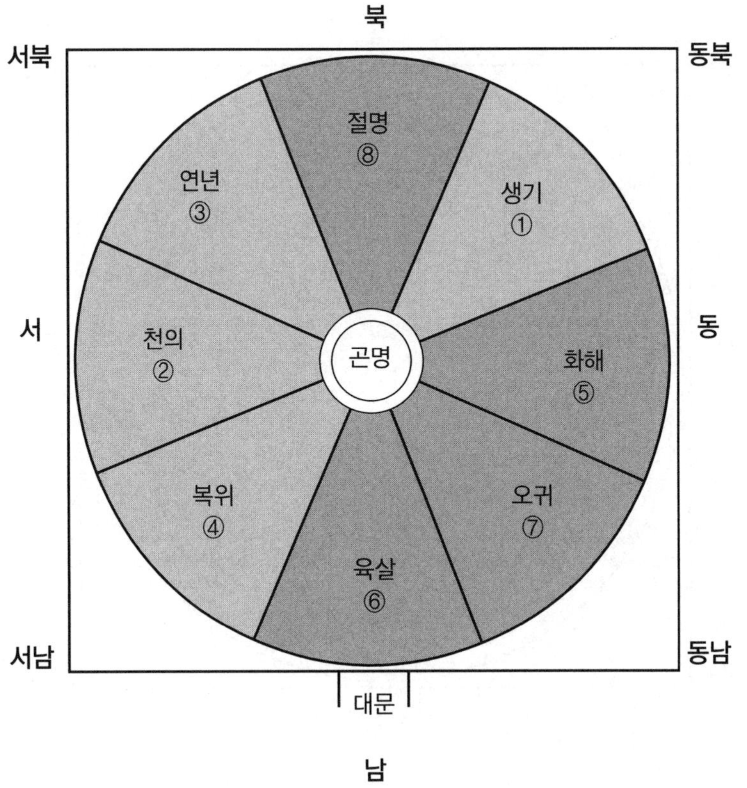

4길문(四吉門)

① 동북(東北) – 생기(生氣)

② 서방(西方) – 천의(天醫)

③ 서북(西北) – 연년(延年)

④ 서남(西南) – 복위(伏位)

4흉문(四凶門)

⑤ 동방(東方) – 화해(禍害)

⑥ 남방(南方) – 육살(六煞)

⑦ 동남(東南) – 오귀(五鬼)

⑧ 북방(北方) – 절명(絕命)

문으로 운을 바꾸는 방법

위에서 명문(命門) 배합의 원리와 법칙을 살펴보았다. 이제 자신의 집 대문에 대한 길흉을 판단할 수 있을 것이다. 만약 길한 방위에 대문이 놓였으면 그것은 기쁜 일이고 축하할 만한 일이다. 그러나 대문이 흉한 방위에 놓여 있다면 어떻게 해야 할까?

어쩌면 많은 사람들이 근심 걱정을 하고 있을지도 모르겠다. 하지만 그리 걱정할 문제는 아니다. 대문이 풍수에 미치는 영향은 매우 크지만 보완할 수 있는 방법이 있기 때문이다.

그 방법을 살펴보자.

첫째, 대문을 옮기기 곤란하면 실내에 문을 하나 더 만든다.
둘째, 색깔을 이용하여 사귀(邪鬼)를 물리친다.

1) 실내에 문을 하나 더 만드는 방법

【그림91】과 【그림92】를 보라. 【그림91】에서 보다시피 북으로 향한

대문은 서4명인 사람에게 불길하다.

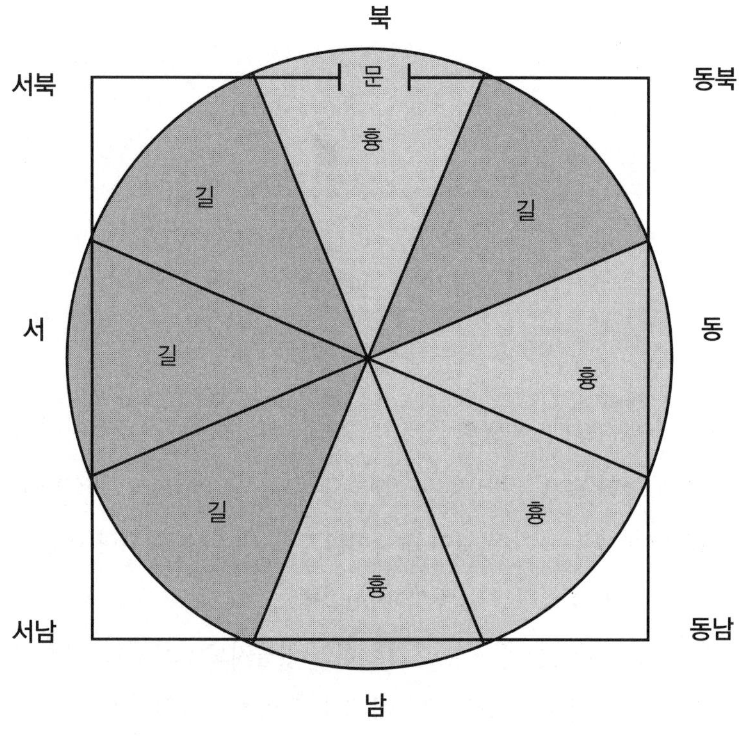

【그림91】 대문이 불길한 북쪽에 놓였다

  그러므로 【그림92】에서처럼 길한 방위인 동북쪽에 실내 덧문을 내고 복도처럼 두 문 사이를 쌓아올렸다. 이리하여 동북쪽 출입문으로 변한 것이다.

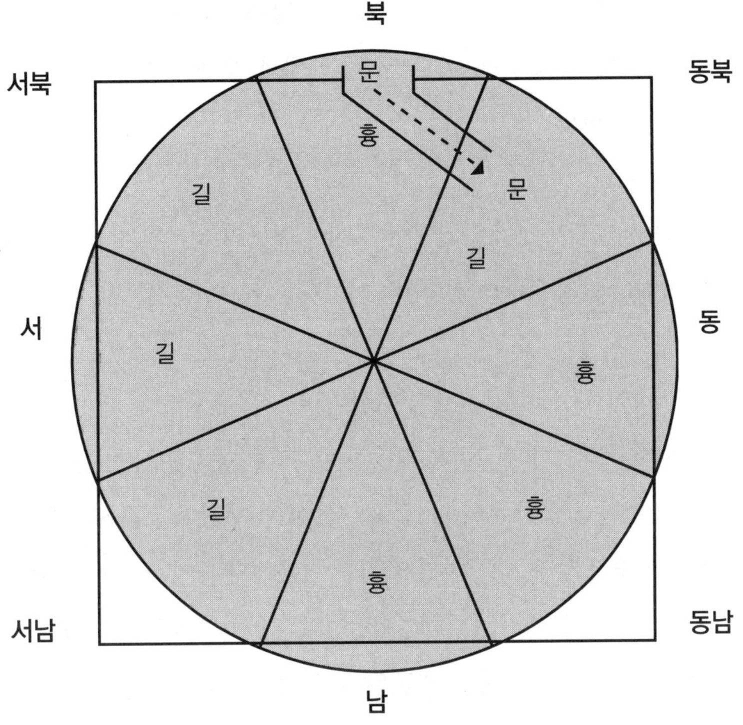

【그림92】 길한 동북쪽에 덧문을 내었다

동북 방위는 서4명인 사람에게 길한 방위이므로 흉한 것을 길하게 바꿀 수 있지만 좁은 가정에서는 이같은 방법을 사용하기가 어려운 게 흠이다.

이 경우는 아래의 방법을 사용해 보자.

2) 색깔을 이용하는 방법

거실의 카펫 색깔로 대문의 살기를 해소시킨다. 그러려면 먼저 오행의 대표색부터 알아야 한다.

목 – 청색, 녹색 　　　　화 – 붉은색, 자주색

토 – 커피색, 황색 　　　　금 – 백색, 오렌지색

수 – 남색, 회색

이처럼 기본적인 개념을 파악한 후에야 대문의 살기를 해소시킬 수 있다. 이해를 돕기 위하여 동4명과 서4명을 나누어 살펴보자.

⑴ 동4명인 사람이 서4문에 거주할 경우

오행에서 목(木), 화(火), 수(水)에 속하는 사람은 동4명에 해당한다. 이들이 거주하는 집의 대문이 서4문 즉 서, 서북, 서남 또는 동북쪽에 놓여 있다면 좋지 않다. 왜냐하면 불길한 기운에 부딪치게 되기 때문이다. 서(西)와 서북쪽에서는 금액(金厄), 서남과 동북쪽에서는 토(土)액에 부딪칠 수 있다. 【그림93】을 보면 알 수 있다.

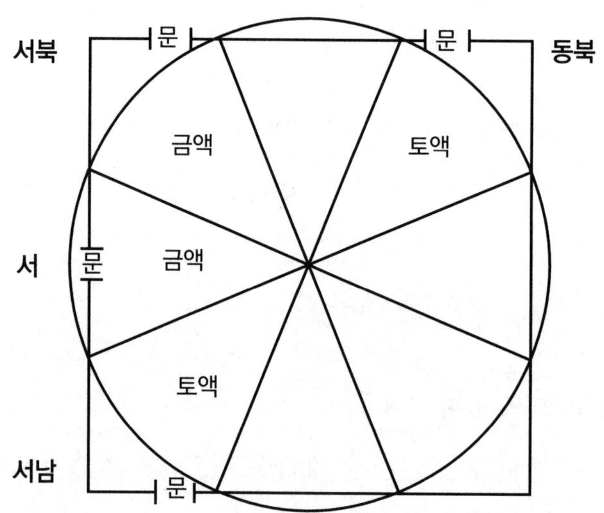

【그림93】

서와 서북문에서 금액을 부딪쳤으므로 오행이 수와 목인 사람은 남색이나 회색 카펫을 대문 입구에 놓는 것으로 액을 없앨 수 있다. 오행이 화에 속하는 사람은 붉은색이나 자주색 카펫을 사용한다.

서남 및 동북문에서는 토액을 부딪치므로 오행이 수에 속하는 사람은 흰색이나 오렌지색 카펫을 대문 입구에 펴놓고 오행이 목과 화에 속하는 사람은 청색이나 녹색 카펫을 이용한다.

(2) 서4명인 사람이 동4문에 거주할 경우

오행이 토나 금에 속하는 사람은 서4명에 속한다. 이들이 거주하는 집의 대문이 동4방(동, 동남, 남, 북)에 놓여 있다면 여러 가지 화를 당할 수 있다.【그림94】를 보면 쉽게 이해할 수 있다.

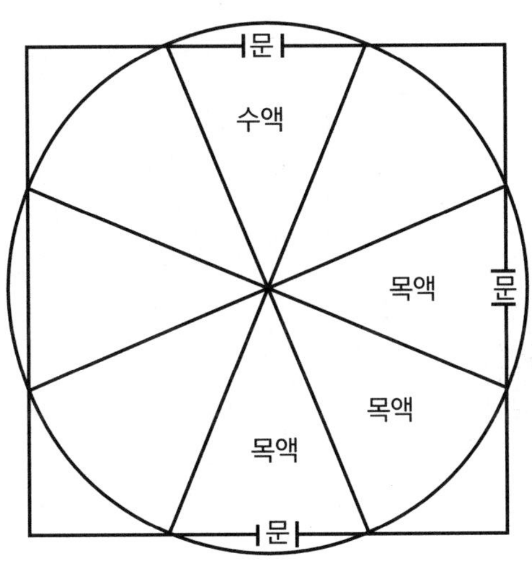

【그림94】

동과 동남쪽에서는 목(木)액에 부딪친다. 때문에 오행이 토에 속하는 사람은 붉은색이나 자주색 카펫을 대문 입구에 펴놓는 것으로 액을 해소하고 오행이 금인 사람은 흰색이나 오렌지색 카펫을 이용하면 된다.

남문에서는 화액에 부딪치므로 오행이 토나 금인 사람은 커피색이나 황색 카펫을 대문 입구에 펴서 액을 해소한다.

북문에서는 수액과 부딪치므로 토나 금인 사람은 모두 커피색이나 황색 카펫을 문 입구에 놓는다.

이상의 색깔 선택은 오행의 상생상극(相生相克) 원리에서부터 변이된 것으로 풍수학에 부합된다. 여기서 주의할 것은 양탄자는 반드시 대문 안에 펼쳐 놓아야 한다는 것이다. 【그림95】를 살펴보자.

【그림95】

어떤 사람은 자그마한 한 조각 카펫의 영향력이 이토록 대단한지 의구심을 가질지도 모르겠다.

카펫을 실내 구석에 놓아둔다면 아무런 영향력이 없다. 그러나 현관 출입구(어느 누구나 꼭 밟고 지나야만 하는 길)에 펴놓았을 때는 그 영향력이 매우 크다. 만약 그 출입문의 색깔까지도 알맞게 바꾼다면 액을 막는 데 매우 좋은 방법이 될 것이다. 그러나 꼭 기억할 점은 출입문과 카펫의 색깔이 반드시 일치해야 한다는 것이다.

# 대문에 주는 악귀를 물리치는 방법

1) 예각이 대문과 마주보고 있을 경우

주변에 있는 건물의 뾰족한 벽 모서리나 처마가 대문을 향하고 있을 때 그 영향력은 매우 크다. 【그림96】이 전형적인 예다.

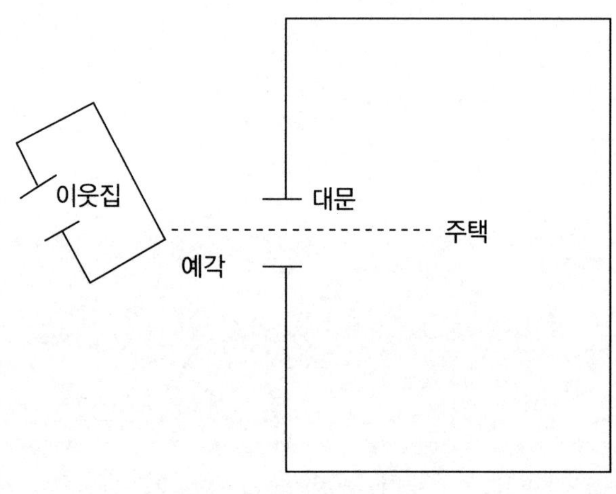

【그림96】

예각이 대문을 향했을 경우 가정에 질병이 끊이지 않으며 결국에는 집이 풍비막산하고 상사(喪事)를 겪게 된다고 한다. 그러나 이것은 지나친 비약에 불과하다.

하지만 좋지 않은 말을 들으면 거기에 마음이 쏠리듯 만약 걱정이 끊이지 않는다면 아래에 네 가지 해소 방법을 소개하니 참작하면 될 것이다.

(1) 수두(獸頭) 패를 이용하는 방법

요즈음 수두 패를 아는 사람은 매우 드물다. 수두 패란 나무 널빤지에 입 벌린 짐승의 머리를 그린 것이다【그림97】.

이 수두 패를 예각을 향해 걸어놓으면 그 영향을 막을 수 있다. 그러나 짐승의 얼굴에 못질을 하지 않도록 주의해야 한다.

【그림97】 수두패

(2) 오목 거울을 이용하는 방법

오목 거울은 거울에 비춰지는 형상을 모두 거꾸로 반사해서 몰아내는 작용을 한다. 그러므로 오목 거울도 예각의 영향력을 막아내는데 가장 좋은 도구다. 오목 거울도 수두 패쪽을 이용하는 방법과 마찬가지로 예각을 향하여 마주 걸어 놓으면 된다.

(3) 병풍처럼 벽을 쌓는 방법

대문 밖이나 안에 병풍처럼 담을 쌓는 방법으로 【그림98】을 보면 쉽게 알 수 있다.

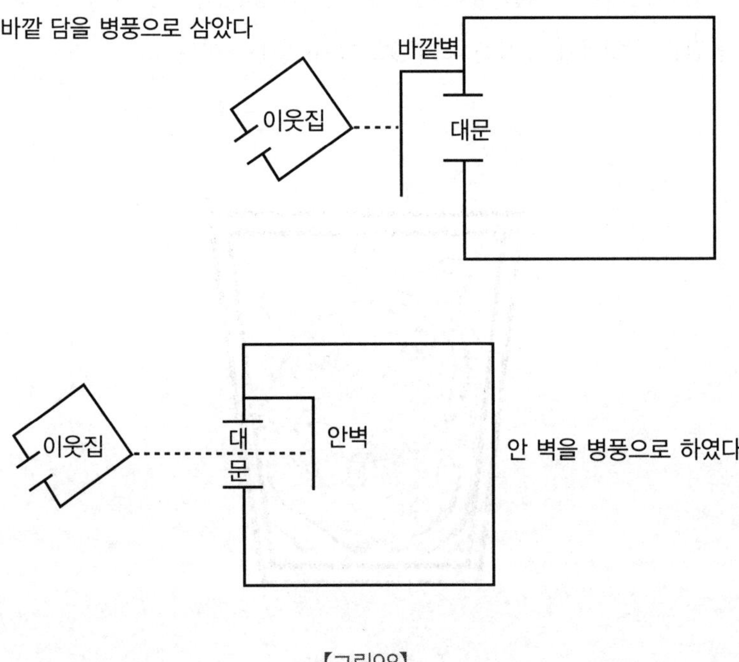

【그림98】

2) 큰길이 곧바로 대문을 향했을 경우

【그림99】에서처럼 대문을 향해서 큰 길이 곧바로 향한다면 이 집에 매우 큰 영향을 미친다.

《양택십서(陽宅十書)》에서는 이와 같은 경우를 '예기치 않게 어디선가 날아온 화살이 가슴을 찌르는 것과 같다'고 하였다.

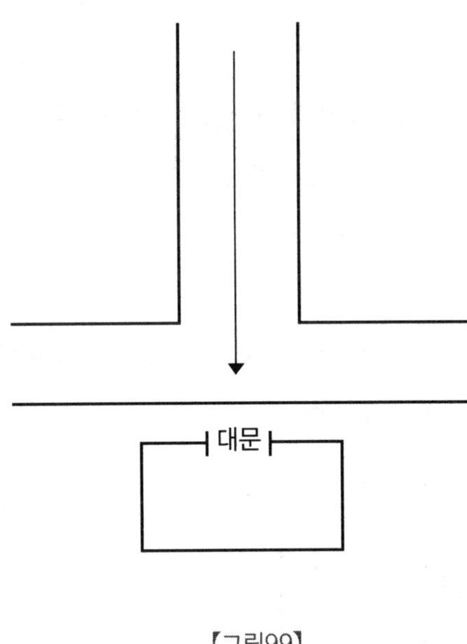

【그림99】

이와 같은 경우에는 《노반경》에 씌어 있듯이 석감당(石敢當)으로 액을 물리치면 된다. 그 방법은 매우 간단하다. 【그림100】처럼 비석 석감당을 대문 앞 땅 속에 묻으면 된다.

【그림100】

태산석감당(泰山石敢當)이 거의 150cm 정도의 높이가 되므로 땅속 깊이 묻는다는 것은 결코 쉬운 일이 아니다. 그러므로 《노반경》에서는 또 다른 간편한 방법을 제시하엿은데 【그림101】에서와 같이 산해진(山海鎭)을 거는 방법이다.

널빤지에 【그림101】처럼 그려도 되고 그게 어렵다면 단지 산해진이라는 세 글자만 써서 걸어도 된다.

我家好山海 : 내 집 산과 바다 같으니
他作我蕪方 : 그의 잔꾀 소용없도다

【그림101】

3) 비탈이 곧바로 대문을 향했을 경우

　비탈 끝머리에 집을 짓는 경우가 있다. 그리하여 【그림102】과 같이 대문 앞으로 비탈이 곧바로 내려와 지세가 매우 험악하다.

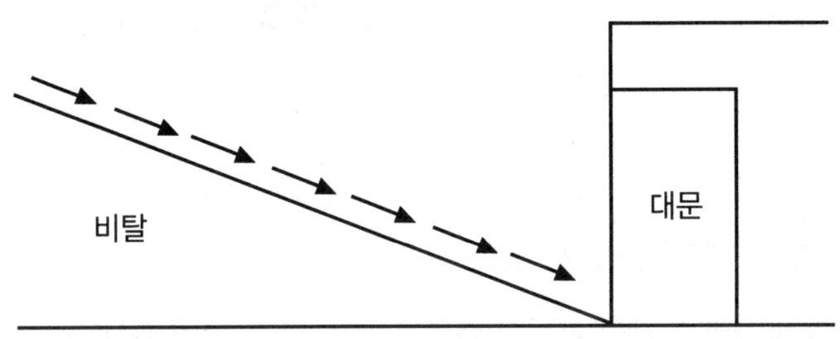

【그림102】

　풍수학적으로 길은 수(水)에 해당한다. 비록 수가 재물(財)을 나타낸다고는 하지만 【그림102】에서처럼 끊임없이 흘러내리는 물(流水, 형제는 보이지 않지만)이 비탈을 따라 곧바로 대문을 향해 들어온다면 화가 안 미칠 수 없다.

　이때에는 【그림103】과 같이 대문 밖에 1, 3, 5개의 층계를 쌓아 강한 물살을 완화시킨다. 이 보이지 않는 물살이 계단에 부딪치면 그 기세가 매우 약해지므로 더 이상 화를 일으키지 못하게 한다.

　그러나 한 가지 주의할 것은 계단의 개수는 홀수가 적합하며 짝수는 좋지 않다.

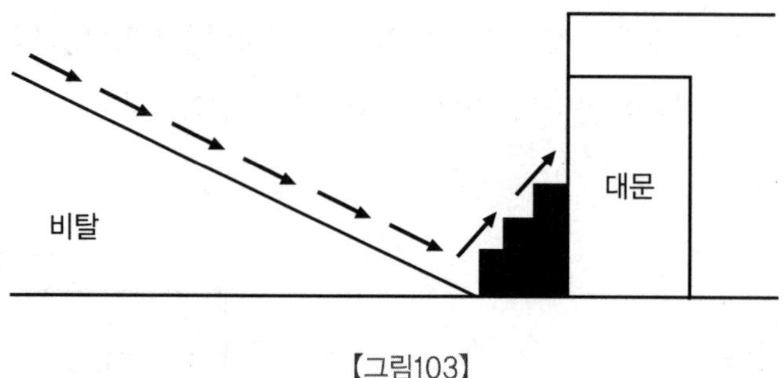

【그림103】

4) 큰길이 대문 앞에서 굽은 경우

큰길이 굽어진 각이 곧바로 대문을 향했을 때【그림104】 풍수학에서는 '낫이 허리를 자른다' 고 한다.

이 경우 《양택십서》에서는 종종 집안에 음란한 일이 발생하거나 가족의 사망, 화재, 질병 등이 생긴다고 씌어 있다.

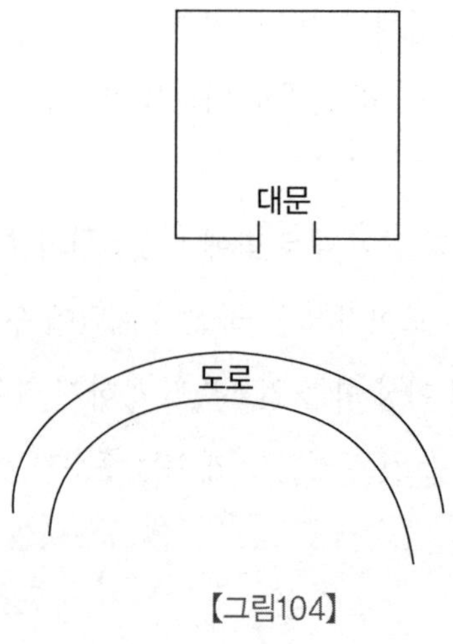

【그림104】

《팔택명경》에서도 이와 같은 경우는 기운이 흉하다고 씌어 있다.

이때는 세 가지 방법으로 해소할 수 있다.

첫째, 태산석감당을 땅 속 깊이 묻는다.

둘째, 산해진을 걸어 둔다.

셋째, 오목 거울을 걸어 둔다.

5) 두 집의 대문이 마주 보고 있는 경우

《노반경》에서 두 집 문이 마주 서 있으면 그 중 한 집은 흉하다고 했
다. 그러나 현대 도시에서는 고층 아파트가 많아서 두 집의 문이 서로
마주 보는 경우가 많은 게 사실이다. 하지만 그다지 걱정할 필요는 없
다. 그리 큰 영향을 미치지는 않기 때문이다. 그러나 안심이 안 된다면
문 위에 '천관사복(千官賜福, 하느님이 복을 주신다)' 라고 걸어 놓는다【그
림105】.

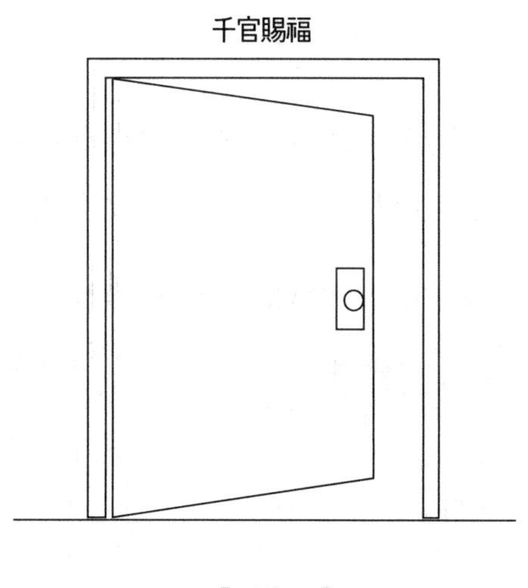

【그림105】

식탁 풍수

식탁은 온 가족이 함께 식사하는 곳이므로 그 길흉이 주택 풍수에 미치는 영향은 매우 크다. 하지만 이런 사실을 알고 있는 사람은 별로 없다. 그러므로 좀더 자세히 색깔, 모양, 방위와 진열에 따른 식탁의 길흉을 설명하겠다.

1) 식탁의 색깔

전통적인 식탁의 색깔은 주로 커피색이나 적갈색이었는데 현재는 가지각색이다. 【표19】를 보면 가장 길한 색깔을 알 수 있을 것이다.

【표19】 오행에 어울리는 식탁의 색상

오행	배합색		길한 색	
목(木)	녹색	청색	흑색	회색
화(火)	붉은색	자주색	녹색	청색
토(土)	커피색	황색	붉은색	자주색
금(金)	백색	은색	커피색	황색
수(水)	흑색	회색	백색	은색

 조금만 바꾸면 행복해지는 풍수 대백과

2) 식탁의 모양

식탁의 모양 또한 가지각색이다. 원형, 네모, 삼각형 및 다각형 등 여러 가지가 있다. 그러나 풍수학으로 살펴보면 삼각형이나 예각이 있는 식탁은 피해야 한다. 예각은 살상력이 있기 때문에 건강에 손상을 주기 때문이다.

3) 식탁의 방위

식탁을 흉한 위치에 배치하면 좋지 않다. 흉한 위치는 호주(戶主)의 오행에 배합이 되지 않는 곳을 말한다. 예를 들면 호주가 동사명(東四命)이라면 서쪽, 서남, 서북, 동북, 이 네 방위에는 식탁을 놓지 말아야 한다(【그림106】참조).

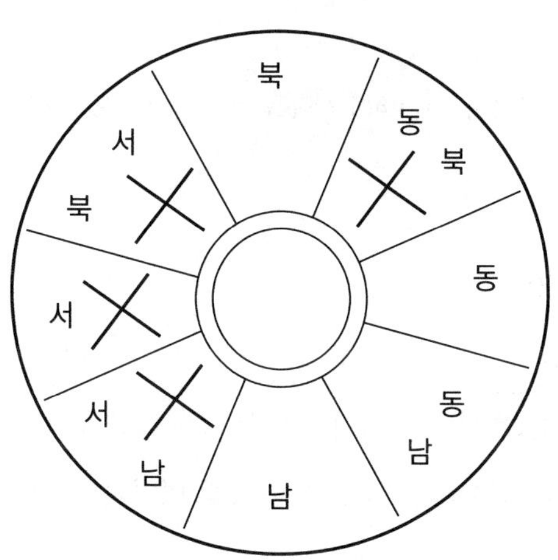

【그림106】 동4명은 식탁을 놓지 말아햐 할 흉위(兇位)

만약 호주가 서4명에 속한다면 동, 동남, 남 및 북방에 식탁을 놓지 말아야 한다(【그림107】참조).

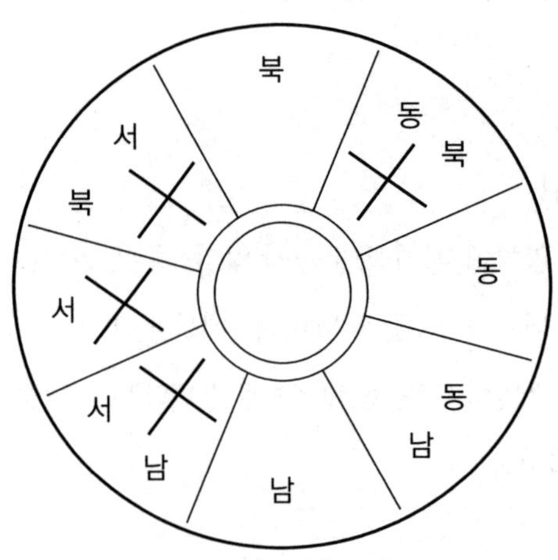

【그림107】 서4명이 식탁을 놓지 말아야 할 흉위

4) 기타 삼갈 점

(1) 식탁이 대문과 정면으로 놓이는 것을 삼가야 한다.

만약 【그림108】에서처럼 식탁과 대문이 일직선에 놓인다면 대문 밖에서도 가족들이 식사하는 광경을 빤히 들여다볼 수 있다. 이런 모습은 그다지 좋지 않다.

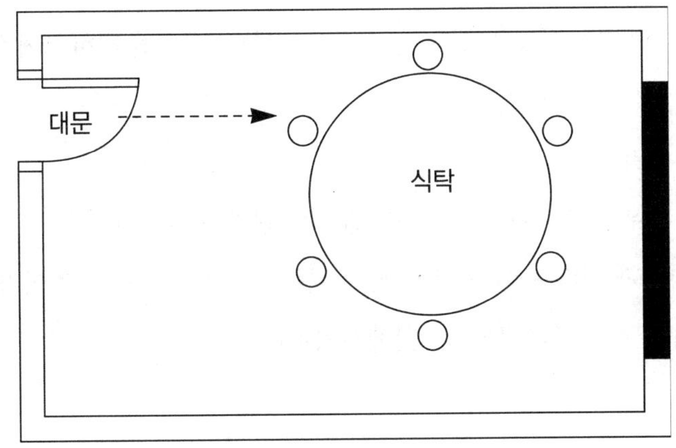

【그림108】 식탁이 대문의 정면 충격을 받는다

해결 방법은 식탁을 옮기는 것밖에 없다. 만일 장소가 마땅치 않으면 병풍이나 널빤지 등으로 【그림109】에서처럼 대문의 충격을 막아 버리는 것이 좋다.

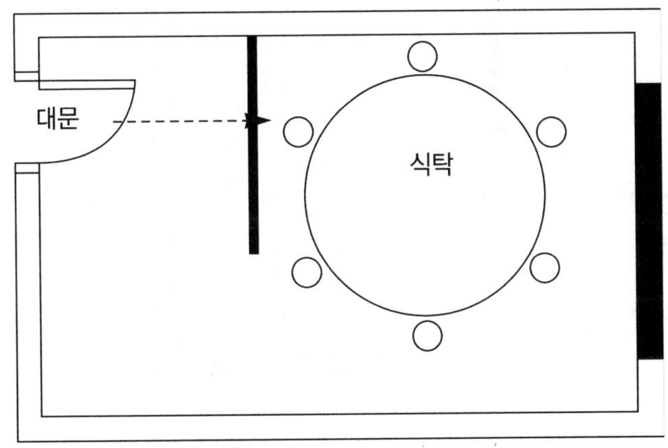

【그림109】 병풍으로 대문의 충격을 막는다

⑵ 식탁은 신탁(神卓)과 곧바로 마주 놓지 않는다.

신탁이란 불상 등을 모신 단을 말한다. 그들은 육식을 피하고 채식을 하는데, 일반 가정에서는 고기, 생선 등을 상에 올리니 도무지 서로 어울리지 않는다.

만약 관우나 재신(財神)을 모신다면 이런 문제는 발생하지 않는다. 그리고 식탁과 신탁 사이에 일정한 거리를 두고 또 일직선에 놓이지 않도록 하는 것이 좋다 (【그림110】에서처럼).

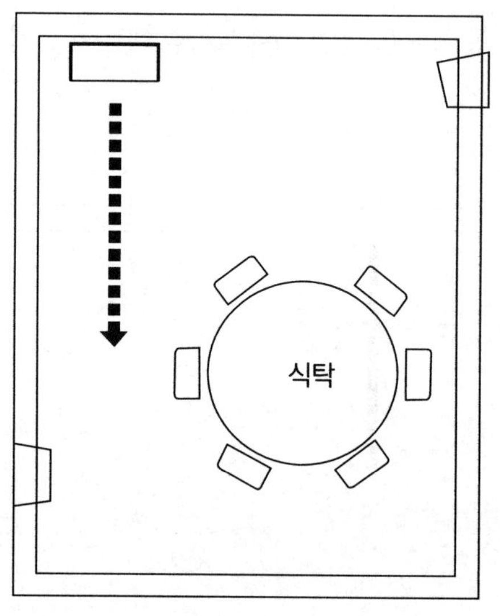

【그림110】 식탁과 신탁은 마주 놓지 않는다

(3) 식탁 위에 대들보가 가로놓이면 좋지 않다.

이는 마치 큰칼이 머리 위에 놓인 듯 불길하다. 그 영향으로 잡안이 편안하지 않고 가족이 상처와 세상을 떠나기도 한다.

해결 방법으로는 식탁을 옮기는 것이다. 또는 【그림112】에서처럼 조롱박을 대들보에 매어 달면 흉신을 물리칠 수 있을 것이다.

【그림111】 식탁 위에 대들보가 놓이다

【그림112】 대들보에 조롱박을 매달면 흉신을 물리칠 수 있다

 주방

많은 사람들이 주방을 중요하게 생각하지 않는다. 단지 밥을 짓거나 설거지를 하는 장소라고 생각할 뿐이다. 그러나 이것은 대단한 잘못된 생각이다. 왜냐하면 부뚜막이 미치는 영향이 매우 크기 때문이다. 옛날에는 재래식 부엌을 사용하였으므로 부뚜막이 있었지만 현대에는 시골에서도 재래식 부엌을 찾아보기 힘들다. 그러므로 여기에서 부뚜막이라 함은 화기(火器), 즉 가스렌즈가 놓인 자리를 말한다.

풍수학의 고전 《양택삼요(陽宅三要)》에 따르면 한 가옥의 길흉을 판단함에 있어 가장 중요한 것은 대문, 주인이 기거하는 방, 주방의 가스렌즈 등 이 세 가지다.

주방의 가스렌즈는 가족의 음식을 만드는 곳이므로 만약 그곳의 풍수가 나쁘면 온 가족의 건강에 해를 입기 때문이다.

가족의 건강을 지키기 위하여 화기(火器)가 주의해야 할 점을 알아보자.

1) 대문과 일직선으로 놓이는 것을 삼간다

풍수학에서는 직면(直面)하는 것을 대단히 꺼린다. 왜냐하면 직면한다면 피해와 상극이 생기기 때문이다.

【그림113】에서처럼 가스렌즈가 대문과 일직선상에 놓이면 대문이 곧바로 충격을 가하게 된다.

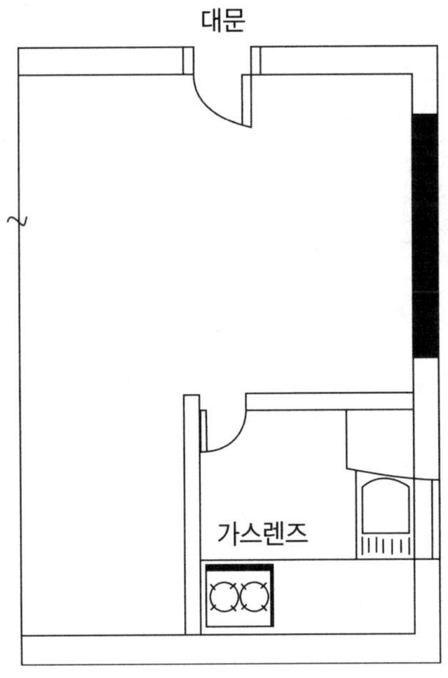

【그림113】 가스렌즈와 대문이 직면함을 삼간다

고서에는 '문을 열자마자 부뚜막이 보이면 재산과 가축이 크게 손실된다' 고 적혀 있다. 비단 건강에만 해를 끼치는 것이 아니라 재산까지도 손실된다는 것이다.

가스렌즈가 대문과 직면하지는 않았지만 부엌문과 마주 본다면 그 또한 문을 열자마자 가스렌즈가 보이므로 좋지 않다. 물론 대문을 직면한 것보다는 덜 해롭지만 그렇다 하더라도 길하지는 않으므로 되도록 이런 상황이 생기지 않도록 해야 한다.

이때 가장 좋은 해결 방법은 부뚜막을 옮기는 것이다. 만약 상황이 허락지 않는다면 부엌문에 발을 치는 것이 좋다.

2) 화장실과 직면하는 것을 삼간다

가스렌즈는 흉한 곳을 등지고 길한 쪽을 향해야 한다. 길한 쪽을 향해 흥왕의 기(氣)를 많이 흡입해야 한다.

【그림114】에서처럼 가스렌즈가 화장실의 변기와 직면하고 있을 때 그가 흡입해 들이는 것은 모두 더러운 기(氣)뿐이다.

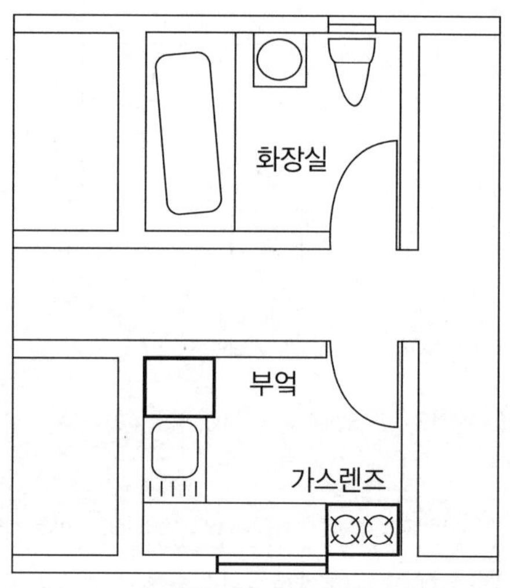

【그림114】 가스렌즈와 화장실이 직면하면 안 된다

3) 주방과 화장실이 한 개의 출입문으로 이어진 것은 삼간다

어떤 가정에서 공간을 절약하기 위해 【그림115】에서처럼 주방과 화장실이 하나의 출입문을 사용하도록 설계하였다.

먼저 부엌을 거쳐서 화장실로 들어가게 되는 것도 좋지 않고 또한 화장실을 거친 다음 부엌으로 들어가도록 설계된 것은 더욱 좋지 않다. 여기서 반드시 기억할 것은 부엌과 화장실은 동일한 문으로 출입하지 말아야 한다는 것이다.

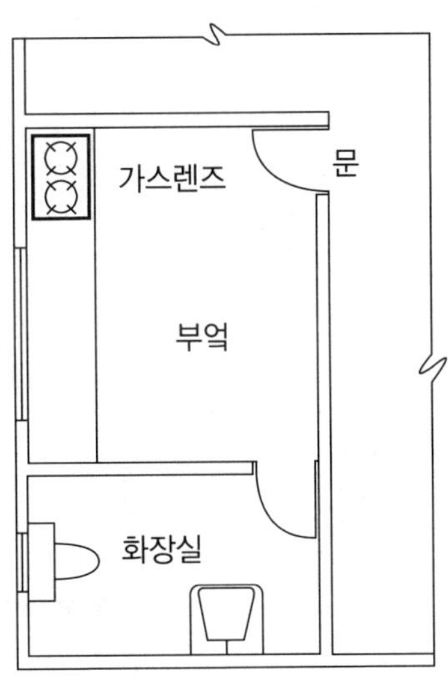

【그림11】 부엌과 화장실이 같은 문으로 출입하는 것은 삼간다

4) 수(水)와 화(火)가 서로 충돌하는 것을 삼간다

가스렌즈는 항상 불을 피워 음식을 익히는 곳이기에 화(火)의 기운이
왕성하다. 그런데 싱크대나 식기 세척기, 세탁기 등은 물을 담는 것이
어서 수(水)의 기운이 왕성하다. 그러므로 【그림116】에서처럼 가스렌
즈가 싱크대와 세탁기 사이에 끼어 있는 것은 삼간다.

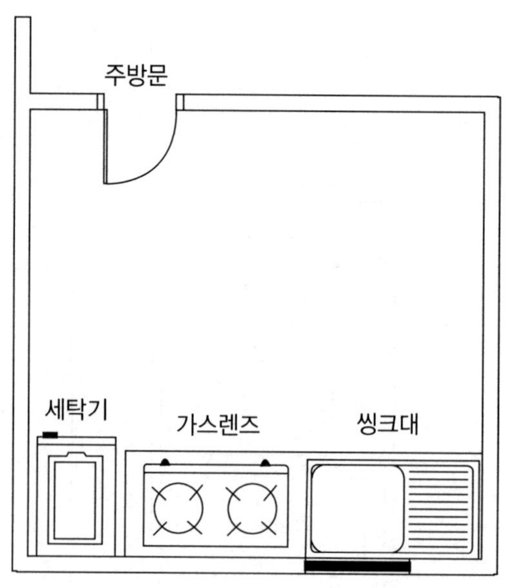

【그림116】 가스렌즈가 싱크대와 세탁기 사이에 끼이는 것은 삼간다

그렇지 않으면 수화 상극이 생겨 영향을 미친다. 그리고 냉장고 역시
수(水)의 기운이 왕성한 것이므로 가스렌즈에 너무 가까이 접근하는 것
을 삼간다.

5) 가스렌즈가 대들보 아래에 있는 것은 나쁘다

풍수학에서는 대들보가 머리를 내리누르면 나쁘다고 한다. 침대나 의자 위에 대들보가 내리누르고 있으면 물론 좋지 않지만【그림117】에서처럼 가스렌즈 위에 대들보가 내리누르고 있는 것은 더욱 좋지 않다. 그렇게 되면 가족이 질병에 걸리고 더욱이 여성에게 해롭다.

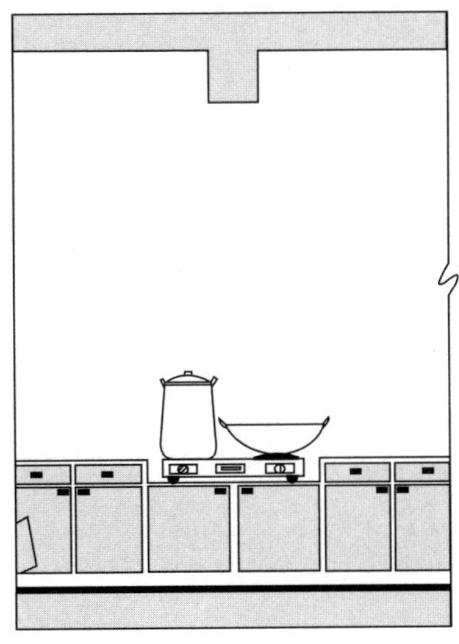

【그림117】 대들보가 가스렌즈 위에 있는 것은 좋지 않다

주방의 길흉

《양택삼요(陽宅三要)》에서는 대문, 주인이 기거하는 방, 주방의 부뚜막(가스렌즈가 놓인 자리)이 주택 풍수에 결정적인 영향력을 미친다고 씌어 있다.

1) 주방이 삼갈 12가지

(1) 가스렌즈와 주택이 서로 반대 방향인 것을 삼간다.

가스렌즈와 대문의 방향이 반대인 것, 즉 가스렌즈는 남향이고 문은 북향인 것은 불길하다【그림118】.

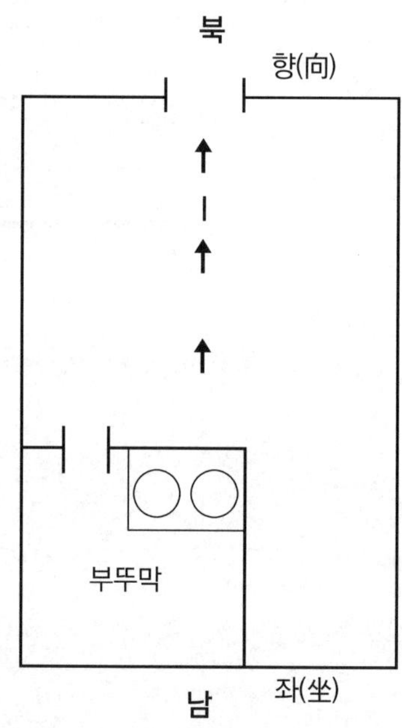

【그림118】

(2) 대문이 곧바로 가스렌즈와 연결되는 것은 좋지 않다.

풍수학에서 싱크대는 음식을 만드는 곳이므로 환히 개방되어 있는 것을 꺼린다. 특히 출입문 통로가 가스렌즈와 곧바로 연결되는 것을 더욱 꺼린다. 왜냐하면 집안에 손해가 많기 때문이다.

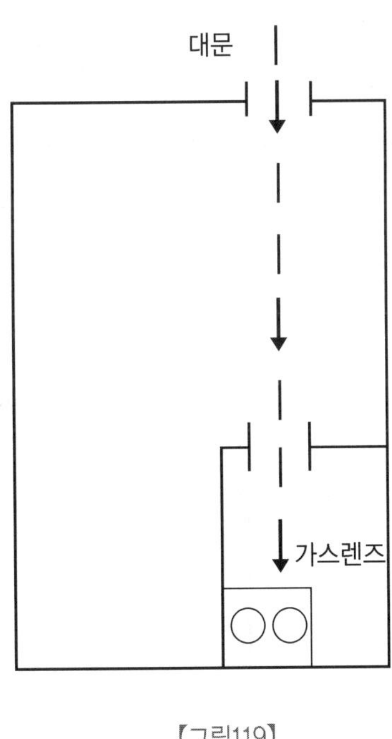

【그림119】

(3) 문을 열었을 때 가스렌즈가 보이는 것은 좋지 않다.

주방이 훤히 개방되어 있으면 좋지 않다. 【그림119】에서처럼 대문밖에서 부뚜막이 보이면 불길한 것은 물론이고 부엌문 밖에서 가스렌즈가 보이는 것도 좋지 않다【그림120】.

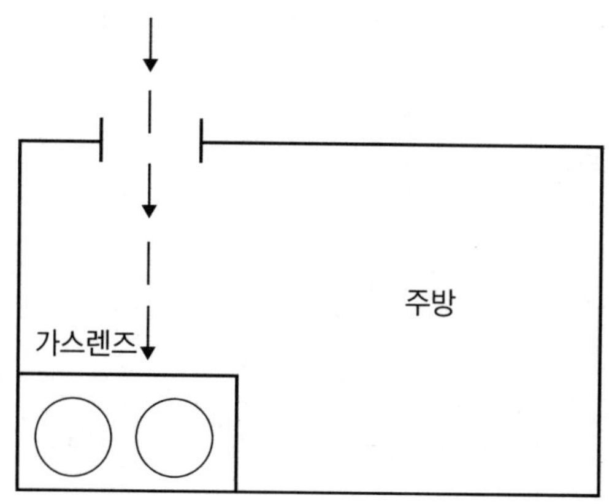

【그림120】

(4) 가스렌즈가 변기와 마주보는 것은 좋지 않다.

가스렌즈는 온 가족이 먹을 음식을 만드는 곳인데 그곳이 깨끗하지 못하면 가족의 건강에 해롭다. 변기에는 오물과 세균이 많으므로 되도록 가스렌즈와는 거리가 멀어야 한다.

특히 가스렌즈가 변기와 마주하는 것은 더욱 좋지 않다【그림121】.

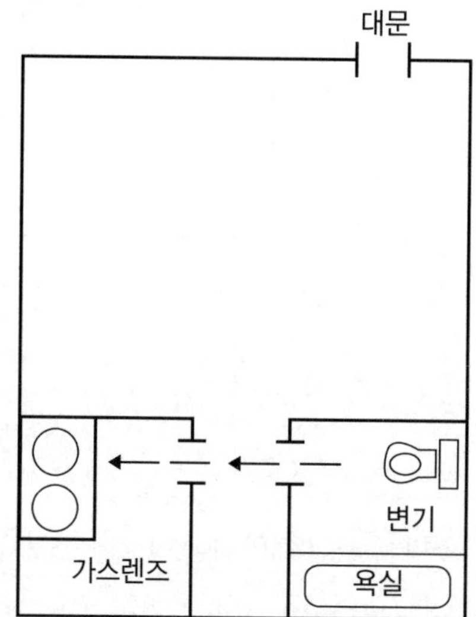

【그림121】

⑸ 싱크대와 방문이 마주보고 있는 것은 좋지 않다.

주방의 가스렌즈는 불을 이용하여 음식을 만드는 곳이므로 열기(熱氣)가 매우 높다. 그러므로 서로 마주 보고 있으면 방안에 있는 사람에게 매우 좋지 않으며 심지어 토혈을 하게 된다【그림122】.

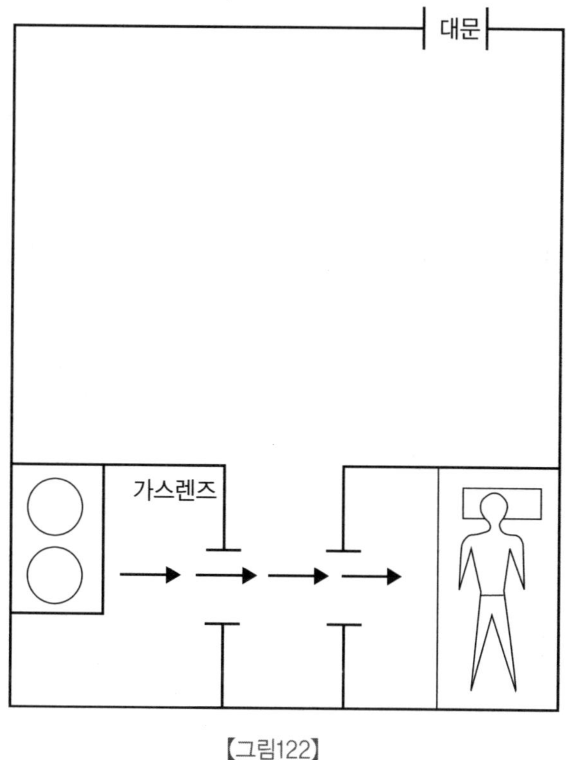

【그림122】

(6) 가스렌즈가 침대와 가까이 있는 것은 좋지 않다.

가스렌즈에서 나는 열, 기름이 탈 때 나는 연기 등은 건강에 해롭기 때문이다. 가스렌즈가 방에 붙어 있는 것, 특히 침대에 가까이 있는 것은 더욱 좋지 않다.

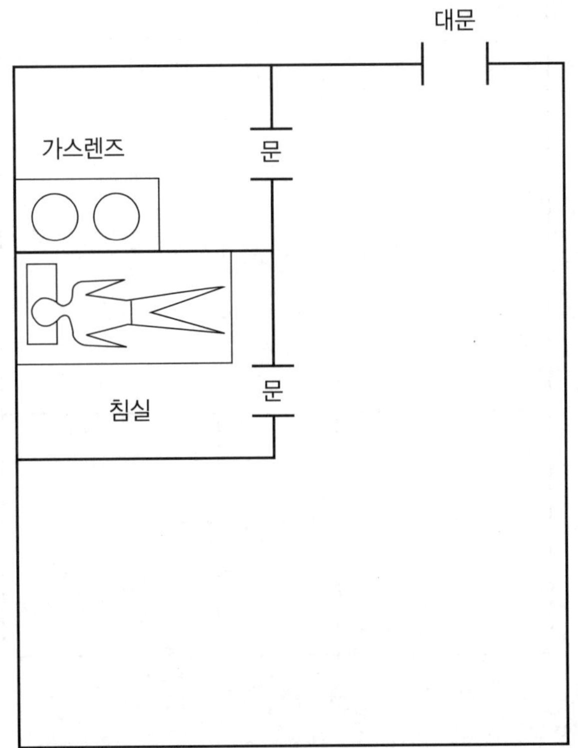

【그림123】

(7) 가스렌즈 뒤쪽이 텅 빈 공간이면 좋지 않다.

가스렌즈는 벽을 등져야 하며 【그림124】에서처럼 뒤쪽이 텅 비어 있거나 투명한 창문이 있어도 좋지 않다. 고서에서는 창문 빛이 가스렌즈를 비추면 흉하다고 되어 있다.

【그림124】

(8) 가스렌즈를 수도관 위에 설치하는 것은 좋지 않다.

가스렌즈는 화(火)에 속하고 배수관이나 수도관 등은 수(水)에 속한다. 물과 불은 상극이므로 서로 가까이 있는 것을 삼가야 한다.

만약 【그림125】에서처럼 가스렌즈를 하수구관이나 수도관위에 설치하는 것은 매우 좋지 않다.

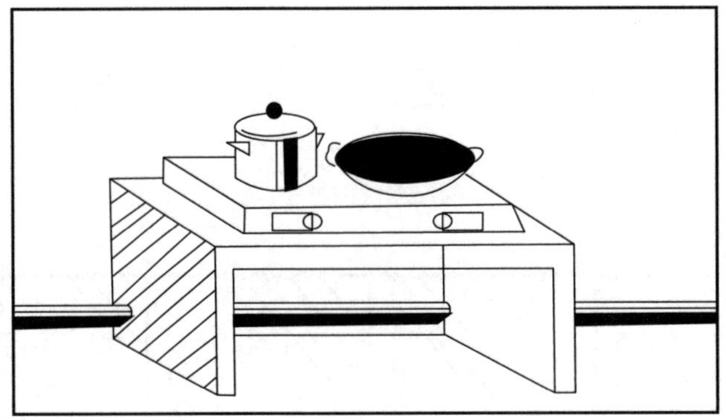

【그림125】

(9) 가스렌즈가 대들보에 눌리는 것은 좋지 않다.

침대나 의자 등의 위에 대들보가 있어도 안 좋지만 【그림126】에서처럼 가스렌즈 위에 대들보가 있어도 좋지 않다. 만약 이렇게 계속 내버려둔다면 가족들이 질병에 걸리고 특히 여성에게 영향을 미친다.

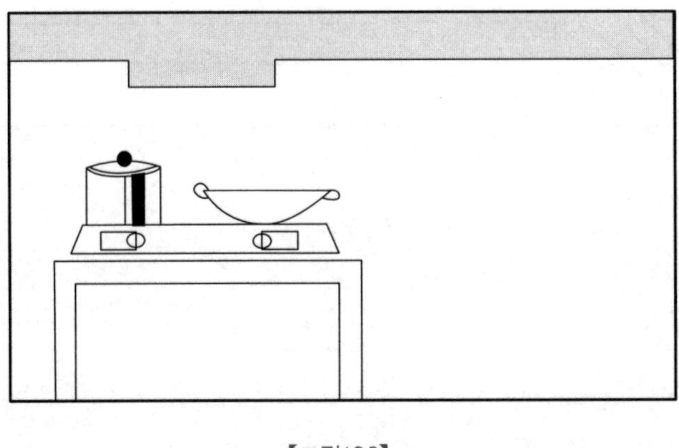

【그림126】

(10) 석양볕이 가스렌즈에 직접 비추는 것은 좋지 않다.

　주방이 서쪽을 향한 것, 특히 음식을 만드는 부뚜막이 바로 지는 볕에 쏘이는 것은 매우 불길하다.

　그 결과 가족들이 건강에 이상이 생길 수 있다.

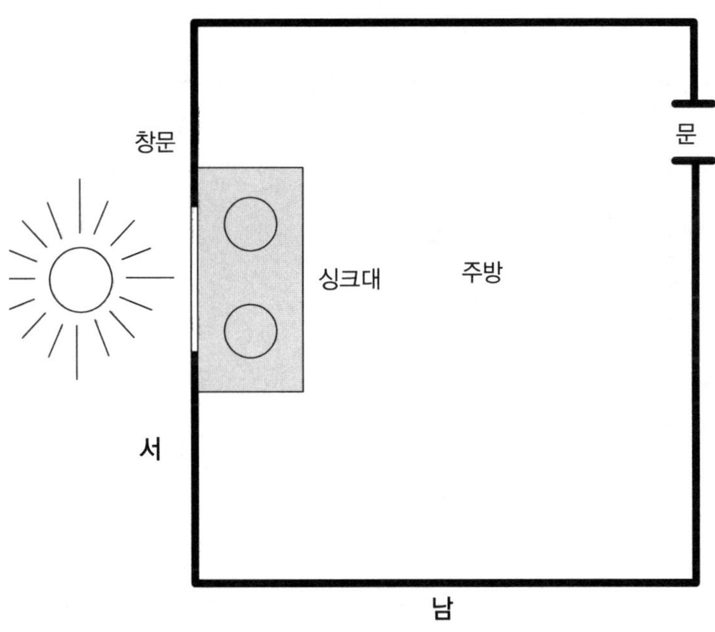

【그림127】

(11) 예각과 가스렌즈가 마주 하는 것도 좋지 않다.

풍수학에서는 예각이 너무 예리하기 때문에 쉽게 해를 미친다고 한다. 만약 【그림128】에서처럼 가족이 먹을 음식을 만드는 가스렌즈가 예각과 부딪친다면 가족들에게 건강상의 이상이 발생하게 된다.

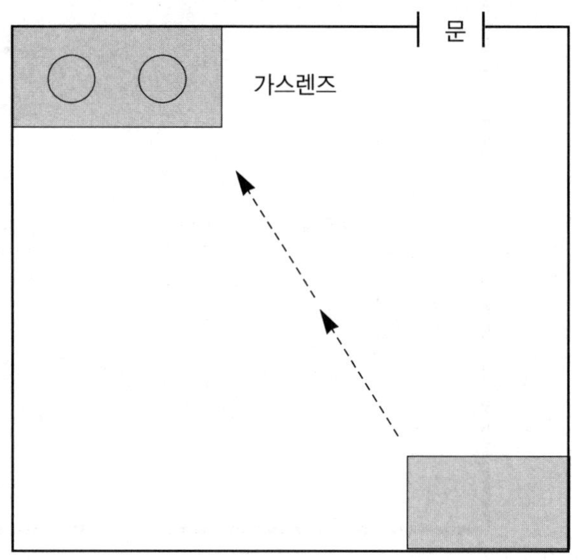

【그림128】

(12) 가스렌즈가 하수구와 가까이 있는 것은 좋지 않다.

가스렌즈는 화(火)에 속하고 하수구는 수(水)에 속하므로 너무 가까이 있는 것은 좋지 않다. 더욱이 가스렌즈가 두 가지 수 사이에 끼어 있는 것, 즉 하수구와 세탁기 사이에 끼어 있는 것은 더욱 삼가야 한다【그림 129】.

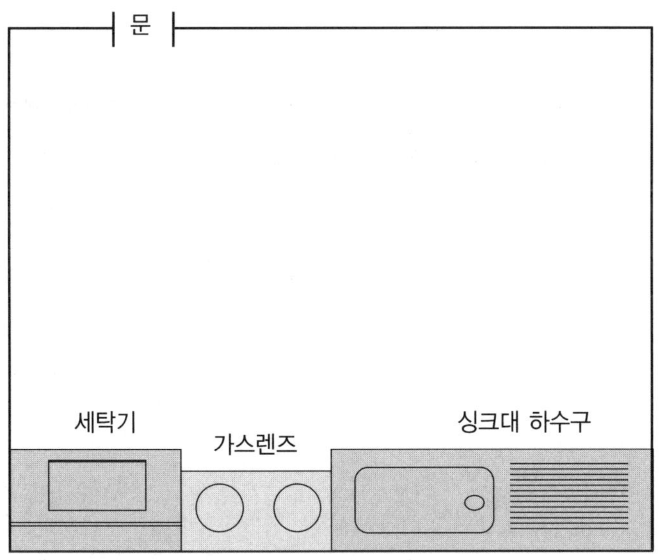

【그림129】

가스렌즈의 길흉 방위

가스렌즈는 흉 방위에 자리잡고 길한 방위를 향하도록 배치해야 한다. 그래야만 흉한 방위에 있는 흉신을 제압하고 길한 쪽의 길한 기(氣)를 흡수할 수 있기 때문이다. 《팔택명경》에서도 '아궁이가 길한 쪽으로 향하면 빨리 복을 받는다'고 씌어 있다. 가스렌즈인 경우에는 스위치가 달린 앞쪽을 아궁이로 보아야 한다【그림130】.

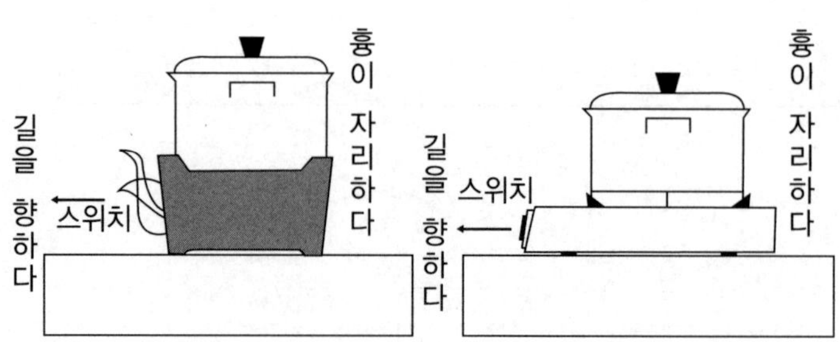

【그림130】 가스렌즈가 좌흉향길(坐凶向吉)한 모습

지금부터 '팔택파' 이론에 근거하여 가스렌즈 배치에 가장 적합한 위치를 자세히 설명하겠다.

1) 진명(震命)이나 진택(震宅)

가스렌즈가 서북쪽에 위치하고 동남쪽을 향하도록 설치하는 것이 가장 좋다【그림131】.

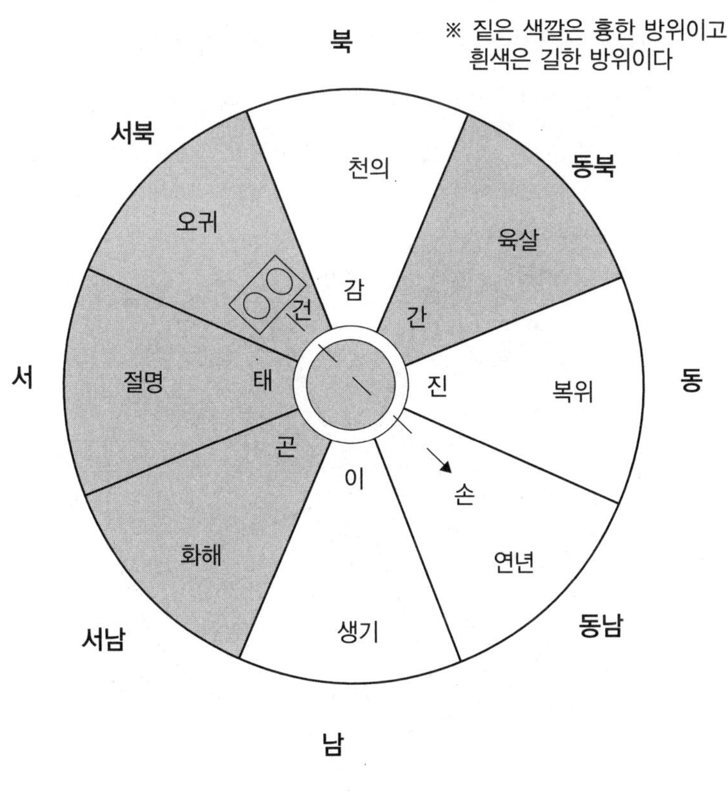

【그림131】

오귀(五鬼)에 위치하고 연년(延年)을 향하는 것은 흉의 자리에 위치하고 길을 향하는 것이다. 그리하여 부부의 화목과 건강, 행복, 장수하도록 한다.

그리고 가스렌즈가 서쪽에 위치하고 동쪽을 향하는 것, 즉 절명(絕命)에 자리하고 복위(伏位)를 향하는 것도 역시 길하다. 이는 주로 가정을 화목하게 하고 가사가 순조롭고 가족의 안녕을 도와준다.

2) 손명(巽命)이나 손택(巽宅)

【그림132】에서처럼 가스렌즈가 서쪽에 위치하고 동쪽을 향하는 것이 가장 좋다. 왜냐하면 이는 육살(肉煞)에 자리하고 연년(延年)을 향하여 장수, 건강, 안녕, 복을 많이 받게 되고 부부가 화목하다.

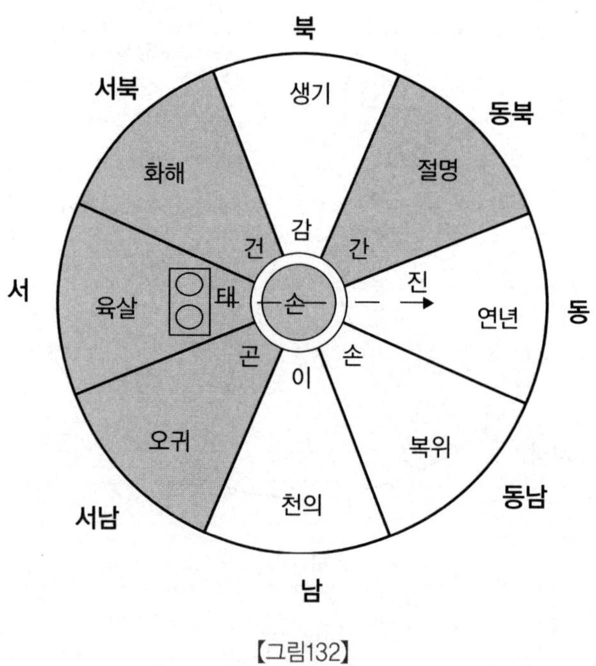

【그림132】

서북쪽에 앉고 동남쪽을 향하는 것, 즉 화해(禍害)에 앉고 복위(伏位)를 향했으므로 역시 상당히 이상적이다. 가정이 화목하고 순조로우며 가족이 편안하다.

3) 감명(坎命)이나 감택(坎宅)

가스렌즈가 서북에 위치하고 동남을 향하는 것이 가장 좋다【그림 133】. 육살에 자리잡고 생기를 향하므로 '흉에 앉아 길을 향한다' 는 풍수학에 부합되어 고관이나 귀인이 되고 입신 출세하게 되며 자손이 편하게 된다. 그리고 서쪽에 위치하고 동쪽을 향하는 것, 즉 화해에 자리잡고 천의를 향하는 것으로서 큰 부자가 되어 재산이 크게 늘어나고 건강하게 장수할 수 있다.

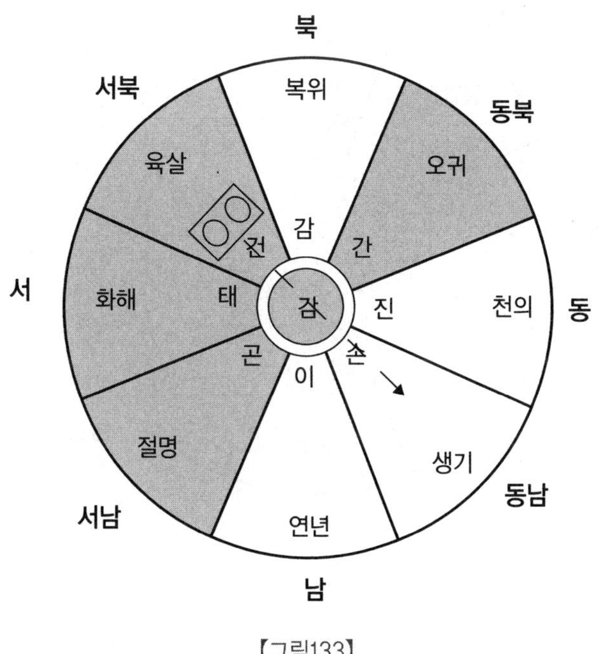

【그림133】

4) 이명(離命)이나 이택(離宅)

【그림134】처럼 서쪽에 위치하고 동쪽을 향하는 것이 가장 좋다. 이는 오귀에 자리하여 생기(生氣)를 향한 것으로 주인이 고관이나 귀인이 되도록 도와주며 그 자손까지도 입신 출세할 수 있다. 그 다음은 서북쪽에 위치하여 동남쪽으로 향하는 것이 좋다. 즉 절명(絕命) 자리하고 천의(天醫)로 향하여 재산이 늘어 큰 부자가 되고 건강하게 장수할 수 있다.

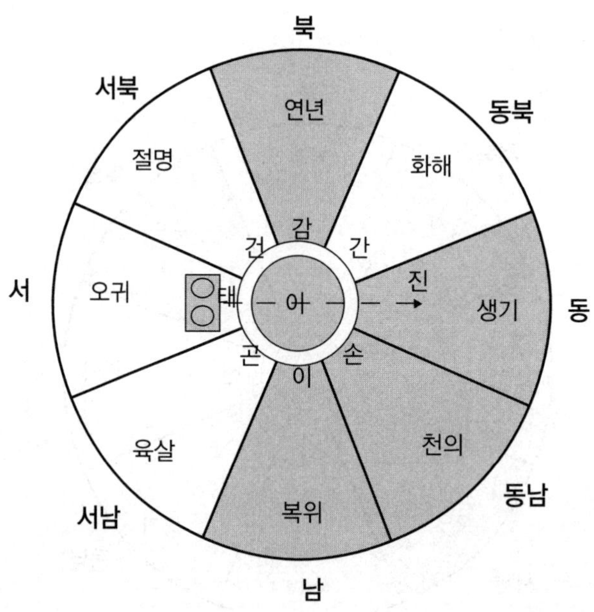

【그림134】

5) 건명(乾命)이나 건택(乾宅)

【그림135】처럼 동쪽에 위치하여 서를 향하는 것이 가장 좋다. 특 오 귀에 자리하여 생기(生氣)를 향하는 것이므로 주인을 고관이나 귀인이 되도록 도와주며 그 자손까지 입신 출세하게 하는 좋은 자리다. 다음 은 동남쪽(화해)에 자리하여 서북쪽(복위)을 향하는 것이 좋은데 가정 이 화목하고 편안하며 모든 일이 순조롭게 해준다.

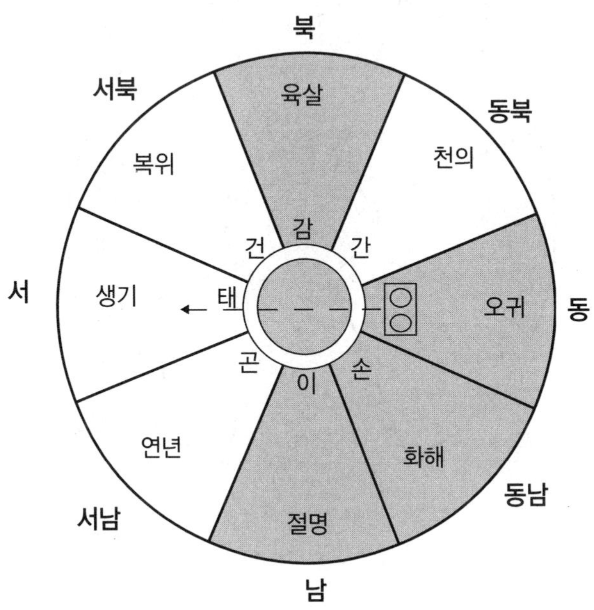

【그림135】

6) 태명(兌命)이나 태택(兌宅)

　【그림136】처럼 동남쪽에 위치하고 서북쪽을 향하는 것이 가장 좋다. 즉 욕실에 자리하고 생기를 향하는 것으로 고관이나 귀인이 되고 자손까지도 입신 출세할 좋은 자리다. 그 다음은 동쪽(절명)에 자리하여 서쪽(복위)을 향하는 것으로 가정이 화목하고 편안하여 모든 일이 순조롭다.

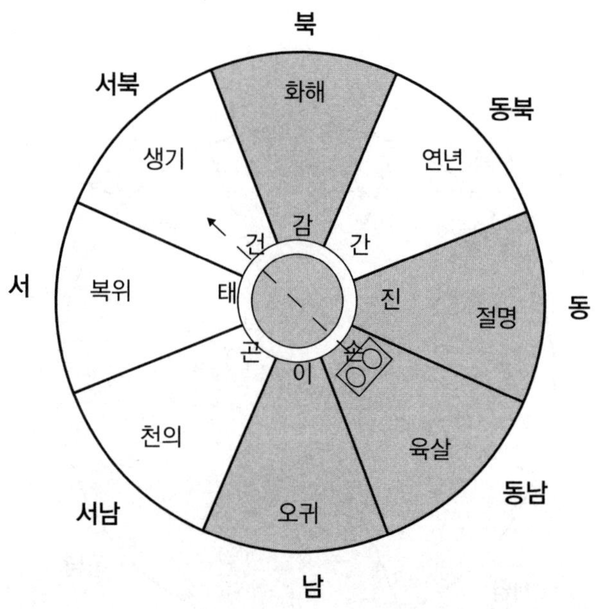

【그림136】

7) 간명(艮命)이나 간택(艮宅)

【그림137】에서처럼 동남쪽에 위치하고 서북쪽을 향하는 것이 가장 좋다. 즉 절명에 자리하여 천의를 향하는 것으로 큰 부자가 되어 건강하게 장수한다.

그 다음은 동쪽(육살)에 자리하여 서쪽(연년)으로 향하는 것, 부부는 화목하고 건강, 장수, 안녕, 복을 많이 받게 해준다.

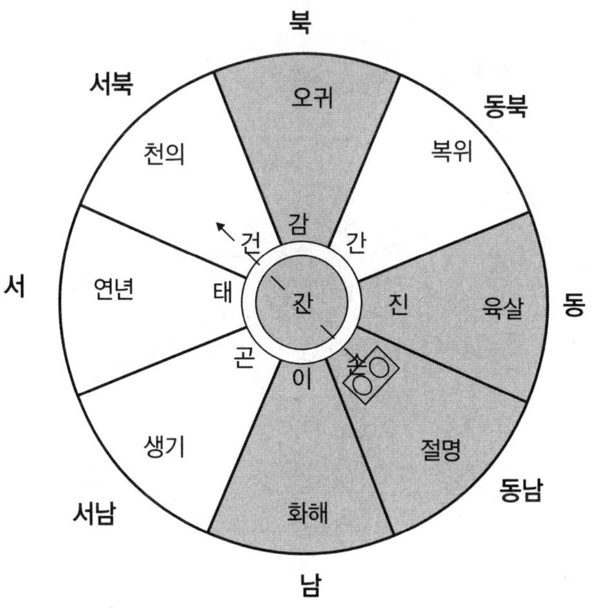

【그림137】

8) 곤명(坤命)이나 곤택(坤宅)

【그림138】에서처럼 동쪽에 앉아 서쪽을 향하는 것이 가장 좋다. 즉 화해에 위치하고 천의를 향하는 것으로 주인을 큰 부자가 되고 건강하게 장수하는 좋은 자리다.

그 다음은 동남쪽(오귀)에 자리잡아 서북쪽(연년)을 향하는 것으로 부부를 화목하게 하고 건강, 장수, 안녕, 복을 많이 받게 해준다..

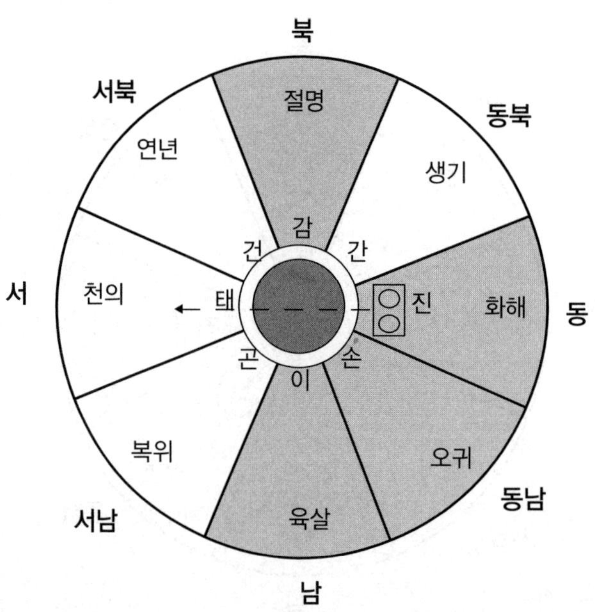

【그림138】

주방에서 주의할 점

주방에서 주의할 몇 가지를 살펴보자.

첫째, 바람을 삼간다.

둘째, 물(水)을 삼간다.

셋째, 가스렌즈는 흉에 위치하고 길을 향해야 한다.

넷째, 침실 바로 옆에 있는 것은 좋지 않다.

다섯째, 깨끗하고 밝아야 한다.

주방이 밝고 깨끗하도록 하기 위해 몇 가지 주의를 해야 한다.

1) 주방에는 타일을 붙인다

주방의 벽면에 타일을 붙이는 이유는 기름때와 연기에 그을림 등 먼지를 쉽게 닦아내기 위한 것이다. 어떤 가정에서는 타일을 적당히 선까지 붙이는데【그림139】 반드시 천장 높이까지 붙여야 한다【그림140】.

【그림139】

【그림140】

2) 주방 바닥에도 타일을 깔아야 한다

여기서 주의해야 할 점이 있다.

⑴ 타일이 너무 작으면 안 된다. 청결에 문제가 있기 때문이다.

⑵ 타일이 미끄러지는 것은 안전에 문제가 있다.

⑶ 타일의 색깔이 환하고 밝은 것이 좋다.

3) 후드를 설치해야 한다

후드를 사용할 수 없는 경우에는 환풍기라도 사용해야 주방의 공기
가 깨끗해진다.

【그림141】

【그림142】

4) 부엌에는 수납장이 있어야 좋다

물건을 흩어놓지 말고 【그림143】에서처럼 수잡장을 설치한다.

【그림143】

5) 주방에도 밝은 조명등이 좋다

   옛날에는 주방의 환경을 중시하지 않아 어두컴컴하고 습기도 많았
다. 그러나 요즘의 주방은 밝고 깨끗한 것을 추구하므로 주방에도 환
한 형광등을 켜야 한다. 하지만 한 가지 주의할 점은 일직선의 형광등
은 마치 한 자루의 칼날처럼 싱크대 위에 걸려 있어 싱크대를 두 동강
이로 잘나낼 듯한 위험을 준다【그림144】. 때문에 둥근 등을 사용하여
야 한다.

【그림144】

쌀독, 냉장고의 삼갈 점

1) 쌀독

풍수학에 의하면 쌀독은 토(土)에 속하므로 토가 왕성해지는 방위(서남쪽과 동남쪽)에 놓는 것이 좋다. 왜냐하면 곡식은 땅에서 재배되고 성장한 것이며 움이나 땅굴 속에 저장하였기 때문이다.

다시 말하면 쌀독은 부엌의 서남쪽이나 동북쪽에 놓으며 땅에 가깝게 하며 습기를 방지해야 한다.

2) 냉장고

냉장고는 한 가정에 한 대씩 구비되어 있는 부엌의 필수품이다.

냉장고는 반드시 길한 방위에 놓아야 한다. 왜냐하면 냉장고는 온 가족이 먹을 음식을 보관하는 곳이며 또 하루 종일 쉼없이 돌아가므로 만약 흉한 방위에 놓여 있다면 '흉방을 경동하면 나쁘다(兇方宜靜不宜動)'는 풍수학의 원리에 어긋나는 것이다. 아래에 '동4명'과 '서4명'에 따라 냉장고의 배치와 길한 방위를 설명하겠다.

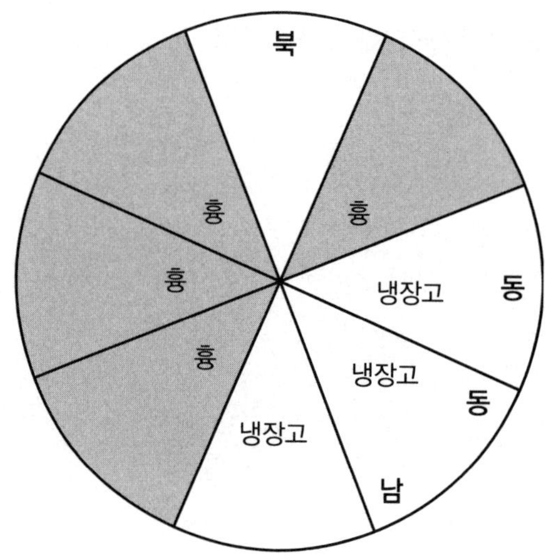

【그림145】 동4명의 냉장고 배치에 길한 방위도

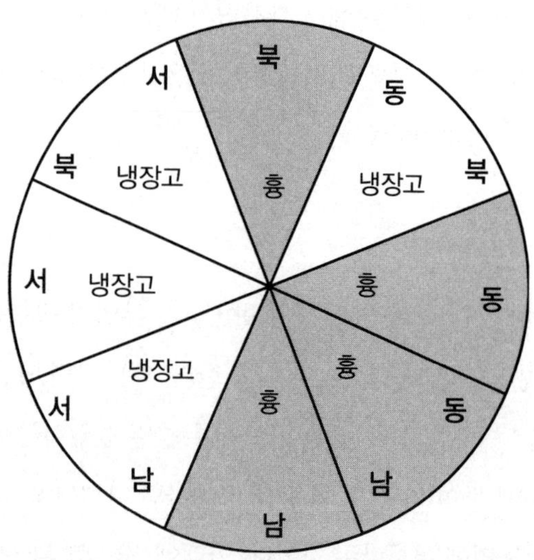

【그림146】 서4명의 냉장고 배치에 길한 방위도

3) 주방의 배치

⑴ 잘못된 주방의 배치

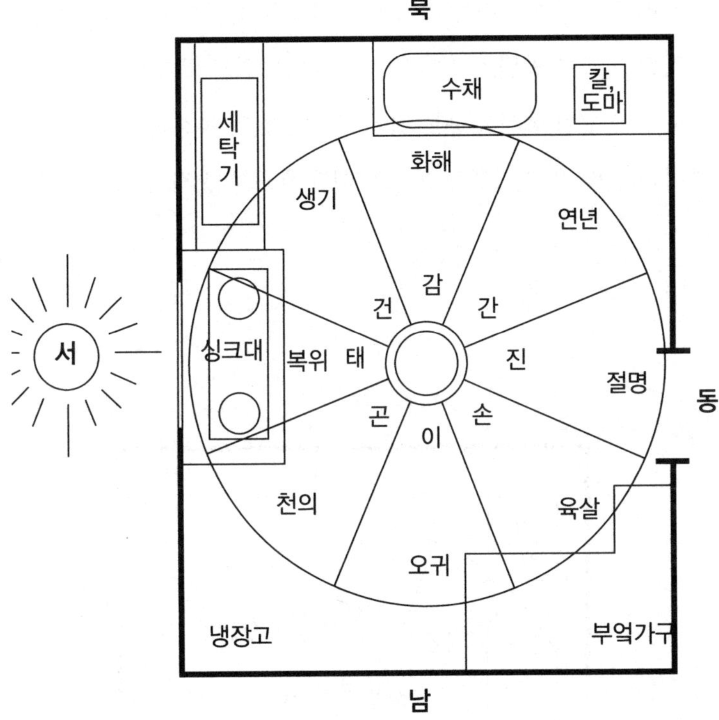

· 가스렌즈가 문과 정면으로 마주 보았을 때 가스렌즈가 문밖의 안
좋은 기운으로부터 직접 영향을 받는다.

· 가스렌즈의 뒤가 투명한 유리창으로 되어 있어 든든한 벽 등 받침
대가 없는 경우

· 가스렌즈 뒤의 유리 창문이 서쪽을 향하였을 때는 석양을 그대로
받아들여 음식물이 쉽게 부패된다.

· 가스렌즈('火')가 냉장고('水')와 세탁기('水') 사이에 있을 때는 '수'
  와 '화' 의 상극이 생긴다.

· 가스렌즈가 길(복위)에 위치하여 흉(절명)을 향하므로 좋지 않다.

· 냉장고가 길한 방위(천의)에 위치하여 압박하므로 좋지 않다.

· 하수구의 수원(水源)이 흉한 방위(화해)에 있어 불길하다.

· 주방의 문이 흉한 방위(절명)로 향해 있으므로 좋지 않다.

(2) 정확한 주방 배치

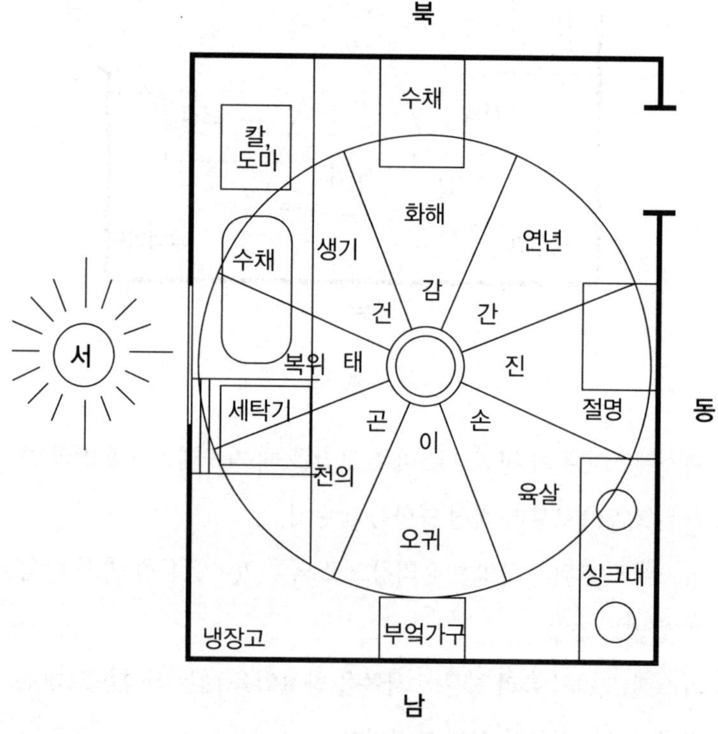

· 가스렌즈가 구석에 있어서 문밖의 사기(邪氣)로부터 보호된다.

· 가스렌즈 뒤에는 든든한 담벽이 있어서 뒷받침이 된다.

· 가스렌즈가 석양의 직사광선을 받지 않으므로 음식이 부패할
  걱정이 없다.

· 가스렌즈가 수성(水性)의 용구들 사이에 끼어 있지 않으므로 수(水)
  와 화(火)의 상극 현상을 피하게 된다.

· 가스렌즈가 흉(육살)에 앉아 길(천의)을 향했으므로 매우 길하다

· 냉장고가 흉한 방위(화해)에 압박하고 있어 길하다.

· 하수구의 수원이 길방(생기)에 있으므로 대길하다.

· 주방문이 길한 연년 방위에 향했으므로 대길하다.

# 화장실, 욕실의 길흉

화장실, 욕실은 다음 몇 가지에 주의해야 한다.

1) 화장실, 욕실은 흉방(兇方)을 눌러 자리하고 길방은 피해야 한다.

동4명인 사람에게는 서4방이 흉방이다. 서4방은 서남, 서, 서북 및 동북쪽을 말한다.

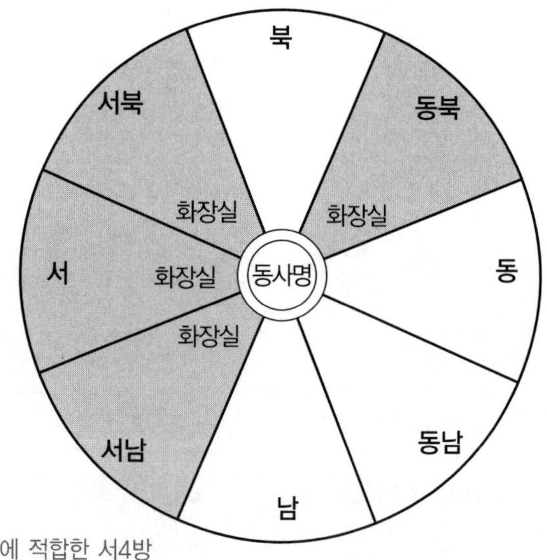

【그림147】
동4명이 화장실 배치에 적합한 서4방

　【그림147】은 화장실 배치에 적합한 서4방을 진한 색으로 표시하였다.

　서4명인 사람에게는 동4방이 흉방(凶方)이다.

　동4방은 동, 동남, 남 및 북쪽을 가리킨다. 【그림148】는 화장실 배치에 적합한 네 개 흉방을 짙은 색으로 표시했다.

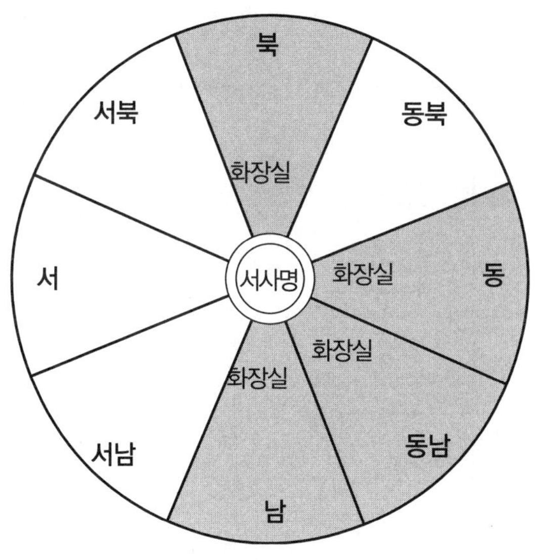

【그림148】 서4명이 화장실 배치에 적합한 동4흉방

2) 화장실, 욕실의 위치는 눈에 띄지 않는 곳이 좋다.

　화장실은 불결하며 욕실은 은밀한 곳이어서 훤히 눈에 띄는 것은 좋지 않다.

만약 화장실이 대문과 일직선상에 놓여 있어 곧바로 마주보게 된다
면【그림149】보기에도 좋지 않고 풍수에도 맞지 않는다. 풍수학에서는
이와 같은 경우 질병이 자주 생기며 특히 악성 종양에 걸리는 확률이
높다고 한다.

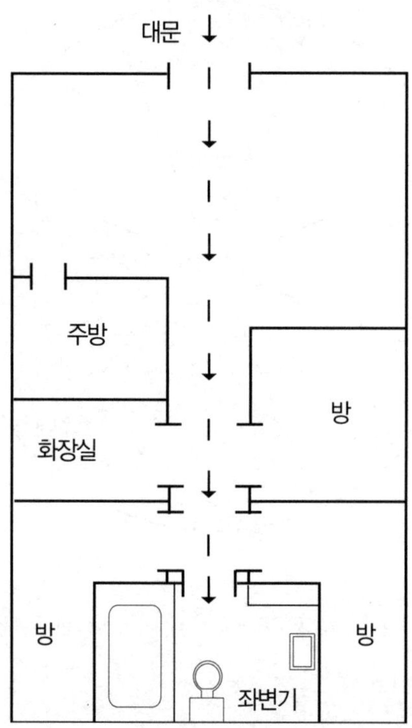

【그림149】 화장실의 변기가 대문과 곧바로 마주 보고 있다

3) 원래 화장실이나 욕실이었던 곳을 침실로 바꾸면 좋지 않다.

화장실이나 욕실은 흉방에 위치한다. 그러므로 그 옆을 침실로 사용하는 것마저 꺼리는데 화장실 자리를 침실로 한다는 것은 매우 불길한 일이다.

아파트나 연립의 경우 위·아래층은 화장실, 욕실이 그대로 있는데 당신만이 그곳을 침실로 바꾼다면 위·아래층 화장실 사이에 끼어서 잠을 자는 꼴이 되므로 매우 불길한 일다【그림150】. 만약 위층에서 화장실 물이 새어 아래층으로 내려온다면 더욱 불결하다. 그러므로 되도록 다용도실로 바꾸는 것이 좋다.

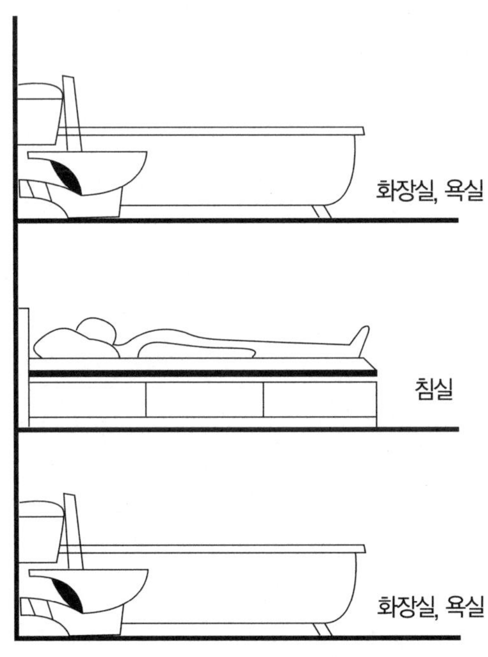

【그림150】 새로 고친 침실이 위아래층 화장실과 욕실 사이에 끼어 있으면 불길하다

4) 화장실이나 욕실은 항상 공기 순환이 잘 되어야 한다.

화장실이나 욕실은 우선 깨끗해야 하고 밖의 신선한 공기가 들어오고 화장실 안의 불결한 공기가 빠져나갈 수 있도록 환풍기를 설치해야 한다.

화장실이나 욕실이 깨끗하고 건조한 집에 사는 사람들은 편안하고 건강하다.

제5장

 대문

대문은 주택의 전면 중앙에 내지 말고 조금 왼쪽이나 오른쪽으로 비껴서 내는 것이 좋다. 하지만 대문이 움푹 들어간 곳은 좋지 않다.

1) 동쪽 - 길하다

이 부위는 양기가 발생하여 상승하는 방위이며 운수 면에서 활기와 패기가 있다. 새로운 환경을 개척하는 듯한 기분이 들고 혁신하려는 의욕이 있다. 때문에 가족 모두 활력 있고 건강하다.

이 부위는 물질적 정신적으로 매우 좋다. 그러나 묘(卯) 부위는 피해야 한다. 즉, 대문의 중심을 묘 부위에 놓지 말아야 한다.

2) 동남쪽 - 길하다

새로운 양기가 충만된 부위다. 사업, 무역, 정보, 산업 등 모든 면에 길한 방위다.

교제가 활발하므로 사교 범위가 점차 확대된다. 그러나 대문이 너무 화려하면 이런 길상이 묻혀 버리고 만다. 즉, 수입은 많지만 지출이 훨씬 더 많아서 이득이 없다. 다시 말하여 교제 때문에 돈을 허비하며 나쁜 결과를 가져온다.

가정도 온정을 잃게 되고 사람이 끊임없이 드나든다. 때로는 집안이 텅 비고 또 때로는 온종일 손님이 끊이지 않아서 영향을 미치게 된다. 그렇지만 대문이 적당하면 인간관계가 원만하여 좋은 일이 생긴다.

3) 남쪽 – 대등(平)하다

이 방위는 양기가 가장 왕성한 곳이다. 동시에 또 음기가 발생하는 곳이기도 하다. 다시 말해서 음과 양이 교체되는 곳이며 기가 충만하지 못한 곳이다.

대문을 오(午)의 중앙에 내면 감정이 불안정하고 조급해하며 어떤 일이든지 집중하여 행하지 못한다. 즉 장사든 사업이든 중도에 그만두고 다른 마음을 먹게 된다.

아이들은 늘 거리에서 빈둥거리면서 학업에 집중하지 못하며 중년 여성은 집에 사람이 있든 없든 함부로 외출하므로 집에 화재가 생길 위험이 있다.

그러나 연예, 예술 등의 업종에 종사하는 자유인들에게는 이 방위가 그리 나쁜 것만은 아니다. 정중앙인 오의 방위만은 피해야 한다.

4) 서남쪽 – 흉하다

이 방위에는 대문을 내면 안 된다.

어쩔 수 없이 대문을 내야 한다면 되도록 신(申) 방위에 가깝게 만들어야 한다. 왜냐하면 그곳은 흉중에서도 다소나마 길(吉)이 있는 곳이기 때문이다.

서남 방위는 음양이 교체하는 곳이며 사물이 정체하고 아무 진전이 없는, 즉 어떤 일을 하든 모두 충분히 발전을 할 수 없는 곳이다.

가정에서는 여자가 가장을 제치고 집주인 행세를 하게 되어 매우 혼란스런 결과가 나타나므로 좋지 않다. 남의 일을 도와주면서 생활을 유지하는 사람은 오랫동안 그 사람의 영향에서 벗어나지 못하게 되므로 결과는 어쨌든 좋지 않다.

5) 서쪽 - 길하다

유(酉) 부위의 정중앙만 피하여 경(庚)과 신(辛)의 부위에 대문을 내면 매우 좋다.

이 방위는 서쪽 태양이 비치는 방위로서 대문을 내어도 나쁠 것이 없다. 더욱이 손님을 상대하는 직업, 예를 들면 치과의사, 강연자, 금융업 등에 모두 괜찮다.

6) 서북쪽 - 흉하다

이 방위는 어떤 방위든지 모두 흉하다. 만약 반드시 이 방위에 문을 내야 한다면 오직 술(戌) 방위만을 사용해야 한다. 본래 이 방위는 집주인(호주)의 옥좌(玉座)를 상징하는 자리다.

대문과 주택 출입문이 직접 연결되면 적의 침입을 쉽게 받으며 또 통솔자가 자기 마음 내키는 대로 외출하게 된다. 즉 호주가 항상 집을 비

우게 된다.

그리하여 가정의 모든 일은 안주인 혼자 도맡게 된다. 남편은 사회적으로 활약이 크고 성공한다 해도 항상 집을 비우게 된다. 그리하여 호주의 건강이 점차 약화되고 마침내는 한 집안의 운세도 혼란스러워진다.

대문에서부터 주택 내부까지 하나의 복도로 이어진다면 이는 흉의를 갖는다.

이처럼 서북 방위에 대문을 내는 것은 흉하다.

7) 북쪽 – 대등하다

이 방위도 자(子) 부위의 정중앙을 피하고 건(乾)에 가까운 임(壬)에 문을 내는 것이 간(艮)에 가까이 하는 것보다 낫다.

이 방위는 수(水)가 매우 충족한 곳이므로 음식점, 술집, 목욕탕 등을 내면 장사가 잘 된다.

또 이 방위는 음(陰)이므로 공개적인 업종보다는 전당포나 금융업 등에 유리하여 크게 발전할 것이다. 동시에 탐구, 통찰, 정숙을 나타내는 방위이므로 생각을 필요로 하는 직업 즉 철학가, 문학가, 발명가 등에 유리하다.

8) 동북쪽 – 흉하다

이 방위에 낸 대문은 크게 만들지 말아야 한다. 그리고 큰 대문이든 보통 문이든 이 출입구는 모두 흉하다.

만일 이 방위에 도로가 있다면 대문을 약간 동쪽에 가까운 진(震) 방

위에 내는 것이 비교적 좋다. 운세 면에서는 그 어떤 일이나 잘 풀리지 않을 것이고 원만히 진행되는 일이 없다. 이것이 이 방위의 특징이다.

비록 하고자 하는 마음은 있으나 체력이나 경제적으로 뒷받침이 안 되어 진행이 순조롭지 않다. 또는 처음에는 매우 순조롭게 되다가도 얼마 안 되어 상처를 입고 그만두고 만다.

또 뒤를 이을 사람이 없어 온 집안이 화목치 못하다. 한 차례 큰 병을 앓고 나서 반신불수가 되거나 악성 종양에 쉽게 걸리며 고혈압, 높은 데서 떨어지거나 교통사고로 부상당하는 일들이 계속 발생한다.

 응접실

사업이나 거래, 접대 등은 모두 응접실에서 진행되므로 이곳도 역시 매우 중요한 장소다.

응접실은 대문에서 되도록 가까운 곳, 그리고 화장실에서 그리 멀지 않은 곳에 두어야 한다.

1) 동쪽 – 대등하다

이 방위에 있는 응접실은 젊은이들이 많이 출입하게 된다.

만약 이 방위가 흉상이면 손님과의 의견이 맞지 않아 쉽게 분란이 일어난다.

2) 동남쪽 – 길하다

이 방위는 응접실을 설치하기에 가장 좋은 곳이다.

이 방위가 흉상일 때는 손님과 쉽게 오해가 생기고 교섭한 일들에서

성과를 얻지 못한다. 만일 이 방위가 길상이면 교섭한 모든 일이 매우 순조롭게 이루어질 것이다.

3) 남쪽 - 대등하다

이 방위에 응접실이 있다면 손님들이 겉모습은 화려하지만 아무런 이득도 없는 빈 말을 일삼을 뿐이다.

다시 말해 온정이 없는 이곳은 응접실을 설치하기에 좋지 못하다.

만일 길상일 때에는 손윗 사람이나 상사에게 뜻밖에 희소식을 전할 수 있다.

4) 서남쪽 - 대등하다

이 방위는 운세에 있어서 대등하다. 때문에 이 방위의 길상, 흉상에 의해서 길흉을 판정해 낼 수 있다.

손님들은 한 번 앉으면 일어설 줄을 모르며 중요한 일이 없으면서도 방문을 하곤 한다. 때문에 이 방위는 응접실을 설치하게 그리 좋은 곳은 못 된다.

5) 서쪽 - 대등하다

손님에게 매우 편안한 곳이다. 그러므로 서남쪽과 마찬가지로 찾아온 손님이 한 번 앉으면 일어설 줄을 모르고 식사를 한 후에야 돌아간다. 그러므로 이 방위도 응접실 설치에 적합한 곳은 못 된다.

6) 서북쪽 - 길하다

이 방위는 중요한 일이 있어야만 손님이 찾아오는, 좋은 운세가 있는 곳이다. 그러므로 이곳은 매우 좋은 방위이기는 하지만 매우 중요한 장소이므로 응접실을 설치하지 않을 때 더욱 좋다.

7) 북쪽 - 조금 흉하다

손님이 오싹한 이야기를 늘어놓거나 어려운 문제를 제기한다. 또는 자기의 고통을 하소연하기 좋아한다. 그러므로 응접실 설치에 적합한 곳이 못 된다. 만약 이 방위가 흉상일 때에는 나쁜 의도를 가진 벗이 감언이설로 꾀어내 위법 행위를 하게 할 것이다.

8) 동북쪽 - 대등하다

때로는 손님이 오래도록 돌아가지 않고 흰소리한다. 만약 인(寅) 가까운 곳에 응접실을 설치한다면 매우 생기 발랄한 분위기가 될 수 있다. 즉 돈벌이가 될 얘기와 길상의 얘기를 해준다.

 거실

거실은 식사가 끝난 후 온 가족이 모여 신문이나 잡지도 보고 이야기도 나누는 휴식의 장소다.

거실은 주택 중에서 가정의 분위기를 가장 잘 표현해 주는 곳이다.

가족 한 사람 한 사람마다 각자 자신의 방이 따로 있고 또 공동으로 사용하는 거실이 있는 주택이 가장 이상적인 모습이다.

비교적 좋은 거실의 방위는 햇빛이 잘 드는 동남과 남쪽이다.

 침실

우리의 인생의 1/3을 침실에서 보낸다. 그러므로 침실은 우리의 인생에서 매우 중요한 위치를 차지하는 곳이라 할 수 있다.

침실은 잠을 자는 장소일 뿐 아니라 생식의 장소이며 어떤 때는 병실이자 해산의 장소, 화장(化粧)을 하는 곳, 진지하게 이야기를 나누는 장소 등이 될 수도 있다.

침실은 조용히 누워 휴식을 하는 방이므로 몇 가지 요건을 갖추어야 한다.

첫째, 조용해야 한다.

둘째, 온정이 있어야 한다.

침실이 대문, 주방, 응접실과 가까이 있다거나 대문과 일직선상에 놓여 있다면 정서에 도움을 줄 수가 없다.

셋째, 위생적이고 건강에 도움을 주어야 한다.

일광, 통풍, 환기 등도 매우 중요하다. 침실은 하루의 피로를 말끔히 풀어주는 곳이고 또 다음날의 활력을 배양하는 곳이므로 그 위치와 설비를 중요하다.

1) 동쪽 - 길하다

젊은이들을 활발하고 건강하게 하며 정신과 적극성을 발생시키는 곳이다. 그러나 질병이 있는 사람에게는 불안정한 곳이어서 침대에서 굴러떨어지기 쉬우므로 특히 조심해야 한다.

2) 동남쪽 - 길하다

건강을 촉진시키는 방위다. 미혼녀에게는 좋은 연분을 얻게 해준다. 때문에 이 방위는 어떤 방이든 모두 매우 길하다.

3) 남쪽 - 흉하다

침실로는 적당하지 않은 방위다. 왜냐하면 편히 잠들 수가 없어서 항상 밤늦게까지 일을 하거나 책, 텔레비전 등을 봄으로 항상 수면이 부족하다.

운수에 있어서도 신경과민과 외출을 자주 하고 가정 일은 뒷전이다.

4) 서남쪽 - 대등하다

이 방위는 태양이 서쪽으로 기울어지는 곳이며 또 하루 일을 마치고 휴식을 하는 곳이다. 때문에 이곳의 침실은 나쁘지 않다.

그러나 일부 사람들은 이 방위에서 성(性) 행위에 너무 치중하여 휴식보다 피로를 더 느끼게 된다.

정신적인 면에서 볼 때 이 방위는 유쾌하게 오락을 할 수 있는 방위다. 그러므로 정신적인 면에서는 별로 좋지 못한 곳이다.

이 방위가 만일 길상일 때면 부부 관계가 유달리 친밀하며 때로는 신혼 분위기가 가득하여 행복 쾌락의 생활을 하게 된다.

5) 서북쪽 – 길하다

이 방위, 즉 건(乾)은 에너지의 발원지다. 때문에 호주(戶主)의 침실로 사용한다면 운세면에 있어서는 매우 효과가 있으므로 이상적인 자리다.

6) 북쪽 – 대등하다

이 방위는 매우 따뜻하고 침착한 곳으로 잘 이용하면 길한 방위다. 잠을 제일 잘 이룰 수 있는 방위이며 동시에 조용히 에너지를 배양 할 수 있는 자리다.

그러나 냉기가 있는 부위이므로 보온, 통풍, 습기 제거 등의 설비가 있어야 한다. 만약 이 설비가 좋지 못할 때는 위장병이나 냉으로 인한 질병에 걸릴 수도 있다.

흉상일 때면 호주가 가출하거나 불량한 행위를 할 수 있다.

7) 동북쪽 – 길하다

이 방위는 귀문 방위이고 또 보통 사람들이 즐기지 않는 방위다. 그러나 침실로서는 매우 좋은 곳이다.

침실은 휴식을 하고 내일의 활기를 얻기 위한 곳이다. 또 봄날을 맞이하여 양기를 배양하는 곳이라고도 할 수 있다.

 # 서재

서재의 첫째 조건은 조용하고 아늑해야 한다. 때문에 다른 용도로 같이 사용해서는 좋지 않다. 침실의 옆방에 설치해도 괜찮지만 주방이나 대문, 응접실과는 거리를 두는 것이 좋다.

1) 동쪽 - 길하다

이 방위와 기타 다른 방위 모두 큰 길과 마주하면 좋지 않다.

이 방위에 자리한 서재는 활발한 분위기를 조성한다. 만약 작가가 직업인 사람이 이 방위의 서재를 사용한다면 청년들이 즐기는 책이나 젊은 활기가 충만된 책을 쓰는 것이 좋다.

2) 동남쪽 - 길하다

운세면에서 사유력이 집중되고 독서 효율이 높으며 지식도 풍부해진다. 또 배운 것을 운용할 수 있어 자신의 총명함을 충분히 발휘할 수 있다.

그러나 햇볕이 너무 충족한 것이 결함이다. 이 방위에 나무가 있어 시야가 좁아지면 오히려 아늑한 느낌을 받을 수 있다. 반대로 시야가 너무 넓어 앞이 환하게 트이면 길상이 못 되고 도리어 흉상이다.

3) 남쪽 - 흉하다

서재로 사용하면 제일 흉한 방위다.

남쪽 서재에서 태어난 작가의 작품은 히스테리적이다. 무슨 일을 하든지 산만하거나 너무 과격하다. 허영심이 강하고 사람들의 믿음을 배반한다.

그러나 밤에만 서재를 사용하면 약간 길(吉)하기도 하다.

4) 서남쪽 - 흉하다

위에서 살펴본 남쪽과 비슷하므로 서재로 사용하면 안 된다. 독서 등 지식 사업에 부적합하다. 오히려 땀 흘리는 노동에 적합하다.

때문에 이 방위에 서재를 설치하면 비단 독서를 잘 할 수 없다.

5) 서쪽 - 대등하다

석양이 비취는 이 방위는 열심히 공부하고 연구에 종사하는 사람에게 좋은 자리다. 역경에서도 이 방위는 연구, 독서의 좋은 방위라고 지적하였다.

석양 문제만 잘 처리하면 이 방위의 서재는 길상이다. 서재에 햇빛이 강하게 비취면 서적이 손상된다. 이러한 의미로 볼 때 이 방위는 흉상이다.

6) 서북쪽 – 길하다

이 방위는 서재로 사용하기에 가장 적합한 곳이다. 햇빛이 적당하게 비추기 때문에 마음이 평온하고 두뇌도 명석하다. 또 자신의 소질을 충분히 발휘할 수 있어 명예와 원하는 지위를 얻을 수 있는 강력한 운세다. 때문에 가장 이상적인 방위다.

7) 북쪽 – 길하다

서재 설치에 길한 방위다. 책에서 지식을 취하는 음(陰) 작용이 매우 뚜렷한 방위다. 그러나 지나치게 폐쇄된 분위기는 고립을 초래한다.

8) 동북쪽 – 대등하다

조용히 독서를 하고 생각에 집중할 수 있으므로 이상적인 방위다. 그러나 너무 탐욕스레 독서를 하여 침식을 잊으면 도리어 효과가 별로 없다. 운세를 살펴보면 별로 좋지 못하다. 그러나 실력가는 자신의 총명함을 이용하여 영예와 지위를 얻을 수 있다. 경제적인 면에서도 점점 좋아진다.

 노인방

노인 방은 대문, 응접실에 너무 가까이 설치하지 말고 욕실, 거실, 화장실, 주방, 정원 등과 가까운 것이 좋다. 출입에 편리한 곳이 적당하다.

만약 2층집이라면 노인방은 안전한 아래층에 설치해야 한다.

1) 동쪽 - 흉하다

노인 방에 적당하지 않다. 너무 간섭하여 오히려 분쟁이 잘 생기는 방위다.

2) 동남쪽 - 흉하다

이 방위에는 노인 방을 설치하지 말아야 한다. 햇빛이 잘 들어 건강에는 유익하지만 정신적으로는 평안과 침착성이 없다.

사교성이 뛰어나 어떤 사람과도 잘 친해지고 손님으로 접대하기에 바쁘다. 그리하여 점점 피로가 쌓이고 말썽도 쉽게 일으키며 건망증도 걸리기 쉽다.

3) 남쪽 – 흉하다

이 방위는 노인을 몹시 애가 타고 초조하게 만든다. 시력도 쇠약해지고 사소한 일에 관심을 가져 건강이 좋지 못하다. 겉으로는 건강체인 듯하지만 체력이 점점 약해진다.

4) 서남쪽 – 대등하다

이 부위는 늙은 할머니가 아랫사람을 자주 부려 먹고 잔소리가 많아서 가족들에게 환영을 못 받는 방위다. 하지만 이 방위는 노인이 편안하게 거주할 수 있어서 일부 흉을 피할 수도 있다.

5) 서쪽 – 대길하다

서쪽은 동쪽의 맞은편으로서 노인 자신의 띠 방위라고도 할 수 있다. 서쪽은 계절상으로 가을을 의미하며 인생의 황혼기를 뜻하므로 향락과 휴식의 방위다. 불교에서는 서방정토(西方淨土), 서방극락(西方極樂)이라고 말하는데 즉 서쪽은 극락 정토의 방위다.

6) 서북쪽 – 길하다

이 방위는 본래 노인에게 속하는 방위이므로 길상이다.

늙은 할아버지에게 매우 좋은 방위다. 그러나 노쇠한 할머니에게는

운세가 너무도 강한 방위다. 즉, 매우 자애로운 어머니가 아니면 극도로 깨끗함을 추구하는 주부가 된다. 건강과 장수를 가져올 수 있다. 그러나 상처를 입지 않도록 각별히 조심해야 한다.

7) 북쪽 – 대등하다

이 방위는 한기와 습기가 있기 때문에 이에 대처하기 위한 설비가 준비되어 있으면 길상이고 안 되었으면 노인 건강에 해를 입게 된다.

8) 동북쪽 – 대등하다

이 방위는 계승의 의미를 갖고 있다. 때문에 후대로 하여금 부친의 사업을 계승케 하려는 노인에 한해서는 이 방위가 나쁘지 않다.

건강면에서는 혈압에 관계된 병, 반신불수, 관절염이나 절골 등에 걸리기 쉽다.

만약 이 방위가 움푹 들어갔거나 지나치게 돌출하지 않았다면 건강, 장수케 하며 동시에 이 방위는 계승자가 일을 상의하는 장소다.

객실

객실(손님이 머무는 방)의 크기는 다른 방에 비하여 좀 큰 것이 좋다. 그러나 너무 크면 도리어 흉상이 된다. 왜냐하면 객실이 너무 커서 손님의 마음이 매우 불쾌해질 수도 있기 때문이다.

화려하지도 않고 사용하기에 불편하지도 않으며 손님의 자존심에 영향을 미치지 않는다면 길상이다. 아무리 작아도 3평 이상 4~6평 이하라면 적당하다.

방위와 운세는 별로 큰 관련이 없지만 손님들이 사용하기에 남쪽이나 동남쪽은 그리 편리하지 않다. 그러나 동, 동북, 서쪽에 설치해도 괜찮다. 만약 서쪽에 설치했다면 나무를 심어서 햇빛을 조금 막으면 지나치게 무덥지 않으므로 괜찮다.

문을 뒤뜰로 향하게만 하면 북쪽도 사용할 수 있다. 이런 객실은 특히 여자들에게 매우 적합하다. 왜냐하면 매우 조용하고 기분도 좋기 때문에 특히 여름철에 손님들의 환영을 받는다.

 어린이 방

어린이 방 역시 매우 중요하다.

아이들에게 있어서 방은 성격 형성의 중요한 장소이기 때문이다. 아이들의 공부방이 따로 마련되어 있지 않다면 그들은 게으름뱅이가 되고 반항심이 강한 사람으로 성장할 수도 있다.

어린아이는 미래의 주인공이기 때문에 그들의 방은 매우 신중하게 설계해야 한다. 훌륭한 후손이 있어야 비로소 가운이 창성해질 수 있다.

1) 남쪽 - 흉하다

이 방위는 흉기가 극히 농후한 방위이므로 피하는 것이 가장 좋다. 물론 햇빛이 차단되어 어둠컴컴한 방은 나쁘지만 지나치게 햇빛이 직접 비추는 방도 역시 나쁘다. 햇빛이 직접 드는 방이 노인에게는 적합하지만 보통 사람이나 어린아이에게는 침착성을 잃게 하므로 좋지 않다.

특히 어린이들이 이런 방을 사용하게 되면 가만히 있지 못하며 장난을 좋아한다. 그리하여 계단에서 굴러떨어지는 사고를 당하게도 된다.

만일 반드시 남쪽에 어린이 방을 설치해야 한다면 창문을 작게 만들어야 한다. 창문이 너무 커서 햇빛이 많이 들어오면 맥없이 잠만 나려 하고 아니면 외출이나 분주히 움직여 좀체로 안정하고 침착할 줄을 모르므로 조용히 공부를 하지 못한다.

그리고 너무 강한 햇빛은 실내 장식이나 도서, 문방구 등에 손상을 입힌다. 만약 책상을 창문 턱에 놓으면 쉽게 휘어지고 책들도 누렇게 파손된다.

그러므로 남쪽에 아이들의 방이 있을 때는 책상을 북쪽으로 옮겨서 햇빛이 등뒤로 비치도록 해야 한다. 또는 부드러운 조명을 이용하여 독서나 공부하기에 좋은 분위기를 조성해야 한다.

이와 동시에 어린이 방에는 바깥으로 통하는 출입구가 없어야 한다. 또한 방을 꾸밀 때 원색이나 너무 강렬한 색깔을 사용하지 않는 것이 좋다. 따뜻한 느낌을 주는 색깔을 사용해야 한다.

2) 동쪽 – 길하다

남자 아이에게 가장 좋은 방위다. 동쪽은 공기가 맑고 또 양기(陽氣)가 충만하여 에너지가 넘친다. 이 방위의 어린이는 매우 건강해지고 활기 차며 적극적인 성격을 지니게 된다. 그러나 여자 아이에게는 그리 썩 좋은 방위가 아니다.

만약 이 방이 너무 돌출되어 있으면 생각 없이 함부로 행동하는 충동적인 성격을 갖게 된다.

3) 동남쪽 – 길하다

동쪽과 마찬가지로 길한 방위에 속한다. 이 방위에 있는 방을 사용하면 사리가 밝고 착한 아이로 성장한다.

친구와 오랫동안 좋은 우정을 맺으며 인간 관계가 원만하다. 여자 아이에게 더욱 길한 방위로서 유순하고 우아한 성격으로 성장하여 사람들의 사랑을 받으며 성적도 매우 우수해진다.

4) 서남쪽 – 흉하다

이 방위는 좋지 않다. 무슨 일이든 싫증을 잘 내고 머리가 맑지 않아서 공부에 열중할 수가 없다. 활기가 없으며 미래에 대한 포부도 없다. 성적이 형편없이 떨어져도 그다지 신경쓰지 않으며 경쟁심도 없다. 그렇지만 인관관계만은 원만하다.

5) 서쪽 – 대등하다

대단히 호화롭고 특이한 구조의 주택이라면 이 방위에 있는 어린이 방은 좋지 않다. 어린아이는 장난에만 열중하거나 나쁜 악습에 물들어서 공부는 뒷전이고 이성과 함께 있기를 즐기게 된다. 더욱이 여자 아이에게는 매우 위험한 방위다. 이성의 유혹에 쉽게 빠져 공부는 전혀 중시하지 않는다.

그러나 만약 햇빛이 직접 들지 않도록 나무를 심어서 햇빛을 막은 주택일 때는 이 방위가 길할 수 있다. 어린아이는 친구들과 관계가 좋으며 학업 성적도 우수하다.

6) 서북쪽 - 흉하다

이곳은 본래 가장(家長)의 방위이기 때문에 어린이 방으로는 적합하지 않다. 만약 이 방위에 어린아이 방을 설치한다면 야심이 크고 자신감이 지나쳐 교만하며 잔꾀를 써서 타인을 속여 넘기는 짓을 일삼는다.

7) 북쪽 - 길하다

북쪽은 지식을 저장하는 곳이다. 남쪽은 이와 반대로 지식을 소비해 버리는 곳이다.

때문에 이 방위는 열심히 공부하는 방위다. 북쪽의 추위는 얼마든지 막아낼 수 있으며 또 햇빛도 비교적 따뜻하기 때문에 정신이 분산되지 않아 공부하기에 매우 좋은 방위다.

8) 동북쪽 - 대등하다

이 방위는 실력을 배양하는 곳이며 열심히 공부하는 곳이기도 하다. 그러나 어린아이가 고집이 세고 생각이 이상하게 발전할 수도 있다. 또 운동을 즐기지도 않고 정서가 바르지도 않다. 이런 점만 주의한다면 별다른 문제는 없다.

집안 일을 돕는 사람들의 위한 방

집안 일을 돕는 사람들을 한 식구처럼 대해 줌으로써 일에 적극성을 갖도록 하는 것이 중요하다.

이 사람들이 사용하는 방의 위치는 대문에서 가까운 곳에 자리 잡는 것이 좋다. 주방과 거실에 가까우면 좋지 않은 일이 생길 수 있다.

일단 그들의 권리를 존중하면서 방을 따로 마련해야 한다. 방음, 냉방, 통풍, 공기 조절 등의 장치도 중요하며 사생활을 중시하여 방문을 잠글 수 있도록 해야 한다.

또 그들의 점이 주인의 짐과 뒤섞이지 않도록 해야 한다.

남, 서남, 서, 서북쪽은 좋지 않다. 만약 이 위치에 방을 설치하면 그들은 외향적으로 변해 일하기를 싫어할 뿐만 아니라 놀러 다니기고 쉽게 나태해지고 만다.

특히 서쪽은 일하려는 의욕이 안 생길 뿐 아니라 이성과 쉽게 다툼이 생긴다.

서북쪽은 권력욕이 생기는 곳이다. 즉 낮잠을 즐기고 자기의 신분을 망각한 채 모든 일을 자기 마음대로 처리한다. 때문에 여자는 이 방위에 거주하지 말아야 한다.

동남쪽이 괜찮지만 다른 방과 가까우면 이곳에 설치해서는 안 된다.

동쪽은 아침 해가 비치는 방위로서 활기차게 열심히 일하도록 하는 방위다. 그렇지만 가장 좋은 위치는 동북쪽이다. 방위를 인(寅)의 부근에 가깝게 하고 창문을 내어 햇살이 잘 비치도록 한다면 착실히 일을 하게 된다. 동시에 사리도 밝고 물건도 아끼며 경제관념도 생기게 된다. 때문에 이 방위가 가장 좋다.

 주방

집은 온가족이 휴식, 수면을 취하는 곳이며 또 에너지를 얻는 장소다. 주방은 특히 가정 주부에게 매우 중요한 장소다.

주방 위치에 따른 길흉은 불(火)과 물(水)을 사용하는 것에 의해 결정된다. 주방은 식당, 거실, 욕실과 가까이 있는 것이 비교적 좋다.

1) 동쪽 – 길하다

해가 솟아오르는 방위다. 그러므로 공기가 신선하며 또 하루의 양기(陽氣)가 돋기 시작하는 부위로서 주방으로 사용하기에는 좋은 방위다. 운명학으로 살펴볼 때 이 방위의 주방은 가족의 건강, 활기, 근면을 배양해 준다.

2) 동남쪽 – 길하다

이 방위도 동쪽과 마찬가지로 맑고 상쾌한 공기가 있어 깨끗하고 위생적인 것을 좋아하는 사람에게는 주방 설치에 좋다. 이 방위의 주방은 온가족에게 창성과 화목, 쾌락을 가져다 준다.

3) 남쪽 – 흉하다

이 방위는 햇빛도 적당하고 여름철에는 남풍도 불어 언뜻 좋은 방위인 것 같지만 햇빛의 열을 받아 온도가 쉽게 상승하므로 사실은 좋은 방위가 아니다. 주방의 냄새, 습기, 더운 공기 등이 다른 방에까지 영향을 미치므로 이 방위는 결코 좋은 방위가 아니다.

또한 너무 밝아서 흉의가 생길 수 있다. 때문에 신경의 피로, 신경쇠약, 정신적인 건강, 소화기관의 질환이 생길 수 있다.

4) 서남쪽 – 흉하다

이 방위는 오후 열기의 영향과 공기 오염으로 인하여 건강에 악영향을 미치며 식품의 보존에도 영향을 있다. 그리고 운세상으로 흉한 방위다.

5) 서쪽 – 대등하다

이 방위는 석양으로 인해 음식에 영향을 미쳐 쉽게 변질된다. 그러나 단열재를 사용하여 벽을 쌓고 냉장 설비를 사용한다면 문제가 그리 크지는 않다.

이 방위는 음식의 방위이므로 유쾌하게 식사를 할 수 있다.

6) 서북쪽 – 건(乾)의 부위는 흉하다

주의해야 할 점은 감(坎), 건(乾), 해(亥), 세 부위 중에서 건을 중심으로 하지 말아야 하며 감이나 해의 한쪽을 중심으로 하는 것이 가장 좋다.

앞에서 말한 바 있듯이 이는 가장(家長)의 방위다. 때문에 가정 주부가 이곳을 차지하는 것은 그리 좋지 않다. 만약 주방을 건 부위의 정중앙에 설치한다면 가장이나 가족이 배반하거나 분열되기도 한다.

이리하여 가족 개개인의 의견이 서로 맞지 않고 인생관도 다르고 서로 이야기를 나누는 것조차 싫어하게 된다. 때문에 가장은 집에 머물기를 싫어하고 항상 갖가지 구실대어 외출을 한다.

7) 북쪽 –자(子)의 부위는 흉하다

주방을 이 방위에 설치하면 겨울 찬바람이 쉽게 스며들어 가정 주부의 건강에 좋지 못하다.

비교적 습도가 높은 방위로 가스난로와 기타 불을 사용하는 기구들은 북쪽의 정중앙에 설치하지 말아야 한다. 그리하면 이 방위의 흉의를 다소 감소시킬 수 있다.

이 방위가 길상이 된다면 비뇨기 계통 질병, 정신적인 질병 혹은 소아체질 쇠약 등 질병에 걸릴 수 있다.

8) 동북쪽 – 간(艮)의 부위는 흉하다

이 방위에는 창문을 많이 내지 말아야 하며 되도록 창문이 없는 것이 더욱 좋다. 그러므로 이 방위는 주방에 적합하지 않다.

 욕실

욕실도 화장실과 마찬가지로 가족의 위생과 건강에 큰 영향을 미친다. 그러므로 절대로 가볍게 생각하면 안 된다.

일정한 온도의 습기는 세균 번식의 온상이 될 수 있으므로 주의해야 한다. 최근에는 욕실과 침실이 맞닿아 있어 건강에 영향을 미치는 경우가 많다. 때문에 습기가 침실로 침입하지 않도록 주의해야 한다.

1) 동쪽 - 길하다

이 방위의 갑(甲), 묘(卯), 을(乙), 세 부위가 모두 길상이다. 심신이 유쾌하고 활기차며 적극적·진취적으로 일을 처리해 나간다.

중년이나 노년에 접어든 사람은 회춘할 수 있는 부위다. 운동신경과 리듬감이 풍부하게 해준다.

2) 동남쪽 - 길하다

이 방위의 진(震), 손(巽), 사(巳), 세 부위가 모두 길상이다. 동 방위와 마찬가지로 활달한 성격, 풍부한 감정, 해박한 지식을 갖도록 해주면 성격도 매우 사교적이어서 사람들과 잘 어울린다. 대단히 좋은 운세다.

3) 남쪽 – 오(午) 부위는 흉하다

오 부위는 양기가 왕성한 방위로서 욕실의 양기와 배합되지만 흉의가 생긴다. 때문에 병(丙)이나 정(丁)의 부위에 설치해야 한다. 그러나 사용 기간이 많지 않은 욕실을 이 부위에 설치하면 다른 방들과의 관계가 그리 좋지 않다.

만약 오 부위에 설치한다면 신경이 예민해지고 정신병에 걸릴 수도 있다. 동시에 시신경에 영향을 미쳐 시력이 감퇴되거나 안과 질환에 걸릴 수 있다. 인간 관계는 배반이나 이별 등 흉의가 쉽게 생긴다.

4) 서남쪽 – 흉하다

이 방위의 욕실은 모두 흉하다. 남쪽과 마찬가지로 햇빛이 충분하여 거실로 사용할 수 있는 곳인데 이곳에 욕실을 설치한다면 그 흉의는 더욱 강해진다.

인간 관계는 이기적이고 괴팍하며 염세적으로 변한다.

고혈압으로 반신불수가 되며 관절염, 타박상, 외상에 걸리기 쉬우며 위장병, 암 등 치료하기 어려운 병에 걸릴 수 있다.

5) 서쪽 – 유(酉)의 부위는 흉하다

만약 유의 부위에 있는 욕실을 남성이 사용하면 여색을 찾아다니므로 말썽을 일으키게 된다. 여성이 사용하면 품행이 바르지 않아 쉽게

유혹을 당하고 사랑의 도피를 하게 되므로 결혼 상대를 찾지 못하게 되며 인간관계도 단절될 수 있다. 그리고 남녀가 모두 사치하고 주색에 빠진 방탕한 생활을 하며 돈을 물 쓰듯 하여 금전으로 인한 분쟁에 휘말리게 된다.

건강상에서 구강(口腔)병, 성병, 부인병, 비뇨기 질병에 걸리기 쉽다.

6) 서북쪽 – 건(乾) 부위는 흉하다

건 부위의 정중앙은 흉하며 술(戌), 해(亥) 부위도 사용하지 않는 것이 좋다.

이 방위는 가장(家長)의 부위, 즉 존귀한 부위다. 때문에 이 부위를 사용한다면 가장이 화를 당하게 된다. 머리에 해당하는 질병, 정신병 및 심장병에 주의해야 한다.

7) 북쪽 – 자(子) 부위는 흉하다

자 부위는 가장 차갑고 음기가 황성한 곳이다. 때문에 흉하다. 예를 들면 자손들의 체질이 허약하며 또 부모, 조부모에게 반항하거나 남녀 문제로 가풍을 더럽히게 된다.

하반신의 질병, 즉 색정으로 인한 질병이나 혈액과 관계된 병, 위장병 등에 주의해야 한다.

8) 동북쪽 – 흉하다

이 방위에는 축(丑), 간(艮), 인(寅), 세 부위가 있는데 모두 흉하다.

이 부위에 욕실을 설치하면 오해, 실수 등의 흉조가 나타난다. 예를 들면 자녀들이 서로 화목하지 못하고 부모를 배반하며 심지어 부모와 관계를 단절하게 된다. 주로 재산 문제로 발생되는 일들이다.

또 인간 관계에서 늘 타인과 충돌이 생겨 친구를 잃고 고립된 생활을 하게 된다.

고혈압, 반신불수, 관절염 또는 악성 종양 등에 주의해야 한다.

부자가 되는 방법

한번쯤 부자가 되기를 꿈꾸지 않은 사람은 아마 없을 것이다. 그러나 현실적으로 부자가 되기는 좀처럼 쉽지 않다.

풍수학적으로 살펴볼 때 반드시 재위(財位)를 왕성하게 해야만 재운(財運)이 순조로워진다. 그러기 위해서는 우선 재위의 정확한 위치부터 알아야만 한다.

1992년도의 재위는 서남방이고 1993년에는 서북방이다. 이처럼 재위의 정확한 방위를 파악한 후에는 그것을 왕성하게 하는 방법을 강구해야 한다.

재운이 순조롭게 하기 위해서는 아래의 다섯 가지를 주의해야 한다.

1) 재위는 환해야 한다

재위는 어두면 좋지 않다. 명랑해야 생기가 발랄하다. 때문에 【그림

151】에서처럼 햇볕이나 등불이 환하게 비춰져야 한다. 이는 재위를 왕
성하게 살리는데 매우 큰 도움이 된다.

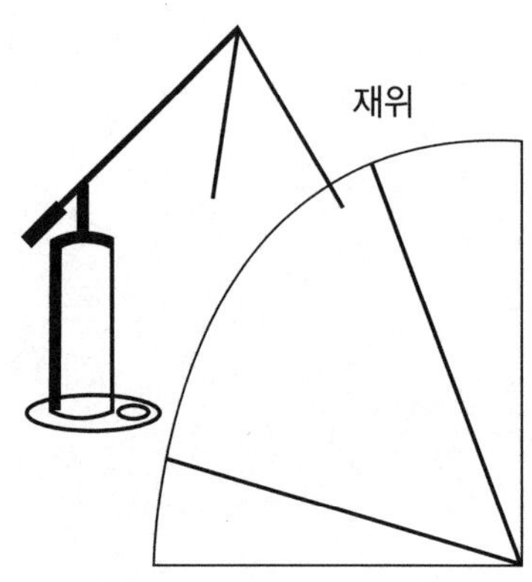

【그림151】

2) 재위는 생기가 있어야 한다

생기란 생물이 무성한 것을 의미한다. 때문에 재위에 잎이 크고 두터
운 인도 고무나무나 브라질 고무
나무 등 상록식물을 키우면 좋다.

그러나 주의할 점은 식물들을
흙에 심어야 한다는 것이다. 물속
에 키우는 것은 불길하다. 또한
재위에 가시 돋친 선인장류의 식
물을 키우는 것도 적합지 않다【그
림152】.

【그림152】

 조금만 바꾸면 행복해지는 풍수 대백과

3) 재위에 앉으면 좋다

풍수학적으로 볼 때 재위는 한 집안의 재기(財氣)가 집중된 방위다. 그렇기 때문에 그 방위를 많이 이용할수록 좋은 것이다. 예를 들면【그림153】에서처럼 소파를 놓고 모든 가족이 그곳에 앉아 휴식을 하면 그 자리에 있는 재기(氣)가 몸에 묻어나므로 재산이 많이 불어난다.

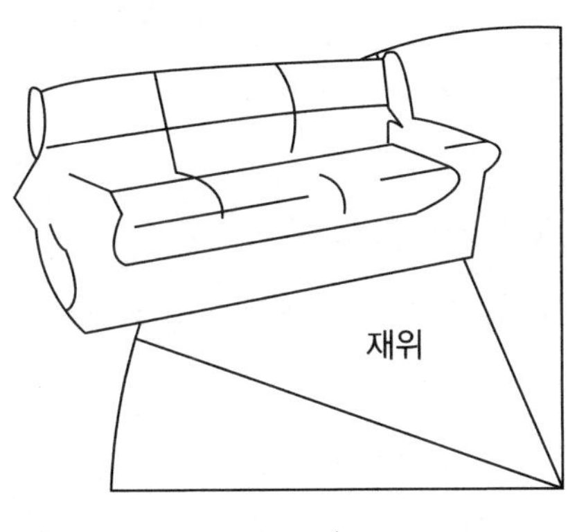

【그림153】

이 외에도 재위에 식탁을 놓는 것도 매우 좋은 방법이다. 그래야만 온 집안이 재기(財氣)의 길한 기운을 많이 받을 수 있다.

4) 재위에 누우면 좋다

우리는 인생의 3분의 1을 잠자는데 사용한다. 때문에 침대의 위치에 따라 그 사람의 운세도 매우 큰 영향을 준다.【그림154】에서처럼 침대를 재위에 놓고 매일 사용하면 재운(財運)에 큰 도움이 생긴다.

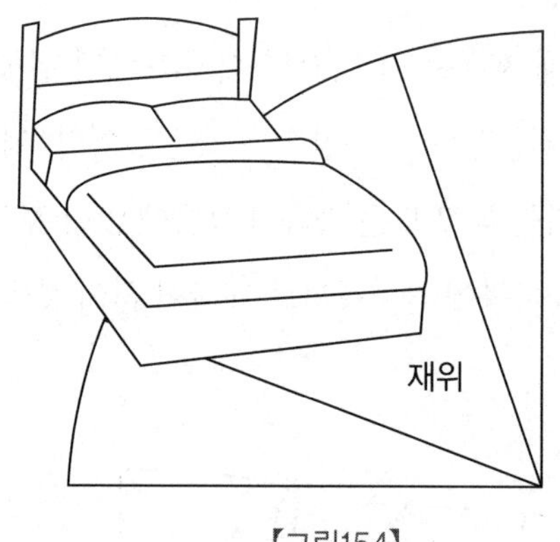

【그림154】

5) 재위에 길한 물건을 놓으면 좋다

재위는 왕성한 기(氣)가 집중된 곳이므로 그곳에 상서로운 신상(神像) 등을 놓는다면그림155 길(吉)한 영향을 미친다.

사람은 침상을 무거운 가구라고 생각하는 한편 재위에 침대를 놓으면 좋지 않다고 오해하고 있다. 그러나 이것은 잘못된 생각이다.

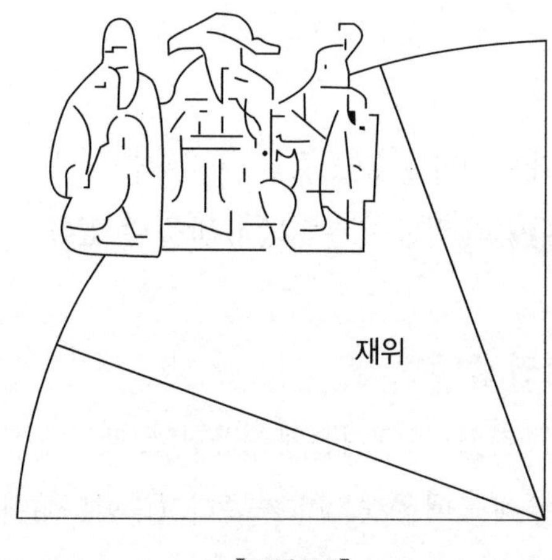

【그림155】

다시 정리해 보면

첫째, 밝아야 좋다 – 햇볕 등 빛이 쪼이면 좋다.

둘째, 생기가 좋다 – 생기발랄한 식물을 놓아두면 좋다.

셋째, 앉아야 좋다 – 소파나 식탁을 놓으면 좋다.

넷째, 누우면 좋다 – 침대를 놓으면 좋다.

다섯째, 길한 물건을 놓으면 좋다 – 상서로운 물건들을 놓으면 좋다.

재위(財位)에 삼갈 점

재위에서 삼가야 할 여섯 가지를 살펴보자.

【그림156】에서처럼 무거운 옷장이나 이불장, 책장, 조립식 가구 등은 재위에 놓지 말아야 한다. 재위에 대한 이런 압박은 이 집의 재운에 좋지 않은 영향을 미치게 된다.

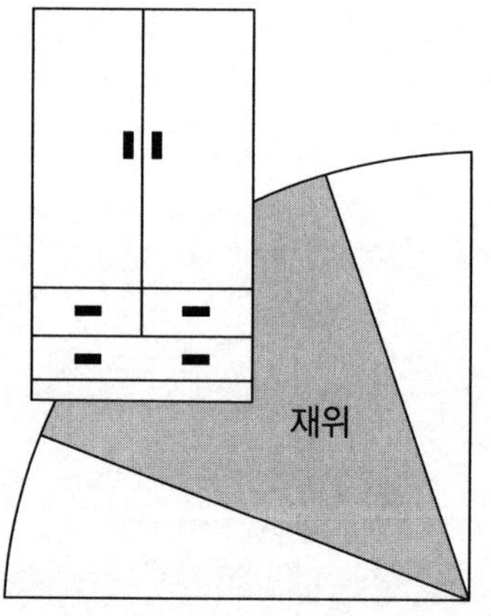

【그림156】 재위를 압박하면 좋지 않다

2) 재위에는 물을 삼간다

재위에 어항을 놓는 사람들이 있는데【그림157】이는 재신(財神)을 물로 밀어 떨어뜨려 재운을 사그라뜨리는 것과 같다. 어떤 사람은 어항에 공기 압축기가 있으므로 재위를 더욱 왕성하게 살려주는 작용이 있다고 말하지만 전혀 근거가 없다.

재위에 물을 놓는 것을 꺼리기 때문에 어항만 삼가야 할 뿐 아니라 수생 식물을 자라게 하는 것도 좋지 않다.

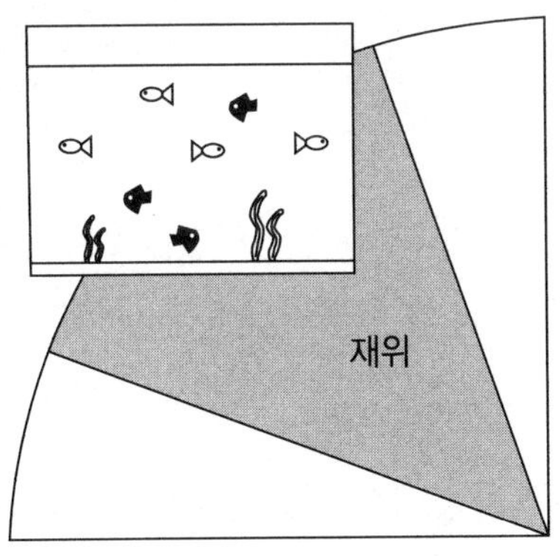

【그림157】 재위에 어항을 놓으면 좋지 않다

3) 재위가 텅 비는 것은 좋지 않다

재위 뒷면에 견고한 벽이 있는 것은 좋지 않다. 마치 태산을 등지고 있어서 걱정이 없어진듯, 그와 동시에 바람을 안아서 재기(財氣)를 모을 수가 있다. 이와 반대로 재위의 뒷면이 텅 비어 있다면,【그림158】

에서처럼 뒷면이 투명한 창문이라면 재물을 모으기는커녕 모두 새어 나가고 재산을 잃을 위험이 매우 크다.

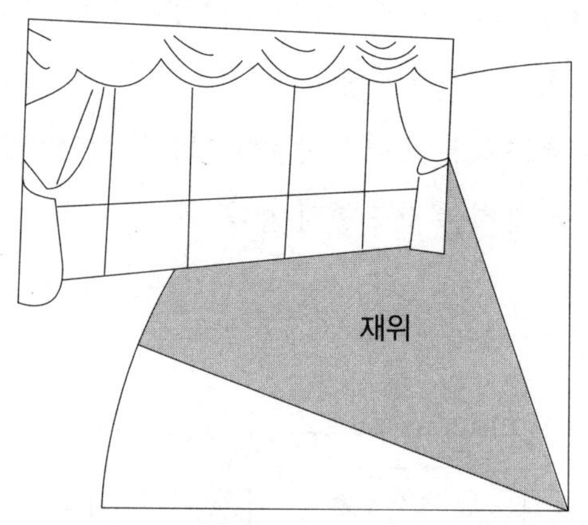

【그림158】 재위 뒷면이 텅 비어 있는 것은 좋지 않다

4) 재위가 충격을 받으면 나쁘다

풍수학에서는 예각의 충격을 가장 경계한다. 때문에 재위 부근에 예각이 있으면 재운에 영향을 주므로 삼간다.

일반적으로 예각이 재위에 가까울수록 그 영향력은 더욱 크다. 때문에 【그림159】에서처럼 재위 근처에 예각이 있는 가구는 매우 해로우므로 되도록 피해야 한다.

풍수를 위해서든 아니면 가족의 안전을 위해서든 원형(圓形)에 가까운 가구를 사용하는 것이 좋다.

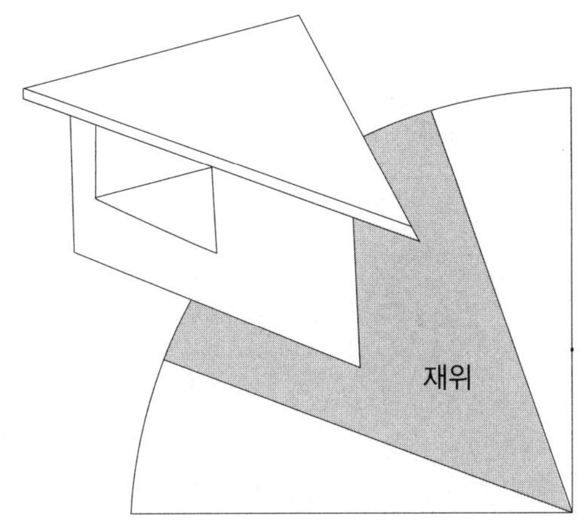

【그림159】 재위에 예각이 있으면 좋지 않다

5) 재위가 오염되면 나쁘다

만약 【그림160】에서처럼 화장실이나 목욕탕이 재위 안에 자리를 잡았다면 그것은 아주 애석한 일이다. 이는 비단 재위가 재운을 끌어들이지 못할 뿐만 아니라 도리어 가정의 재운마저 손상을 주기 때문이다.

이외에도 재위에 다른 잡다한 물건을 가득 놓아두는 것도 좋지 않다. 왜냐하면 이는 재위를 오염시킬 뿐 아니라 재위의 효능에 손상을 주기 때문이다.

해결 방법은 물론 잡다한 물건들을 없애 버리고 재위를 깨끗이 청소하는 것이다.

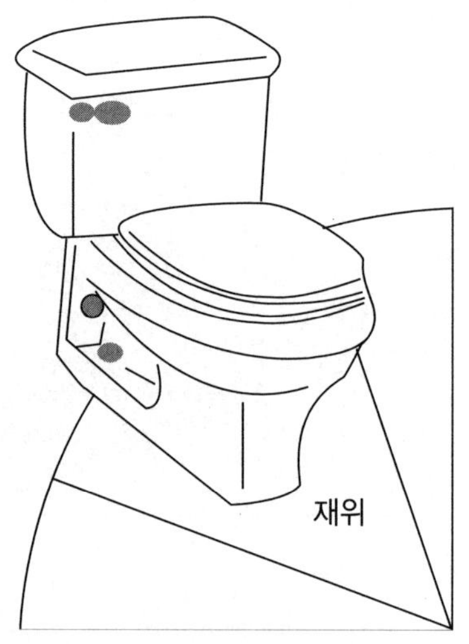

【그림160】 재위가 오염되면 나쁘다

6) 재위가 어두우면 나쁘다

재위는 밝아야지 어두우면 좋지 않다. 밝아야 생기발랄하고 어두우면 전혀 활기가 없기 때문이다. 만약 재위에 햇빛이 부족하면 전등을 켜서 조명도를 높이는 방법을 써야만 재위에 큰 이익이 있을 것이다. 재위에 안장하는 전구나 일광등의 숫자는 3, 4 또는 9개가 좋다.

다시 정리하여 보면,

첫째, 중앙을 꺼린다 – 무거운 물건을 놓으면 나쁘다.

둘째, 물을 꺼린다 – 어항을 놓지 말아야 한다.

셋째, 텅 빈 것은 꺼린다 – 뒷면이 텅 비면 나쁘다.

넷째, 충격을 꺼린다 – 예각의 충격을 삼간다.

다섯째, 오염을 꺼린다 – 화장실로 쓰면 나쁘다.

여섯째, 어두운 것을 꺼린다 – 어둡고 음침하면 나쁘다.

직업과 방위

방위를 무시하거나 가볍게 여긴다면 제아무리 열심히 노력한다 해도 좋은 운이 찾아오지 않고 또 하는 일마다 순조롭게 풀리지 못한다.

각각의 직업에도 길흉 방위가 있다. 그러므로 자신의 직업이 과연 어느 방위에 가장 적합한지 알면 적은 노력으로도 많은 효과를 거둘 수가 있다.

여러 직업에 가장 적합한 방위를 찾아보았다. 자신의 직업에 알맞은 방위를 찾아 보다 길하게 배치하기를 바란다.

영업 부문 – 손(巽, 동남방), 진(震, 동방)

경리 부문 – 이(離, 남방), 간(艮, 동북방), 건(乾, 서북방)

계획 부문 – 감(坎, 북방), 이(離, 남방)

광고 부문 – 이(離, 남방), 손(巽, 동남방)

외무 부문 – 이(離, 남방), 태(兌, 서방), 진(震, 동방)

기술 부문 – 손(巽, 동남방), 건(乾, 서북방)

조사 부문 – 이(離, 남방), 손(巽, 동남방), 감(坎, 북방)

종업원 교육 부문 – 건(乾, 서북방), 이(離, 남방)

경비 부문 – 진(震, 동방), 이(離, 남방), 간(艮, 동북방)

1) 자유업

미술가(화가, 조각가, 장식 설계사 등) – 이(離, 남방), 태(兌, 서방)

작가, 시인, 작사가, 기자 – 이(離, 남방), 진(震, 동방), 감(坎, 북방)

성악가 – 진(震, 동방), 태(兌, 서방)

기악가 – 진(震, 동방), 손(巽, 동남방)

작곡가 – 감(坎, 북방), 이(離, 남방)

지휘가 – 진(震, 동방), 태(兌, 서방)

평론가 – 감(坎, 북방), 건(乾, 서북방), 이(離, 남방)

종교가 – 감(坎, 북방), 이(離, 남방), 건(乾, 서북방)

철학가 – 감(坎, 북방), 건(乾, 서북방)

변호사 – 감(坎, 북방), 태(兌, 서방), 진(震, 동방), 이(離, 남방)

회계사 – 이(離, 남방), 건(乾, 서북방), 태(兌, 서방)

배 우 – 이(離, 남방), 태(兌, 서방), 진(震, 동방)

강연가 – 진(震, 동방), 태(兌, 서방), 이(離, 남방)

서도가 – 감(坎, 북방), 이(離, 남방)

꽃꽂이 예술가 – 진(震, 동방), 손(巽, 동남방), 이(離, 남방)

2) 의료 부문

정신병과 의사 – 건(乾, 서북방), 손(巽, 동남방), 이(離, 남방), 진(震, 동방)

소아과 의사 – 간(艮, 동북방), 건(乾, 서북방), 곤(坤, 서남방)

치과 의사 – 태(兌, 서방), 진(震, 동방), 건(乾, 서북방)

외과 의사 – 진(震, 동방), 태(兌, 서방), 건(乾, 서북방)

내과 의사 – 곤(坤, 서남방), 손(巽, 동남방), 건(乾, 서북방), 감(坎, 북방)

비뇨기과 의사 – 감(坎, 북방), 건(乾, 서북방)

산부인과 의사 – 태(兌, 서방), 감(坎, 북방), 건(乾, 서북방)

피부과 의사 – 곤(坤, 서남방), 건(乾, 서북방)

안과 의사 – 이(離, 남방), 건(乾, 서북방)

이비인후과 의사 – 감(坎, 북방), 진(震, 동방), 태(兌, 서방), 건(乾, 서북방)

정형외과 의사 – 손(巽, 동남방), 이(離, 남방)

약제사 – 건(乾, 서북방), 손(巽, 동남방)

방사선 기사 – 이(離, 남방)

한의사 – 손(巽, 동남방), 곤(坤, 서남방), 감(坎, 북방), 건(乾, 서북방)

침구사 – 진(震, 동방), 이(離, 남방), 건(乾, 서북방), 곤(坤, 서남방)

3) 운동 방면

공과 관련된 직업 – 진(震, 동방), 건(乾, 서북방)

골프공 – 진(震, 동방), 건(乾, 서북방), 손(巽, 동남방)

수영 – 감(坎, 북방), 진(震, 동방)

씨름 – 진(震, 동방), 건(乾, 서북방)

권투 – 진(震, 동방), 건(乾, 서북방)

스모 – 간(艮, 동북방), 진(震, 동방)

유도 – 진(震, 동방), 건(乾, 서북방)

4) 상업, 상점 방면

옷감 – 곤(坤, 서남방), 손(巽, 동남방)

장식품 – 이(離, 남방), 손(巽, 동남방), 태(兌, 서방)

화장품 상점 – 이(離, 남방), 태(兌, 서방)

귀금속상 – 건(乾, 서북방), 이(離, 남방)

카메라 기재, 안경점 – 이(離, 남방), 건(乾, 서북방)

시계점 – 간(艮, 동북방), 건(乾, 서북방)

식품점 – 곤(坤, 서남방), 태(兌, 서방)

일용품 상점 – 곤(坤, 서남방), 손(巽, 동남방)

문방구, 서점 – 이(離, 남방), 진(震, 동방)

침구점 – 손(巽, 동남방), 곤(坤, 서남방)

꽃집 – 진(震, 동방), 감(坎, 북방)

전기 기구점 – 진(震, 동방), 이(離, 남방)

구두점 – 진(震, 동방), 손(巽, 동남방)

과일 상점 – 건(乾, 서북방), 간(艮, 동북방), 손(巽, 동남방)

5) 건축업

설계 사업소 – 이(離, 남방), 손(巽, 동남방), 건(乾, 서북방)

건설회사 – 진(震, 동방), 손(巽, 동남방)

장식업 – 이(離, 남방), 감(坎, 북방)

수리공 – 감(坎, 북방), 태(兌, 서방), 손(巽, 동남방)

전력공사 – 손(巽, 동남방), 진(震, 동방)

목재업 – 손(巽, 동남방), 진(震, 동방)

석재업 – 간(艮, 동북방), 곤(坤, 서남방), 건(乾, 서북방)

6) 농업, 수산업

농업 – 곤(坤, 서남방), 진(震, 동방), 태(兌, 서방), 건(乾, 서북방)

원예업 – 진(震, 동방), 손(巽, 동남방)

목축업 – 곤(坤, 서남방), 태(兌, 서방), 감(坎, 북방)

경작 기계상 – 곤(坤, 서남방), 진(震, 동방)

어업 – 감(坎, 북방), 손(巽, 동남방), 진(震, 동방)

선박업 – 곤(坤, 서남방), 감(坎, 북방), 건(乾, 서북방)

비료상 – 곤(坤, 서남방), 감(坎, 북방)

7) 금융업

은행 – 태(兌, 서방), 건(乾, 서북방), 이(離, 남방)

금융업 – 곤(坤, 서남방), 태(兌, 서방), 이(離, 남방)

저당업 – 태(兌, 서방), 감(坎, 북방)

보험업 – 손(巽, 동남방), 감(坎, 북방), 간(艮, 동북방)

8) 서비스업

식당 – 태(兌, 서방), 곤(坤, 서남방)

다방 – 태(兌, 서방), 감(坎, 북방), 진(震, 동방)

술집, 바 – 태(兌, 서방), 진(震, 동방), 감(坎, 북방)

이발관 – 손(巽, 동남방), 이(離, 남방)

미용실 – 이(離, 남방), 손(巽, 동남방)

여관업 – 이(離, 남방), 간(艮, 동북방), 손(巽, 동남방)

여행사 – 이(離, 남방), 간(艮, 동북방), 손(巽, 동남방), 태(兌, 서방)

세탁업 – 감(坎, 북방), 손(巽, 동남방), 곤(坤, 서남방)

청소업 – 감(坎, 북방), 손(巽, 동남방)

폐품회수업 – 곤(坤, 서남방), 손(巽, 동남방)

9) 부동산업

토지 임대 – 곤(坤, 서남방), 손(巽, 동남방)

빌딩 임대 – 간(艮, 동북방), 손(巽, 동남방)

아파트 임대 – 간(艮, 동북방), 곤(坤, 서남방)

부동산 거래 – 간(艮, 동북방), 곤(坤, 서남방), 손(巽, 동남방)

2부

풍수는 건강이다

1장 풍수는 건강이다 / 2장 주택풍수의 진실

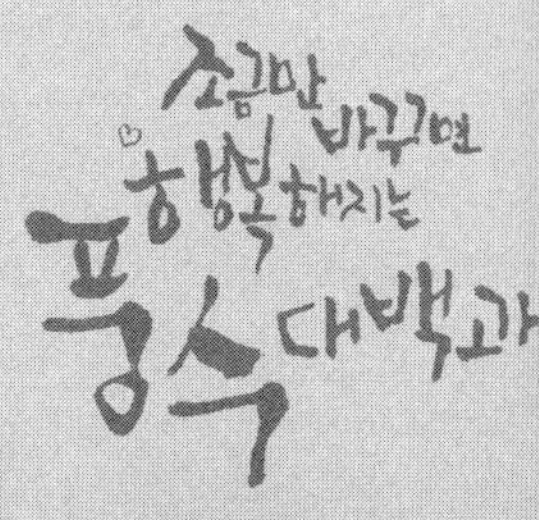

제1장

온가족이 허약하고 자주 병에 걸리는 경우

북쪽이나 동북쪽에 화장실이 있기 때문이다

주택 풍수 중에서 화장실이 일으키는 흉상은 가장 무섭다. 특히 집안에서 가장 성스런 자리인 북쪽이나 귀문관(鬼門關)으로 알려진 동북쪽에 화장실이 있다면 그 결과는 더욱 무섭다.

이런 집에 거주하는 남녀 주인은 동맥경화, 간경화, 결석, 이질, 위궤양, 변비, 식중독, 기혈 불소 등의 질병에 걸리며 노인에게 미치는 영향은 더욱 좋지 않다. 만일 심한 요통이나 위장 계통의 질병 등에 시달리고 있다면 화장실의 위치를 살펴보아야 한다.

주택풍수에서 화장실의 흉상을 초래하지 않도록 하기 위해서는 서북, 동남, 혹은 동쪽(집안 중심에서 볼 때)에 설치해야 한다. 이와 동시에 남녀 주인의 출생년도와 충돌이 안 생기는 방위【예를 들어 묘(卯)년생인 사람의 경우는 반드시 동 방위를 피해야 한다】에 설치하라.

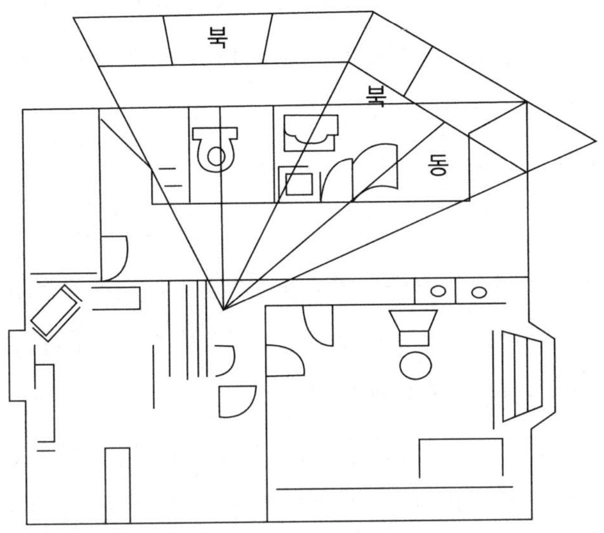

【그림1】 화장실, 욕실의 방위를 주의하라

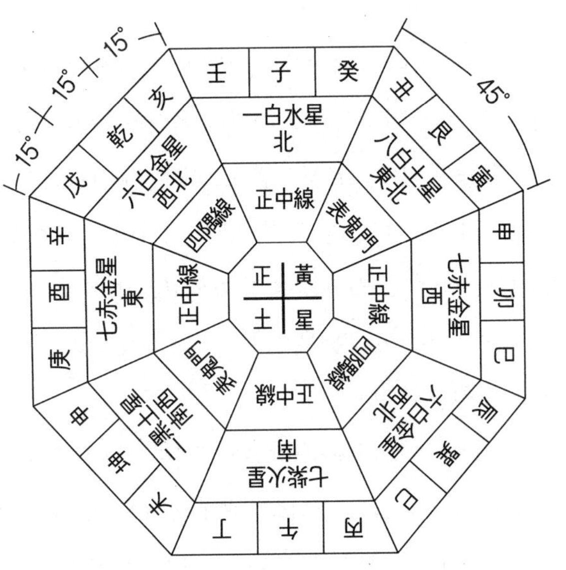

【그림2】 주택 풍수적 방위판

건강이 좋지 못하다고 하소연하며 혹시 주택풍수의 영향이 아닌가 의심하는 사람들의 집을 살펴보면 화장실이 북쪽이나 동북쪽에 실치되어 있는 경우가 대부분이다.

얼마 전 한 남자가 나를 찾아왔다.

"저는 건강에 자신이 있었는데 새 집에 입주한 후부터 심한 변비와 이질이 생겼습니다. 그런데 아무리 치료를 해도 효과가 없습니다. 이렇게 계속 된다면 암으로 변할 것 같은데렁렁렁 혹시 주택풍수와 어떤 관계가 있는 것은 아닙니까?"

과연 그 집을 살펴보니 화장실이 북쪽에 있고 더군다나 부인이 자(子)년생이었다. 부인의 12지까지 북쪽에 해당하므로 이중으로 흉을 범하는 격이었다. 이 화장실이야말로 대단히 나쁜 경우에 속한다. 나는 당장 화장실을 고치라고 권고하였다.

만약 화장실이 북쪽이나 동북쪽에 있다면 어떤 방법을 써서라도 다른 곳으로 옮겨야 한다. 화장실을 고치거나 옮기는 것을 매우 번거롭게 생각하는 사람들이 있다. 그러나 생각보다 훨씬 간단하다. 왜냐하면 북쪽에서는 북의 중심 15도(子의 범위)만 벗어나면 되고 동북쪽에서는 북동 15도(丑의 범위)만, 그리고 동북의 중심 15도(艮의 범위)만 피하면 된다. 화장실 전체가 북쪽이나 동북쪽에 위치했다 하더라도 변기만 이 15도의 위치를 벗어나면 된다.

그러므로 변기가 이 위치 내에 놓였다면 변기만 옮기면 될 뿐 화장실 전체를 고쳐 지을 필요는 없는 것이다. 만약 옆칸이 벽장이나 다용도실이라면 더 편리하다. 그 둘의 자리를 바꾸면 되기 때문이다. 마땅히 옮길만한 공간이 없어도 걱정할 필요는 없다. 일반적으로 화장실 내에

세면대가 있으므로 이 둘의 위치를 서로 바꾸거나 변기를 흉상이 없는

북북서(北北西), 혹은 동북동(東北東)쪽으로 옮겨 놓으면 된다.

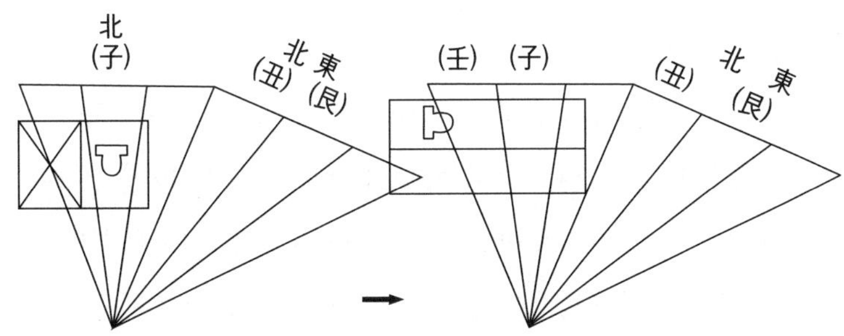

【그림3】 변기를 북(子)에서 임(壬) 방위로 옮긴다

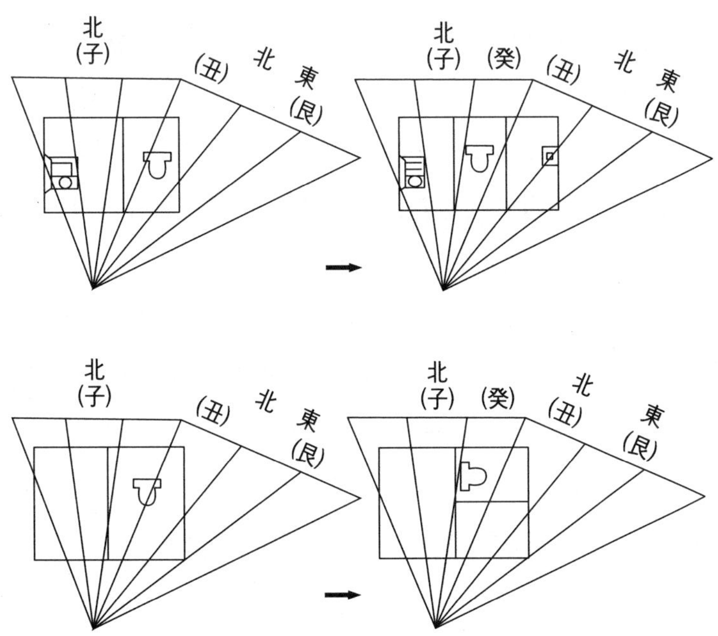

【그림4】 변기를 동북(丑)에서 북(癸)의 방위로 옮긴다

몸만 건강하다면 부지런히 돈을 모아 풍수가 좋은 주택을 구입하거나 지을 수 있다. 그러므로 무엇보다 건강을 지키는 것이 급선무다. 오랫동안 병에 시달리고 있다면 지금 살고 있는 집을 개량하라. 그것이 먼저 할 일이다.

북쪽이나 동북쪽에 있는 화장실 중 변기의 위치가 정복 15도, 혹은 동북의 중심 15도, 그리고 북북동(北北東) 15도의 범위 안에 자리한 것이 가장 흉하다, 그러므로 반드시 변기를 옮겨 흉을 피해야 한다.

변기를 옮겼다면 화장실에 창문을 내고 매일 소금 한 접시를 땅에 놓고 동시에 식물 화분을 놓는다면 식물의 에너지와 식염의 힘을 빌어 화장실에 흉상을 해소할 수 있다.

북 · 동북 방위 외에도 서남 방위의 화장실도 흉상에 속한다. 만약 옮긴다면 서남에서 서북으로 옮길 수밖에 없다. 서쪽의 화장실도 그리 좋지는 않지만 가족 중에 유(酉)년생만 없다면, 또는 결혼 적령기에 이른 여자만 없다면 걱정할 것 없다. 그러나 안전을 고려하여 변기를 북의 임(壬)이나 계(癸)의 범위로 옮겨야 한다.

아마 남쪽에 위치한 화장실은 없을 것이다. 만일 있다면 동, 동남, 서북의 방위로 옮기는 것이 가장 좋다. 왜냐하면 남쪽은 빛을 받아들이는 방위로 화장실이 이 방위에 있다면 반드시 옮겨야 한다.

한 가지 주의할 것은 절대 신단 곁으로 화장실을 옮겨서는 안 된다. 화장실과 신단이 나란히 자리한 것은 흉상이다. 이밖에 가족들의 구성(九星, 예를 들면 1942년생인 사람은 사록목성(四綠木星)의 방위, 즉 동남에 속한다) 방위에 놓인 화장실도 흉상에 속한다.

원칙적으로는 가족의 12지(支) 방위도 꼭 피해야 한다. 그러나 거기

에다가 구성(九星)까지 고려한다면 가족 구성원이 많은 가정에서는 도무지 불가능한 일이 될 것이다.

화장실이 미치는 흉상의 영향을 가장 쉽게 받는 사람은 그 집의 주인 부부와 노인이다. 그러므로 북, 동북 방위 이외에 주인 부부의 12지로써 화장실 위치를 살펴보고 옮기면 된다. 왜냐하면 어린아이들은 충분한 에너지를 가지고 있으며 또 집에 머물러 있는 시간도 짧아서 화장실 흉상의 영향을 받는 시간이 제한되어 있기 때문이다.

하지만 예민하거나 내성적이고 조용한 어린이는 화장실 흉상의 악영향을 비교적 많이 받는다. 집에 이런 아이가 있다면 이들의 12지도 반드시 고려해야 한다.

새집에 입주하여 부인이 병을 앓는 경우

북쪽이나 귀문 방위에 주방이 있기 때문이다

새집에 입주한 후 부인이 갑자기 병을 앓거나 매우 사소한 일로도 의심을 하고 히스테리 증상이 생기면 육체나 신경의 피로가 원인이 아니라 새집의 주방 위치가 북쪽이나 동북, 서남 방위 즉 귀문(鬼門) 방위에 놓여 있기 때문이다(새집의 중심에서 살펴볼 때).

더욱이 주방의 가스렌즈와 하수구의 위치가 이 방위에 놓여 있을 때는 성격이 쾌활하고 운동을 매우 즐기는 사람을 제외하고는 모두 정신적 육체적으로 손상을 입게 된다.

그러나 주방을 안전한 동방이나 동남방으로 옮기기만 하면 부인의 건강이 점점 회복되는 예가 많다. 이로 미루어 보아도 부인의 건강이 주방 위치와 밀접한 관계가 있음을 알 수 있다.

주방의 흉상을 개량하는 방법은 매우 쉽다.

주방의 흉상은 가스렌즈, 난로 등 화기(火氣)와 하수구 따위에서 문제가 발생하는 것일 뿐 부엌의 칸막이와는 아무 관계가 없다. 그러므로 가스렌즈와 하수구의 위치를 조금만 움직이면 된다. 즉, 이 두 가지 설비를 주방 내 안전한 곳으로 옮겨 놓으면 된다.

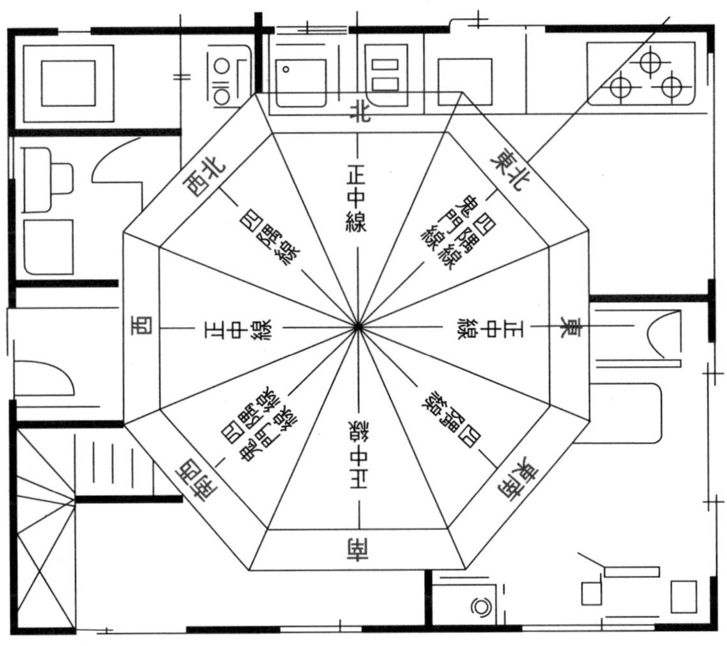

【그림5】 주방이 북, 동북 방위에 놓였을 때는 각별한 주의를 기울여야 한다

주택 풍수를 감정하거나 설계도를 살펴볼 때면 종종 북, 혹은 동북쪽에 주방을 설치한 흉상을 보게 된다. 비록 당대에는 아무 일 안 생기더라도 후대의 안전을 위해서 주방의 위치, 더욱이 가스렌즈와 하수구의 위치를 잘 살펴라. 당신의 집 중심점에서 볼 때 정중선이나 귀문선에 놓이지 않았는지 자세히 살펴보아야 한다.

 조금만 바꾸면 행복해지는 풍수 대백과

방의 중심에 계단이 설치된 경우

돌발적인 사건을 당하거나 연이어 실패를 경험하게 된다

한 부부가 나를 찾아왔다. 결혼을 앞둔 딸이 두 번이나 자동차 사고를 당하여 병원에 입원을 하였고 그것을 빌미로 신랑측에서 파혼을 통보하였다는 것이다. 그 외에도 줄곧 우수한 성적을 유지하던 둘째 딸이 고등학교 입학 시험에서 떨어졌다고 털어놓았다.

올해에는 좋지 않은 일들이 연달아 발생하는 것이 좀 꺼림직하다고 한숨을 쉬었다.

그 집을 찾아가 보니 층계가 집의 중심에 설치되어 있었다. 그것도 방안 중심에 말이다. 이처럼 방안의 중심에 계단을 설치하는 것은 가장 좋지 않다.

이 남편은 매우 점잖은 중소기업의 사장으로서 반 년 전에 새집을 짓고 입주하였다고 했다.

최근 회사에서 맺은 계약이 파기된 일은 없는지 물으니 그는 깜짝 놀랐다. 새집에 입주하기 전에는 그런 일이 한 건도 없었는데 최근 성사 단계까지 이르렀던 계약이 확실한 이유도 없이 파기되었다고 말했다.

계단이 방안의 중심에 설치되면 이처럼 뜻밖의 돌발 사건이 발생했다. 그리하여 거의 이루어지려던 계약이 수포로 돌아간다거나 어떤 사건이 약화되기도 한다. 이런 일은 주인 부부에게 발생되지만 온 집안 식구에게까지 그 영향을 미치게 된다.

교통사고, 시험 실패, 사업에서의 손해·실패, 승진 실패 등이 대표적인 영향이다.

계단을 만들기 전에 우선 정확한 방법으로 층계가 방안 중심에 위치하였는지를 측량해 보아야 한다.

'중심' 이란 첫 번째 계단의 위치가 아니라 2층이나 3층 혹은 4층 맨 끝 계단의 마루판(평면) 위치를 말한다. 즉 이곳이 일층의 중심점인지를 정확하게 측정해 보아야 한다.

첫 번째 계단이나 층계의 절반 이하가 방의 중심에 놓여 있어도 별 문제 없다. 중요한 것은 맨 윗 계단의 위치를 측정하는 것이다.

만약 그곳이 방의 중심이라면 좋지 못하다. 일단 이런 주택에 입주하면 운수가 매우 빠른 속도로 흉하게 된다. 또한 돌발 사건이 연이어 발생한다. 이러므로 반드시 빨리 보수를 해야 한다.

이것을 바꾸기에는 상당히 어려울 것이라고 생각하는 사람들이 많다. 제일 간편한 개량 방법은 2층 혹은 3층, 4층의 계단 중앙 부분에 벽을 쌓아 오른쪽이든 왼쪽이든 비켜가게 만드는 것이다. 이 정도의 공정은 손쉽게 할 수 있을 것이다.

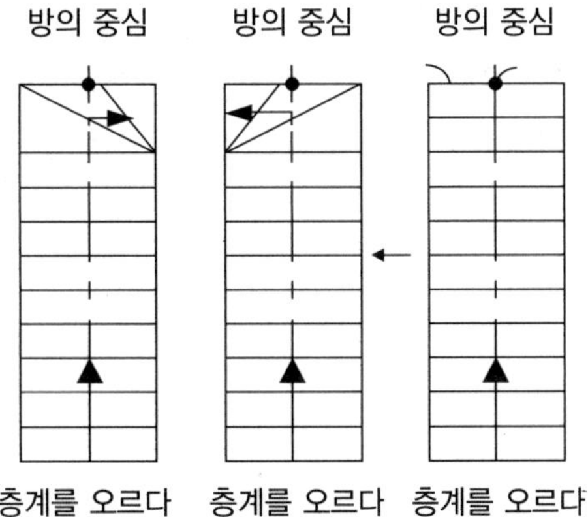

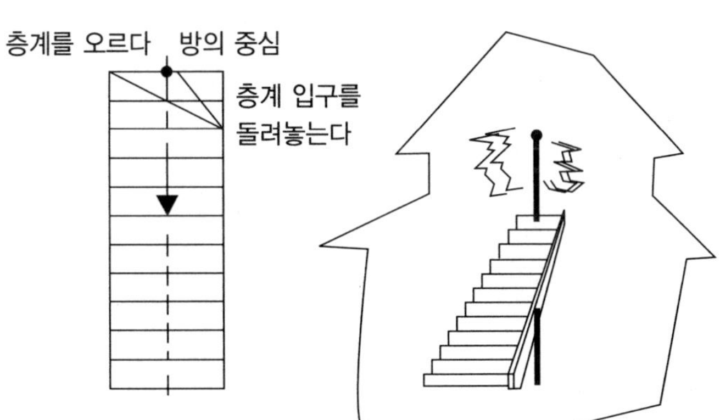

【그림6】 집안 층계의 개량법

또 한 가지 방법은 층계의 입체 공간은 움직이지 않고 층계 입구를 뒤바꿔 놓는 것이다. 즉 층계의 방향을 돌려놓는 것이다. 이같이 돌려 놓으면 마루판 평면 위치가 '중심'에 놓일 수 없는 것이다.

이런 조치를 취한 다음에도 안심이 안 되면 불상이나 신에게 온 집안이 평안하도록 빌어야 한다. 그러나 선행되어야 할 것은 방 중심에 있는 계단을 오르내리지 않고 불상이나 신에게 절을 하며 빌어야만 효력이 나타난다는 것이다.

대문이 서남 방위에 놓인 경우

운수가 좋지 않고 신임을 잃게 되며 기만당하도록 만든다

집 주인의 운수를 가장 크게 좌우하는 것은 대문이다. 즉, 그 집의 가장이 회사원인 경우에는 승진에 영향을 미치고 사업가인 경우에는 사업 전도에 영향을 미친다. 이로 볼 때 대문은 단순히 출입을 목적으로 하는 통로 이상의 의미가 있음을 알 수 있다. 그러나 대문을 필요 이상으로 크게 만들거나 화려하게 장식하는 것이 결코 좋은 일은 아니다. 다만 길상이 되도록 만드는 것은 필요하다.

대문은 서남 방위, 즉 방 중심에서 볼 때 귀문(鬼門) 방위에 설치해서는 안 된다. 만약 이 방위에 놓이면 흉상으로, 온 가족이 경솔하게 타인의 요청을 받아들여 도저히 자기 힘으로 해낼 수 없는 일들을 돕느라 애쓰게 된다.

그 결과 사업이 실패하고 운수가 점점 사나워져 간다. 그리고 타인의 기만에 쉽게 속아넘어간다. 이 모든 일에 서남에 있는 대문 때문에 일어나는 것이다. 그러므로 자연히 흉상이 아닐 수 없다.

사기를 당하여 재산을 날렸다고 하소연하는 대다수 사람들의 집을 살펴보면 대문이 서남 방위에 있다. 이런 대문은 반드시 길상의 방위이 동, 동남, 혹은 서북 방위로 옮겨야 한다.

옮길 수 없을 때에는 대문의 방향이라도 바꿔주어야 한다. 만약 서남 방위라면 대문을 서쪽이나 서북 방위로 향하도록 돌리면 된다. 이때 주의해야 할 것은 대문 출입구가 서방 방위의 사우선(四隅線) 위를 통과하지 않도록 해야 한다.

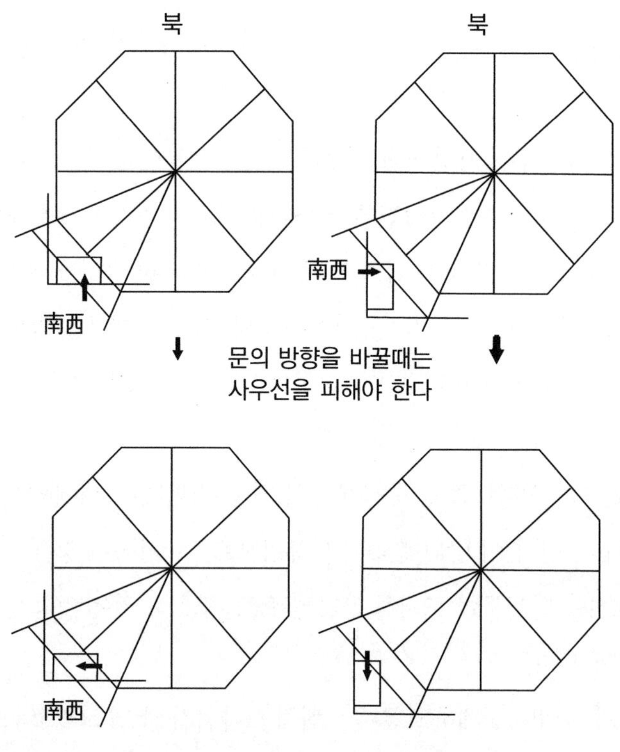

【그림7】 서남 방위의 현관 개량법

　서남의 대문이 북이나 표귀문(表鬼門)인 동북으로 향한 것은 흉상이다. 만약 대문이 북쪽에 놓여 있다면 반드시 문 방향을 동, 동남, 또는 서북쪽으로 향하게 해야 한다.

　만약 동북 방위의 대문이라면 동, 동남, 혹은 남 방위로 문을 향하게 해야 한다. 북이나 동북의 대문은 그의 출입구가 철대로 정중(正中)선과 귀문(鬼門)선을 통과하면 안 된다.

　이외에도 집 주인의 12지(支) 방위에 놓인 대문도 흉상에 속한다. 길상인 동방에 대문을 설치했다 하더라도 만약 집주인이 묘(卯)년생이라면 이 대문은 흉상으로 변하고 만다. 이 점에 각별히 주의해야 한다.

　진(辰)년생이거나 사(巳)년생인 사람에게는 동남 방위의 대문이 흉상이다. 오(午)년생인 사람에게는 남 방위의 대문이 흉상이다. 이럴때에는 대문의 방향을 바꾸는 방법으로 흉을 다소라도 줄여야 한다.

　일반적인 원칙은 대문 입구가 그 방위 중심의 정중선, 귀문선, 사우선을 통과하면 안 된다. 이 점에 대해서는 그 어느 방위의 대문이든 모두 주의해야 한다.

표귀문(表鬼門)에 놓인 욕실의 경우

욕조만 귀문선에 놓이지 않으면 된다

예로부터 욕실이 동북 방위에 놓이는 것을 꺼렸다. 특히 표귀문선에 위치한 욕실은 더더욱 그러하였다. 주택 풍수에 정통한 노인들은 욕실이 귀문 방위에 놓이는 것을 무척 두려워했다.

욕실은 주택 풍수 5대 금기 중의 하나다. 표귀문 방위에 놓인 욕실은 아주 큰 흉상이다. 그러나 가장 두려운 것은 욕실의 위치가 아니라 욕조가 귀문선에 놓이는 것이다.

욕조가 귀문선에 놓이면 오랫동안 반신불수로 침상에 눕는 병자가 생기거나 심장 쇠약, 얼굴 신경통, 외이염(外耳炎), 만성 위염에 시달리는 환자가 생긴다. 치료해도 잘 낫지 않는다면 욕실의 방위를 자세히 측정해 바꾸어야 한다.

욕실은 수도관 설치가 많아 이동하기가 매우 어렵다.

그러므로 동북 방위에 놓인 욕실의 흉상을 피하기 위해서는 욕조만 귀문선에서 벗어나도록 하면 된다. 즉 가로로 놓인 욕조를 세로로 돌려놓거나 반대쪽으로 옮겨놓는다면 귀문선에서 벗어날 수 있다.

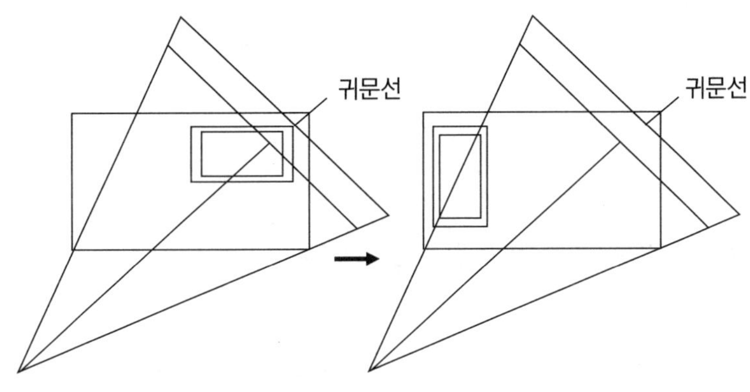

【그림8】 귀문선에 욕조가 놓이지 않았는가?

만약 욕실 전부를 옮긴다면 북 방위로 옮겨라. 그러면 매우 안전하다. 물론 동 방위에 옮기는 것이 가장 좋기는 하지만 일반적으로 동 방위에는 객실(손님방)이 자리하고 있어 그곳으로 옮기는 일은 결코 쉬운 것이 아니다.

방 중심에 화장실이 있을 경우

가장 흉하다. 가족이 뿔뿔히 흩어진다

방 중심에 화장실이 자리한 주택을 적잖이 볼 수 있다. 일반적으로 햇볕이 잘 드는 바깥 쪽을 방으로 만들다 보니 화장실은 별 수 없이 컴컴한 중심에 자리할 수밖에 없다. 그러나 이는 주택 풍수에서 매우 좋지 않은 것이므로 되도록 피해야 한다.

방 중심에 자리한 화장실은 두 가지의 흉상을 가지고 있다. 하나는 화장실 그 자체가 가져오는 흉상, 즉 방 중심에 오물이 발생함으로써 가족이 심장병이나 머리와 관련된 질환에 걸린다.

다른 하나는 화장실의 하수도가 초래하는 흉이다. 이때는 질병에 걸리기만 하면 치명적인 위험이 초래한다. 아울러 운수도 매우 나빠진다. 가정은 우울한 기분에 사로잡히고 온 가족이 제멋대로 행동하게 된다.

화장실이 집의 중심에 자리한 가정의 가장은 승진이 확실시됨에도 불구하고 어찌된 영문인지 다른 사람에게 밀려난다. 그리고 일단 병에 걸리기만 하면 아주 오랫동안 완쾌되지 않는다.

또 화장실이 이층 중심에 자리하고 그 밑은 손님이 거처하는 방으로 쓰이는 집은 가족 누구도 집안에 있기 싫어하며 아이들은 제 방에 틀어박혀 있지 않으면 밖으로 뽈뽈이 튀쳐나갔다가 밤이 되어야 돌아온다. 그리하여 온집안이 쓸쓸하기 그지 없는 것이다.

이런 지경에 이르면 화장실을 옮길 수밖에 없다.

화장실을 집 중심에서 동, 동남 혹은 북 방위의 임(壬), 계(癸) 범위로 옮기는 것이 좋다. 바깥 공기를 접촉할 수 있는 건축물의 바깥으로 옮기는 것이 가장 좋다.

그리고 원래 방안 중심에 자리했던 화장실은 반드시 파기해야 하며 변기도 치워버려야 한다. 하수관도 없애야 한다. 그 다음 불필요한 물건을 넣어두는 다용도실로 사용해야 한다.

화장실을 옮기기 전에는 창문을 열어 충분히 환기를 시키는 것이 좋다.

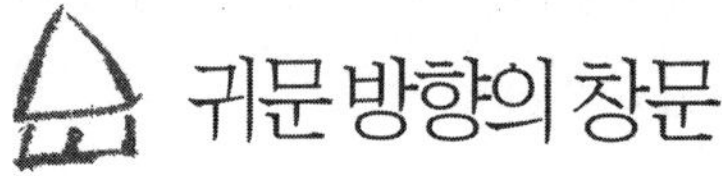

귀문 방향의 창문

귀문선상에 큰 창문을 설치하는 것은 절대 금지해야 한다.

사람들은 '귀문 방위에 창문을 설치하는 것은 좋지 않다' 고 말한다. 천창(지붕의 창), 지창, 벽창 등은 이에 포함되지 않는다.

가장 큰 문제가 발생하는 것은 천장에서부터 지면에까지 이르는 소위 낙지창(洛地窓 : 높고 긴 창문)이 동북 혹은 서남의 귀문선상에 자리한다면 이는 쉽게 도둑을 입는 흉상이 된다.

주위의 많은 집들 중에서 항상 일정하게 도둑이 드는 집이 있다면 대체로 귀문선상에 창문이 설치되어 있을 것이다.

귀문선상에 문들이 설치되어 있다면 반드시 메워야 한다. 창문을 사용치 않는 것만으로는 그 흉상이 사라지지 않는다. 뒷문, 주방문 등이 있을 경우 가장 안전한 방법은 그 문을 없애고 다시 벽을 쌓는 것이다.

동북 방위에 자리한 낙지창은 비교적 찾아보기 힘들지만 서남의 귀

문 방위에는 많은 낙지창이 있다

그러나 이 귀문선상의 낙지창은 담벽으로 바꾸어야 한다. 바꾸기 어렵다면 그 유리 창문을 고정하고 그 창 밖에 작은 관목들을 심으면 안전하다.

그러나 여기에서 한 가지 주의할 것이 있다. 귀문선상에 있는 모든 개활구(주방문, 앞문, 낙지 창문 등 집 밖으로 드나들 수 있는 출입문)는 흉상의 위치라는 생각이다. 그러나 사실은 그렇지 않다. 큰 주택에 있어서는 귀문선상에 개활구를 내지 않는 것이 좋다. 그러나 30평 이하의 주택에서는 공기 유통과 채광을 위해 기본적으로 귀문선을 메울 필요가 없다.

이때는 그 개활구를 바꾸거나 안전한 도모하여 창구멍을 높이 내어 '기(氣)'의 유통을 왕성케 하면 된다.

화재가 항상 발생하는 방

방의 정중선, 사우선상에 난방가구가 놓여 있지 않은지 살펴보라

정중선, 사우선(귀문선을 포함하여)이란 팔(八) 방위를 통과한 중심선을 말한다. 동서남북의 중심을 지나는 선을 정중선이라 하고 동남과 서북의 중앙을 이은 그리고 동북과 서남의 중심을 이은 선을 사우선이라고 한다. 그 중 동북과 서남의 귀문을 이은 선을 귀문선이라고 한다.

주택 풍수에 있어 이 방위의 중심선은 매우 중요하다. 비록 방위는 길상에 속한다지만 일단 중심선을 통과하기만 하면 점점 흉상으로 변해 버리는 경우가 적지 않다. 예를 들어 길상의 동남 앞문 개활구가 사우선상에 자리하고 있다면 그 즉시 흉상이 된다.

더욱이 방안의 화기가 중심선에 나타나기만 하면 대흉상으로 변하여 버린다. 주방의 가스난로나 난방기 등 심지어 아주 작은 라이터까지도 모두 중심선을 피해야 한다. 이것은 주택 풍수에서의 철칙이다.

일단 정중선, 사우선상에 화기(火氣)가 나타나면 이 주택은 쉽게 화제가 발생한다. 자신의 집뿐만 아니라 심지어 다른 집에서 발생한 불에 의해서도 쉽게 옮겨 붙을 수 있다.

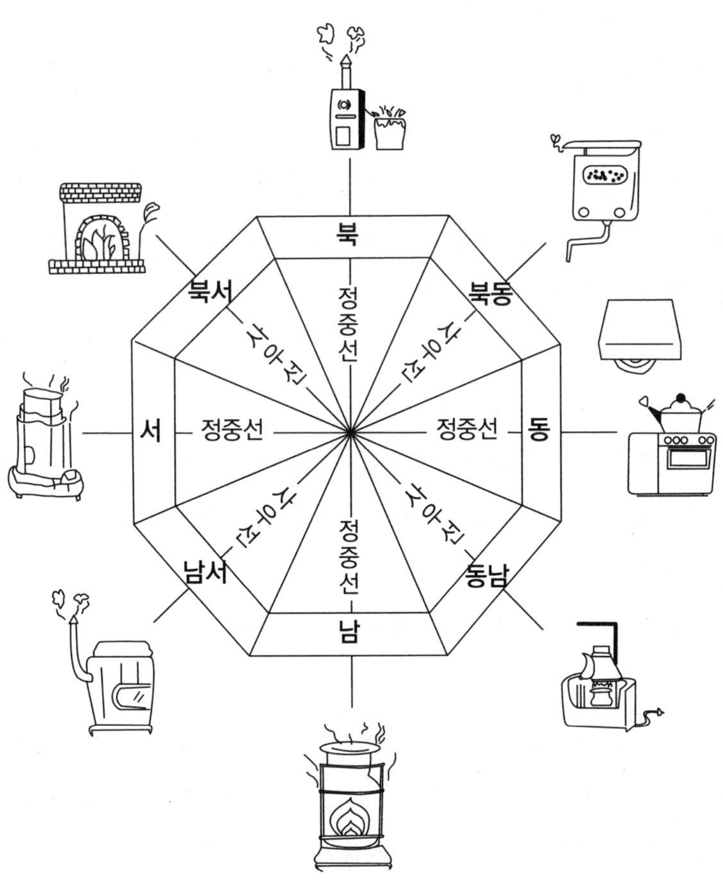

【그림9】 화기(火氣)의 배열 위치를 주의해야 한다

조심에 조심을 거듭했으나 3, 4차례 화재를 당한 한 음식점 주인이 있었다. 그는 모든 방법을 동원해도 화재를 피할 수 없었으므로 결국에는 주택 풍수 때문이라 생각하고 있었다.

그 음식점을 살펴보니 주방의 가스난로가 사우선상에 놓여 있었으며 더군다나 동북의 귀문선 위였다. 그러므로 제아무리 주의를 기울여도 끝내 화재를 당할 수밖에 없었다.

이때 흉상을 피하는 방법은 매우 간단하다. 오직 화기만 옮겨 버리면 해결된다.

가정에서 가스 난로를 사용하고 있다면 이동하기 쉬우므로 중심선에서 약간만 비껴놓으면 된다. 그리고 화로 등의 난방기구라 해도 그 놓여진 자리만 이동하면 된다.

이동할 수 없도록 담벽에 부착된 전기난로나 가스 난로는 사용을 중지하고 열풍 난방용구로 바꾸면 된다.

이처럼 간단한 방법으로 해결이 된다고 하면 고개를 갸우뚱거리며 믿지 못하는 사람도 있다. 그러나 개조를 하지 않으면 언젠가는 후회를 하고 말 것이다.

정중선, 사우선이 어디를 경과했는가 자세히 살펴보고 화재를 예방하라.

이 말을 듣고 어떤 사람은 텔레비전의 위치, 소케트의 위치, 스위치 보드의 위치까지도 걱정하기도 한다. 그러나 이런 것은 주택 풍수의 길흉과는 아무 관계도 없으므로 걱정할 필요가 없다.

 # 햇빛이 안 드는 북 방위에 거실이 있을 경우

온 가족이 단란하게 지낼 기회가 사라진다

거실은 일반적으로 밝고 환한 서남쪽에 자리잡는다. 북쪽에 자리잡은 거실은 아마 없을 것이다. 그러나 사람마다 집을 지을 때의 생각이 다르므로 어떤 사람은 남쪽에 객청을 설치하다 보니 동쪽이 주방으로 되고 거실은 할 수 없이 북쪽에 놓이고 만다.

그런데 북쪽에 거실이 위치하면 그것은 흉상에 속한다. 거실은 밝고 명량한 동쪽 혹은 동남, 남 그리고 서남쪽이 이상적이다.

한 채의 주택을 놓고 살펴볼 때 북쪽은 가장 신성한 방위다. 왜냐하면 그곳의 자력의 가장 강하기 때문에 사람들의 두뇌가 항상 맑고 새롭다. 때문에 그곳에 사고, 수면, 구상을 하는데 가장 적합하지만 온 가족이 모이는 곳으로는 적합지 않다.

이런 이유로 북 방위에 온 가족이 모이는 거실을 둔다면 융합이 잘

되지 않는다. 서로를 배려하고 시야가 좋은 듯 보이지만 속마음은 다르고 자기 마음대로 행동한다.

또한 가장은 독재적인 성격을 나타내며 인주인은 겁쟁이일 뿐만 아니라 주관도 없이 가장의 행패를 참고 견딘다. 그 자식들은 난폭해지지 않으면 학교를 다니니 않으려 한다.

아주 온순하고 내성적이던 아이가 새집으로 이사를 한 지 두세 달 만에 갑자기 동생들에게 폭력을 가하는 경우가 있다. 그 집을 살펴보니 거실이 북쪽에 놓여 있었다. 그리고 객청이 남쪽에 있었다. 이때는 남쪽의 객청을 거실로 고치면 된다. 이것은 가정 생활을 원만하게 영위할 수 있게 하는 절대 조건이다.

거실의 길상 방위는 동, 남, 서남이다. 밝고 환한 곳을 거실로 한다면 가정의 행복을 촉진할 수 있다.

서북 방위를 아이들 방으로 만들 경우

조숙하며 논쟁을 즐긴다. 총각은 동쪽, 딸은 남쪽 방에 기거하도록 한다

방의 중심점에서 살펴본다면 서북 방위는 집주인의 위치다. 이 방위에 아이들 방을 설치하면 흉상을 초래한다. 성인의 자리를 아이에게 준 것이므로 적합하지 않다.

서북 방위는 권위, 풍성, 사고(思考) 등을 상징한다. 그러므로 이 방위에 거주하는 이이들은 여러 방면의 재능을 갖게 되는 반면 너무 어른스럽고 아이들에게 있어야 할 순진성을 상실한다. 다른 사람과 논쟁을 즐겨 주위 어른들로 하여금 양미간을 찌푸리게 한다. 그 결과 또래 친구들과 어울리지 못하게 된다. 이 모든 일이 그의 장래에 좋은 영향을 미치지 못한다.

그러므로 다른 사람의 방과 바꾸거나 빈 방이 있다면 서북 방위에 거주하는 것보다 그 방으로 옮기는 것이 좋다. 서북 방위에 거주하는 아이와 부모의 거처를 서로 교환한다면 부모는 더욱 부모다워지고 아이는 더욱 아이다워지므로 서로에게 좋다.

이상적인 방위 위치를 살펴보면 총각은 동 방위, 딸은 남 또는 동남 방위가 가장 좋다. 이것이 불가능하다면 이이들에게는 그 자신의 12지에 해당하는 방위에 거주하도록 하라. 이 역시 길상이기 때문에 오(午)년생인 아이는 동 방위의 방에 자(子)년생인 아이는 북 방위의 방에 거주하도록 하면 된다.

만약 아이들 방을 옮길 수 없다면 색깔로 보완하는 수밖에 없다. 아이들 방에 버터색, 분홍색 계열, 혹은 낙타색 계열 등의 난색 계통으로 바꾸면 된다. 회색 혹은 남색 계열은 차가운 느낌을 주어 아이들 방에는 적합지 않다. 이처럼 벽의 색깔을 바꾸면 방안 분위기를 좋게 바꿀 수 있다.

2층 서북 방위의 아이 방안도 이와 같은 방법으로 바꾼 후 천장에 조명등을 설치하여 방안의 광선을 증가하면 그 효과가 더욱 좋아진다.

가정을 화목하게 하는 방법

침실 위치가 옳지 않을 때는 가정이 화목하지 않다

　침실의 위치가 모든 가족이 저마다 자기 자신에게 알맞은 방위에 가지는 것이 가장 이상적이다. 다시 말하면 주인 부부는 서북 방위(방 중심에서 볼 때)의 방에 거주해야 하고 장남은 동쪽 방, 장녀는 동남쪽, 노인은 서남쪽 방에 거주하는 것이 이상적이다. 기타 다른 가족들은 어느 방위에 거주해도 문제가 되지 않는다.

　자신에게 적당한 위치의 방이 없을 때는 12지를 좇아 방을 정하면 된다. 예를 들어 신(申)년생이면 신(申) 방위인 서남쪽, 술(戌)년생이라면 서북에 거주하는 것이 좋다.

　'침실은 단지 잠을 자는 곳에 불과한데 이처럼 복잡하게 방위를 따질 필요가 있을까' 라고 생각하는 사람도 있을 것이다. 그러나 이런 생각은 매우 잘못된 것이다. 우리는 하루 24시간 중 1/3에 해당하는 시간을 수면에 소비하고 있다. 때문에 침실이 우리의 길흉에 미치는 영향은 결코 적다고 할 수 없다.

침실이 길상에 놓여 있다면 피로를 충분히 해소할 수가 있어서 다음날 활기차게 생활할 수 있다. 그러나 침실이 흉상에 놓여 있다면 아무리 오랫동안 잠을 자더라도 피로를 해소할 수가 없어 장기간 누적되기 마련이다. 그 결과 건강에 손상을 입게 된다.

이처럼 침실이 흉상에 놓여 있음을 발견한다면 반드시 각각의 개인에게 적합한 방식 또는 방 주인의 12지에 따라 침실을 바꾸어야 한다.

특히 주인 부부의 침실과 노인의 침실 방위가 바꾸었거나 아이들이 서북쪽 방에, 주인 부부가 동쪽에 거주한다면 더욱 좋지 않다. 침실이 풍수에 영향을 주었을 때는 오히려 해결하기 쉽다. 단순히 침실을 개조하면 되기 때문이다. 그러므로 여러 번 바꿀 수도 있다.

침실의 길흉뿐만 아니라 잠을 자는 자세도 생각해 볼 필요가 있다. 만약 두 개의 침실이 서로 가까이 있을 때 그것을 사용하는 사람은 잠잘 때 반드시 평행 자세를 취해야 한다.

이들이 만약 잠자리에서 T자형 자세를 취한다면 흉(凶)을 불러일으킬 수 있다. 상대방의 발이 다른 사람의 몸으로 향했을 경우 그는 장차 활력을 상실하게 된다. 잠을 자는 동안에도 인체의 기(氣)는 매우 활발하게 작용하고 있기 때문이다.

주택 풍수는 형상, 방의 배합뿐만 아니라 색깔, 공간, 재료, 높이, 기(氣) 등과도 밀접한 관련이 있다.

침실이 길하더라도 옆 침실을 사용하는 가족과 동일한 방향으로 잠을 잔다면 물론 침실의 길상이 보존될 수 있지만 만약 그 침실을 사용하는 사람의 발이 당신의 가슴과 배를 향하고 있다면 매우 좋지 않다. 이런 상태가 지속된다면 당신의 기가 그 발에 의해 가로막히고 만다.

순조롭던 인생에 갑자기 재해가 닥쳤을 경우

주택이 위가 크가 아래 부분이 작기 때문이다

최근 윗층이 아래층보다 큰 기형적인 건물이 많이 생기고 있다. 그러나 풍수학적으로 보면 이런 건물은 흉상에 속한다.

풍수는 차치하고 단지 외관만 살펴보더라도 불균형적인 느낌을 주게 마련이다. 인체(人體)에 비유하면 허리 아래 부분이 빈약한 모습으로 부자연스런 느낌을 준다.

이처럼 위가 아래보다 큰 집은 대흉상이다.

아래층 움푹 들어간 부분에는 불결한(더러운) 공기가 모여 상서롭지 못한 혼백들을 모이게 된다. 이 세상에 대해 적의가 가득한 유령과 인간 세상을 잊지 못하는 혼백들이 모여들기 때문에 수시로 재해가 발생하는 것이다.

매우 잘 풀리던 사업이 어느 순간 좌절을 겪고는 다시 일어나지 못하거나 승진 기회를 다른 사람에게 빼앗기거나 계속적으로 스캔들에 휘말려 명예에 손상을 당할 수도 있다. 또한 침실의 방위에 흉의까지 겹치면 큰 재난을 당하기도 한다.

일단 회사가 이런 식의 건물이라면 큰 손해를 입거나 도산까지 할 수도 있다.

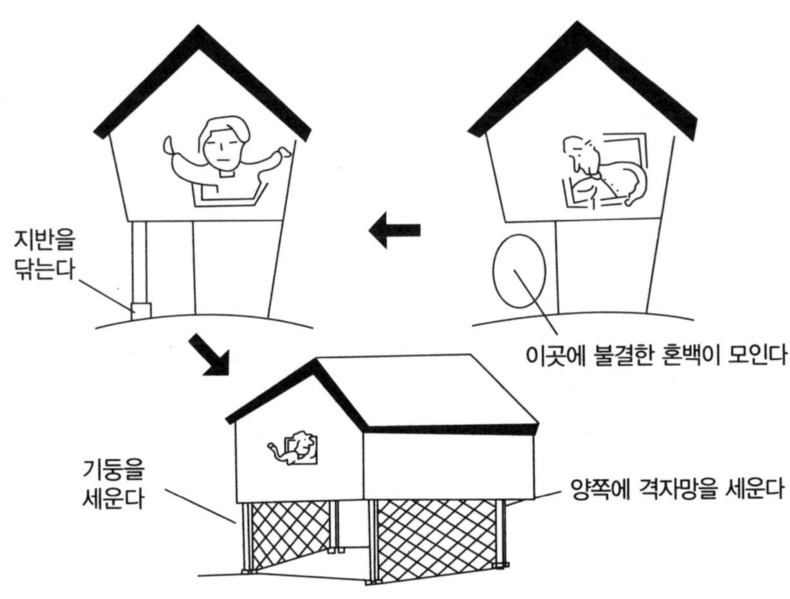

【그림10】 가옥 조형의 개량법

만약 윗층이 크고 아래층이 작은 집에 살고 있다면 하루라도 빨리 고쳐 불의의 재난을 피해야 한다.

그 방법은 윗층의 돌출 부분에 지반을 닦으면 된다. 가장 좋은 방법
은 그곳에 담벽을 쌓는 것이다. 그러나 벽을 쌓고 나면 컴컴해지는 것
이 결함이다. 그러므로 금속 격자망을 세우면 햇빛도 자연스럽게 해결
된다.

가족들이 화기애애한 듯하면서도 소원(疏遠)한 경우

화장실 때문이다. 정문(正門) 위쪽에 화장실을 설치할 때도 역시 주의해야 한다

2층에 있는 화장실을 욕실과 같은 방향, 즉 북쪽이나 동북 방위를 피할 수 있다면 이치상 어떤 흉의도 초래하지 않는다.

그러나 2층의 화장실이 1층에 있는 신단이나 불단 및 식당 바로 위족에 위치한다면 그것은 흉상이다.

어느 시(市) 2층 건물에 아래층에는 노년 부부가 살고 2층에는 아들과 며느리가 살았다. 그런데 이 노부부의 아들은 줄곧 다른 도시에서 사업을 하다가 최근에 고향으로 돌아왔다. 공교롭게도 고향에 들어오자마자 병에 걸렸다. 이 아들은 결혼한 지 얼마 되지 않아 아기를 낳았는데 하루는 아기가 갑자기 고열이 나고 폐렴에 걸렸다.

살펴보니 칸막이 구조에 문제가 있었다. 그 집의 2층 화장실은 바로 정문 위에 위치하였고 정문은 동쪽을 향한 방위에 있었다.

여기에서 정문이 동쪽을 향한 것은 길을 나타내지만 그 위쪽에 화장실이 있으므로 흉상으로 변해버린 것이다.

이런 상황에서 고열을 동반하는 질병에 걸리기 쉬우며 동시에 간장이 신장으로 그 영향을 미치게 된다. 이것이 바로 동방 흉의(兇意) 현상이다.

이때는 두 가지 방법이 있다. 하나는 2층에 있는 화장실을 없애는 것이고 다른 한 가지는 정문을 옮기는 것이다.

두 가지 방법 중 화장실을 없애는 것이 훨씬 더 경제적이다. 여기서 화장실을 없앤다는 것은 단순히 사용 정지를 의미하는 것이 아니라 변기와 모든 하수구 파이프들까지 없애버리는 것이다. 그 다음 그곳을 다용도실로 사용할 수 있다.

식당 위층에 화장실을 옮길 때 가장 좋은 방법은 1층 화장실의 바로 위에 자리하도록 하는 것이다. 그러나 이것은 1층에 있는 화장실이 동, 동남, 또는 서북쪽의 안전한 방위에 놓여 있을 때만 가능한 것이다.

두 번째 방법은 1층에 있는 욕실이나 벽장(안전한 방위에 있는) 위쪽으로 옮기는 것이다.

만일 2층 화장실이 흉상에 속한다면 그 흉의는 1층 화장실보다 더욱 강렬하다.

 조금만 바꾸면 행복해지는 풍수 대백과

그러므로 2층에 화장실을 설치할 때는 단순히 생활상의 편리만을 생각할 것이 아니라 심사숙고하여 결정해야 한다.

기혈(氣血)이 부족하거나 내장 질환이 있는 경우

위층 욕실의 방위를 살펴보아야 한다

욕실은 대부분 아래층에 설치하는데 최근에는 그렇지도 않다.

화장실과 욕실이 한 집에 한 개씩 있는 게 아니라 한 층에 하나씩, 또는 집의 평수가 커질수록 여러 개가 있게 마련이다.

욕실은 아래층에 설치하는 것이 비교적 안전하다. 같은 흉상에 위치한 욕실이라 하더라도 위층에 있는 욕실이 아래층 욕실보다 더욱 흉하다.

위층 욕실이 흉상일 경우는 아래층과 마찬가지로 그 위치가 북, 동북, 혹은 서남 방위에 놓였기 때문이다.

가족 중에 고혈압, 저혈압, 동맥경화증 등이 병을 앓거나 아무 원인 없이 신장, 간장 혹은 위장에 질환이 생겼다면 욕실 위치를 살펴보아야 한다.

【그림11】 위층 욕실이 아래층 욕실보다 훨씬 더 흉상이다

만약 욕실의 방위가 흉상에 속한다면 아래층 흉상의 욕실과 같은 방법으로 처리해야 한다.

위층 욕실이 흉상인 또 하나의 경우는 욕실 아래쪽에 불단이나 신단이 있기 때문이다. 이때는 위층의 욕실을 다용도실로 고치거나 아래층의 신단, 불단을 안전한 방으로 옮겨야 한다.

흉상이 아닌 방위에 위치한 욕실일지라도 사용하지 않을 때는 물을 완전히 빼버려야 한다. 또한 평상시에 자주 청소하여 수도관 파이프가 부식되지 않도록 관리해야 한다.

위층의 욕실도 아래층 욕실과 마찬가지로 흉상이 없는 방위에 놓였다 할지라도 만약 정중선이나 사우선이 욕조 위를 관통(통과)했다면 흉상으로 변하고 만다.

이럴 때는 욕조의 위치만 바꾸면 된다.

 # 형제간에 화목하지 않을 경우

복도가 방을 두 부분으로 나누는 것은 좋지 않다

일반적으로 복도는 주방이나 화장실, 부엌처럼 사람들의 관심을 끌지 못한다. 주택 풍수로 볼 때 복도를 어느 위치에 설치한다 하더라도 길상이 되지는 못한다. 복도는 방위에 문제가 아니라 그것이 어떻게 뻗어나가는가에 따라 길과 흉으로 나누어진다. 다시 말해 어떻게 방의 전부를 통과하는지가 가장 중요하다.

일반 가정의 경우 가장 쉽게 흉상을 일으키는 것은 복도가 방위 2/3를 관통하는 것, 즉 복도가 방을 둘로 갈라놓는 것이다. 복도 양쪽에 방을 설치한 것으로 가장 좋지 않은 흉상을 이루게 된다.

이처럼 흉의가 가득한 집에 거주하면 시어머니와 며느리, 또는 형제지간일지라도 분쟁이 발생하여 말다툼이 끊이지 않아 타협할 여지가 전혀 없다.

시어머니와 며느리 사이가 유난히 안 좋은 집이 있다.

두 사람은 원래 성질이 못되지는 않았지만 서로 상대방을 적대시한다. 시어머니는 며느리와 얼굴을 마주치는 것조차 싫어하고 며느리는 며느리대로 시어머니를 미워한다.

두 사람은 물과 불처럼 서로를 용납하지 않는다. 그 둘 사이에 끼인 남편은 어떻게 행동해야 할지 몰라 결국 집을 나가게 된다.

이러한 일이 발생하는 집을 유심히 살펴보면 복도로 인해 방이 두 부분으로 갈라져 있음을 알 수 있다.

이처럼 시어머니와 며느리 사이에 타협의 여지가 전혀 없는 것, 이것이 둘로 갈라져 버린 복도가 가져오는 흉상이다.

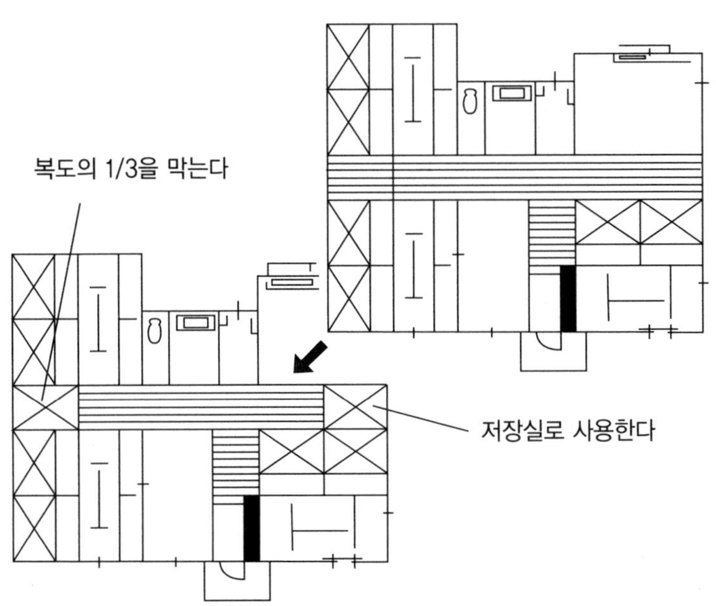

【그림12】 복도가 집을 둘로 가른 것의 개량법

이때는 복도의 한 끝을 자르는 수밖에 없다. 즉, 1/3을 막는다. 여기서 막는다는 것은 단순히 사용을 제한한다는 의미가 아니라 물건을 쌓아두어서도 안 된다. 반드시 그 부분을 막고 문을 만든 다음 저장실로 사용해야 한다.

이렇게 고치면 방을 이용할 때 조금 불편을 느끼겠지만 할 수 없는 일이다.

칸막이를 바꿀 경우

입추 전 18일은 반드시 피해야 한다.

만약 현재 거주하고 있는 집의 칸막이나 방위 등에 문제가 있다면 반드시 확장하거나 개축을 통해 길상으로 만들어야 한다. 이 확장이나 개축에도 길흉의 정도가 있다. 이 점을 간과하여 확장이나 개축 후에도 문제가 발생하면 그 의미가 퇴색하고 말 것이다.

개축이나 확장할 때 몇 가지 주의할 점을 알아보자.

첫째, 7월 17~18일부터 8월 7~8일 사이(입추 전 18일 동안)에는 확장이나 개축을 진행하지 말아야 한다.

일단 확장이나 개축을 할 때에는 땅을 파지 않을 수 없다. 만약 대지의 정수가 교체되는 입추 기간에 땅을 판다면 반드시 화를 초래하게 된다.

둘째, 영험한 절이나 사당에 공사의 안전과 가내의 평안을 빌고 액(재앙)을 향해 제를 지낸 다음에 공사를 시작해야 한다.

가족들의 12지를 따져서 적당한 시간에 공사를 시작해야 좋지만 대가족인 경우는 실시하기가 어려우므로 간단하게 신(神)에게 가호를 빌면 된다.

셋째, 비록 확장이나 개축에 불과하지만 정초식은 지내야 한다.

땅을 파는 것이므로 이런 의식을 생략해서는 안 된다. 만약 새 건물이 완성된 지 반년 이내에 다시 개축하는 것이라면 정초식을 거행하지 않아도 된다. 하지만 일 년 이상 지났다면 반드시 정초식을 지내야 한다. 복도를 다용도실로 바꾸는 공사는 정초식을 지내지 않아도 된다.

이 공사를 진행할 때 인부들이 혹시 쓸모 없는 물건들을 땅속에 그대로 묻어 버리는 경우가 있는데 그러면 흉상으로 변하고 만다.

제일 좋은 방법은 개축, 확장을 하는 기간에 온 가족이 다른 집에 거주하거나 여행을 떠나는 것이 가장 안전하다. 만약 그것이 불가능하다면 공사 진행 과정을 유심히 살펴보고 신에게 평안을 빌어야 한다.

사업이 갑자기 기울어지고 회사에서 좋지 않은 일이 자주 발생할 경우

결각(귀퉁이 없는 것)**이 원인이다. 사업가에게는 서북과 동남의 결각이 최대 금기다**

제일 이상적인 집의 형상은 6대 4의 직사각형 주택인데 특히 동서방으로 뻗은 직사각형 주택이 좋다. 형상이 좋지 않은 주택은 한쪽면이 돌출했거나 한 면이 우묵하게 들어간 집이다. 이 우묵하게 들어간 부분을 결각이라고 하는데 종종 흉상을 만들어 낸다. 오목하게 들어간 것이 클수록 운수가 사납고 무서운 결과를 초래한다.

예를 들면 사업가가 갑자기 손해를 입거나 도산해 버리는 경우, 회사에서 정직을 당하거나 모든 일이 뜻대로 되지 않는 경우, 그리고 계속적으로 실패를 당하는 경우 등이다. 운수가 매우 좋다가 갑자기 악화되어 재난 속에 빠져버리는 것은 주택 결각 흉적 현상의 가장 대표적인 것이다.

특히 서북이나 서남이 결각이라면 사업가에게 매우 불리하다.

IC기업을 운영하는 S씨의 경우를 살펴보자.

S씨는 창고 관리원에서부터 시작하여 800여명의 사원을 거느린 중견 회사 사장이 되었다. 사업이 나날이 번창하여 갈 즈음 그는 호화로운 주택 한 채를 지었다. 그 집에서 3년 동안은 아무 일 없이 평화롭게 지냈다.

IC기업은 워낙 경쟁이 심하여 계속 진보하지 않으면 도태될 수밖에 없는 사업이었다.

S씨가 뭔가 잘못되고 있다고 느꼈을 때 그의 회사 제품은 이미 시장에서 외면당하는 상황이었다. 그는 당황하기 시작하였다.

그의 집을 살펴본 후 공터가 많으므로 동남과 서북의 결각지에 방을 더 만들어 결각 없는 직사각형이 되도록 했다. 동남방에는 차를 마시며 쉴 수 있는 공간을 만들고 서북방에는 서재를 만들도록 권유했다. 곧바로 공사를 시작하라고 당부하였다.

그 후 IC기업은 새 제품이 출시되어 히트를 쳤다. 현재 S씨는 계열사를 설립 중이다.

주택 결각이 한 사람의 운수에 영향을 줄 수는 있지만 그 영향력이 죽음에 이를 정도는 아니라는 것이다. 그러므로 결각을 감지한 뒤에 보완해도 늦지 않다. 결각을 정리한 뒤에는 운수가 점점 좋아지게 된다.

그러나 보다 빠른 시일 내에 보완하는 것이 안전하다.

주택에 결각이 생기는 원인은 다음과 같다

첫째, 건축물의 외관을 중시하는 것에서 발생한다.

둘째, 정문을 뒤로 물려선 데서 발생한다.

셋째, 건축용지가 변형되는 것에서 발생한다.

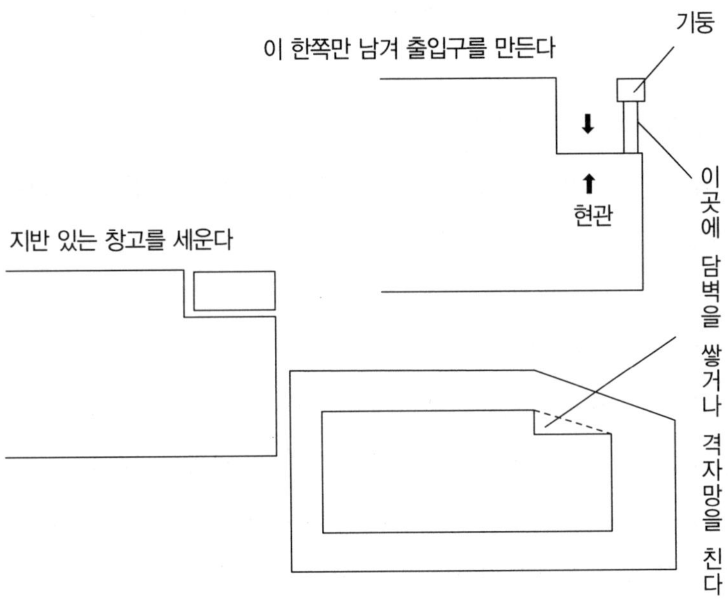

【그림13】 결각이 종류

둘째와 셋째의 문제가 발생했을 때에는 각각의 보완 방법이 있다.

둘째의 경우는 정문을 안쪽으로 물린다면 한쪽을 남겨 출입구를 만들고 다른 한쪽은 담벽을 쌓아 막아버린다. 만일 햇볕이 필요하면 격자망을 친다. 격자망 밑에는 지반을 닦아야 한다.

셋째의 상황에서는 건축지면의 제한을 받아 확장을 할 수 없으므로 결각의 면적을 다소 줄일 수밖에 없다. 예를 들면 삼각형으로 확장하거나 기초가 있는 물건을 결각의 위치에 건축하는 것이다.

첫째의 경우 결각의 방위에 근거하여 보완의 방법을 결정한다.

(1) 동북과 서남이 결각일 때

담벽을 헐어 방각(方角)이 되도록 확장하고 방이나 저장실로 사용할 수 있다.

(2) 동 방위가 결각일 때

제일 좋은 방법은 지붕을 올려 방으로 만드는 것이다. 그러나 동방위는 보통 채광용으로 쓰이므로 이것을 실행하려면 매우 어려울 것이다. 다시 말하여 동, 동남 및 서남 방위는 보통 식당이나 가족들의 방으로 사용되므로 절대 어두워서는 안 된다.

그러므로 일광욕실로 확장할 수도 있고 건축물에서 1m 떨어진 자리에 방을만들 수도 있다. 가장 중요한 것은 새로 건축한 것이 결각의 크기와 일치하거나 그보다 더 커야 한다.

(3) 동남이 결각일 때

동 방위가 결각일 때와 같다. 만약 다른 새 건축물로 보완할 예정이라면 반드시 본래의 건축물에서 1m 떨어진 곳에 새지을 지어야 한다. 일광욕실을 확장할 예정이라면 동남 방위 돌출의 길상 효과를 이용한다. 새 집을 지을 때는 결각보다 조금 크게 하는 것이 가장 좋고 동시에 그것이 밖으로 돌출되도록 해야 한다.

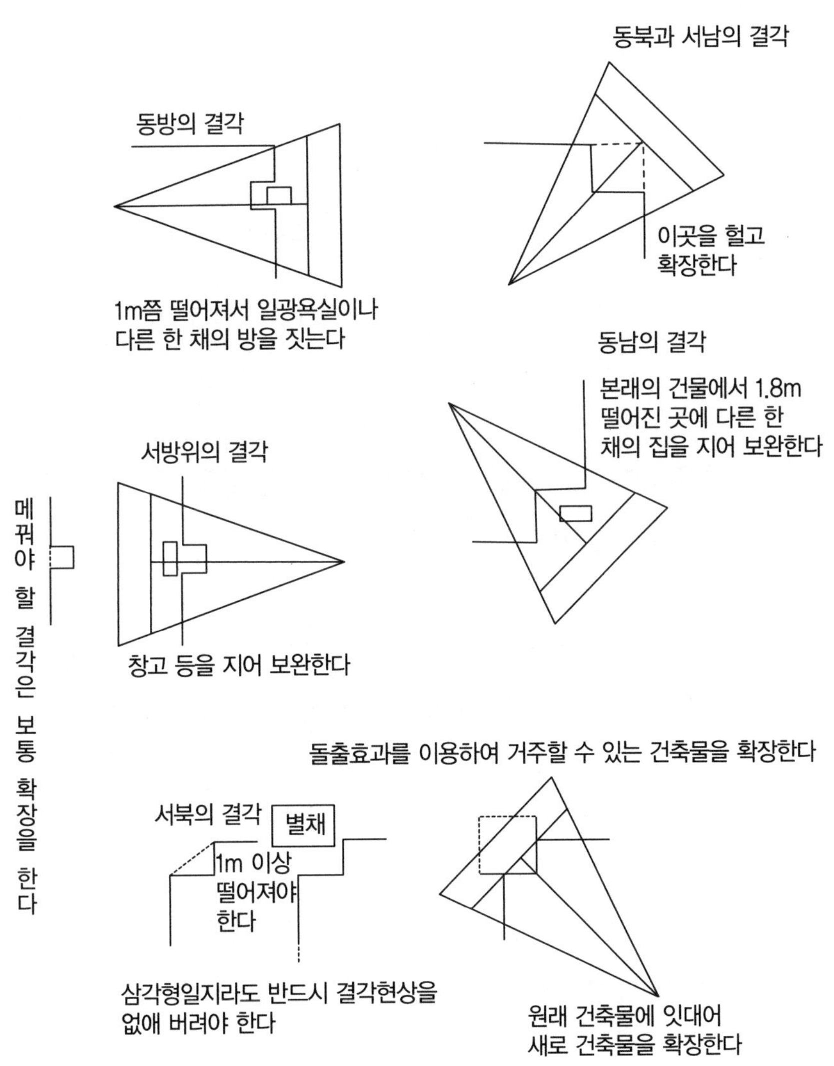

【그림14】 건축물 결각의 개량법

귀문이 돌출했을 경우

일시적인 호운(好運)을 가져오기는 하지만 결국에는 쇠퇴한다.
길상의 돌출일지라도 귀문 방위에 나타나면 안 된다

결각과는 정반대 현상인 돌출은 대부분 일시적 효과를 가져온다. 돌출이란 건축물의 한 면의 1/3이 바깥쪽으로 도드라진 현상이다.

이상적인 주택은 동서향의 6대 4 비례를 갖춘 직사각형이다. 만약 동남과 서북쪽에 표준에 알맞는 돌출이 있다면 운세가 파죽지세로 호전한다.

왜냐하면 길상이 아주 강렬한 주택 풍수이기 때문이다.

그러나 이런 돌출이 동북과 서남의 귀문 방위에 있을 때는 대흉상으로 변한다.

만약 돌출이 모두 유익하다고 생각하여 경솔하게 동북과 서남 방위에 집을 도드라지게 짓는다면 아무런 효과가 없을 뿐만 아니라 오히려 운세가 나날이 쇠퇴하고 만다.

한 부부가 있었다.

그들은 열심히 일하여 꾸준히 저축하였고 드디어 오랜 소망이었던 자기 집을 지을 수 있었다.

그런데 오래지 않아 저축은 커녕 새 집까지도 날려버리게 되었다.

다른 사람의 꼬임에 넘어가 증권을 구매하였는데 처음에는 짭짤하게 이익을 남길 수 있었다. 이욕에 눈이 먼 그는 사업에 종사할 생각은 하지 않고 오직 증권에만 집착하였다. 결국에는 새집마저 지킬 수가 없게 된 것이다.

그 집은 서남 방위에 돌출 현상, 동남 방위에는 결각이 있었다. 이 외에도 상당히 많은 흉상이 있어 풍수가 매우 사나운 집이었다.

이와 마찬가지로 귀문 방위에 돌출이 있었는데 이는 일시적으로 운수를 좋게 만들 수는 있지만 오래지 않아 급속히 쇠퇴시켜 사람을 놀라게 한다.

주택 풍수에서는 돌출은 비단 건축물의 돌출뿐만 아니라 건축물에 2~3m 떨어진 저장용 창고(기초가 있는 것)까지 일컫는다.

주택 담벽에 붙여 지은 창고가 많다. 만약 그것이 귀문 방위에 자리하고 기초까지 구비하였다면 반드시 헐어버려야 한다. 왜냐하면 50%의 흉상을 지녔기 때문이다.

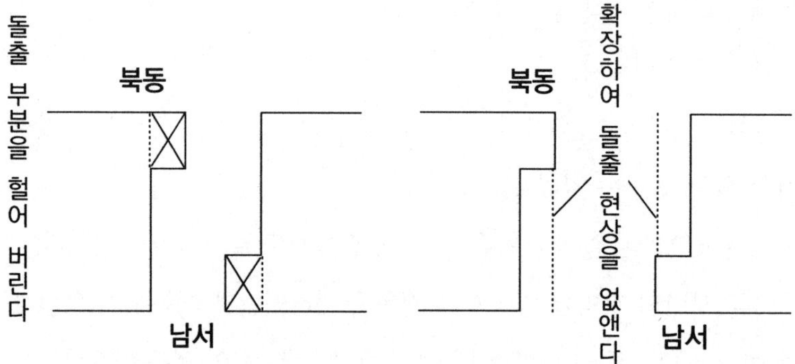

확장한 부분에 기초를 쌓고 벽 기둥을 세운 다음 격자망을 씌운다

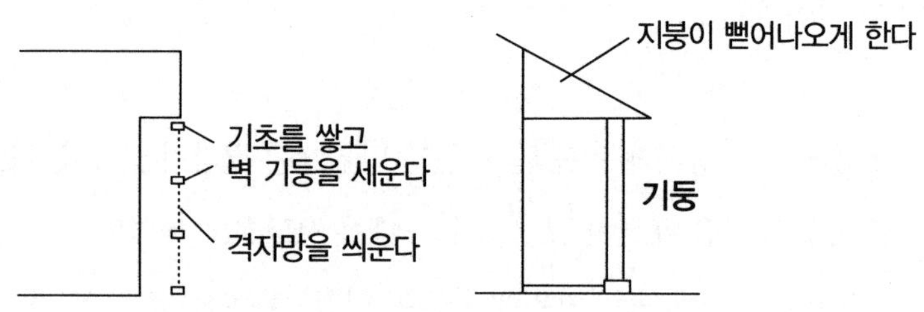

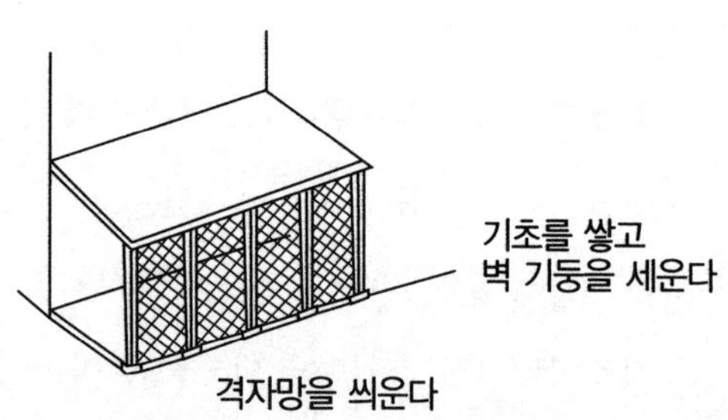

【그림15】 건축물

돌출 부분을 없애는 가장 좋은 방법

(1) 돌출 부분을 헐어버린다.

(2) 돌출 부분을 이어서 확장하는 방법이 있다.

예를 들어 동북쪽이 돌출되었다면 동에서 동남 방위까지 건물을 더 확장하고 만약 서남 방위가 돌출했다면 서에서 서북 방위까지 건물을 확장한다. 이 두 가지 방법을 실시하면 길상으로 변화시킨다.

하지만 일단 건물을 확장한 뒤에는 사용 용도가 별로 없을 것이다. 자망을 두르는 병법을 추구할 수도 있다. 벽 기둥과 격자망 아래에도 반드시 기초를 해야 하며 지붕도 씌워야 한다.

그러면 그 공간은 자전거 등을 놓는 장소로 사용할 수 있으며 햇빛이 부족하면 천장에 전등을 가설할 수 있다.

만일 위의 방법을 모두 사용할 수 없을 경우는 귀문 돌출의 왼쪽에 상록수나 낙엽송을 심는 수밖에 없다. 그러나 이 방법을 단지 재화를 약간 감소시킬 뿐이다.

주택 풍수는 한 사람의 운세에 영향을 미친다. 풍수가 좋은 주택은 금전, 지위, 재산에 대해 그만큼 도움을 준다.

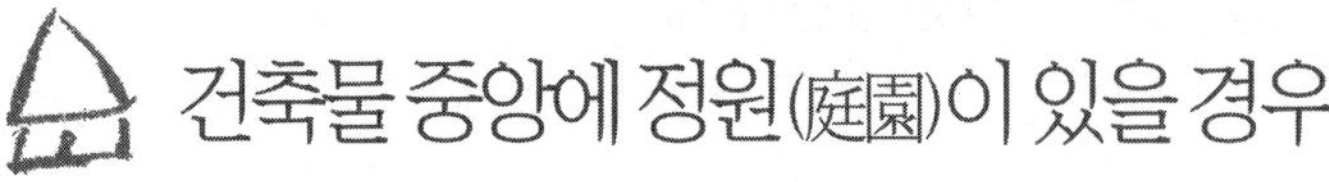# 건축물 중앙에 정원(庭園)이 있을 경우

반드시 가산을 탕진한다. 정원을 없애고 빨리 개조해야 한다

현재의 주택들을 살펴보면 주택 중앙에 정원이 있는 집은 매우 드물다. 더욱이 아파트나 빌딩에는 사실상 설치조차 가능하지 않다. 오직 소수의 사람들만이 이런 주택을 소유하고 있다.

그러나 건축물 중앙에 있는 정원은 대 흉상이다. 만약 주택 풍수항의 다른 결함까지 겹쳐진다면 거주자의 운세는 나락으로 빠져 버리게 될 것이다.

이런 정원이 있는 가정의 가장은 거의 요절하고 그 부인이 혼자 살림을 꾸려가는 경우가 많다.

한 대기업가는 150평의 용지를 구입한 후 철근 콘크리트를 사용하여 3층 집을 지었다. 그리고 정원을 만들어 화목을 심었는데 집 어느곳에서나 똑똑히 볼 수 있도록 했다.

새집에 들어간 지 열달 만에 사업은 쇠퇴하기 시작하였다. 그 이전에는 한 번도 문제가 발생한 적이 없었는데 뜻하지 않게 새 집에 들어간 후부터 문제가 발생했다. 그는 의연히 모든 것을 견디어 냈다. 뒤이어 그가 도매 구입한 대량의 화물 가격이 폭락하여 막대한 손실만을 남겼다.

그의 집을 살펴보니 원래 정원이 있었을 뿐만 아니라 더욱 흉상인 인조 연못까지 있었다.

만일 목조 건물이라면 정원을 없애는 것이 간단하겠지만 철근 콘크리트로 지어진 건물이라서 매우 곤란한 일이다. 그리하여 일층 높이로 천장을 유리로 만들고 연못과 시내는 모두 메우고 나무도 뽑아 버린 다음 바닥에는 자기로 만들어진 타일을 깔아 운동하는 곳으로 만들었다.

많은 비용이 지출되었지만 도산을 벗어나게 되었다. 그는 사업의 규모를 축소하고 새로운 마음으로 다시 처음부터 시작했다. 그 결과 사업이 나날이 번창하였다.

만약 정원의 흉상을 감지하지 못했다면 도산을 면치 못했을 것이다. 왜냐하면 이 집은 새로 건축한 것이어서 개조하기가 상당히 어려웠다. 만약 오래된 구식 건축이라면 헐어버리고 새로 짓는 것이 좋다.

목조 가옥이라면 훨씬 더 간단하다. 집의 담벽을 헐어 정원이던 부분에 몇 칸의 방을 새로 짓는 것이 가장 안전하다. 또는 아래 면의 건축을 헐어 凸자 형의 결각 모양을 만든다. 그러면 흉의가 많이 덜어진다.

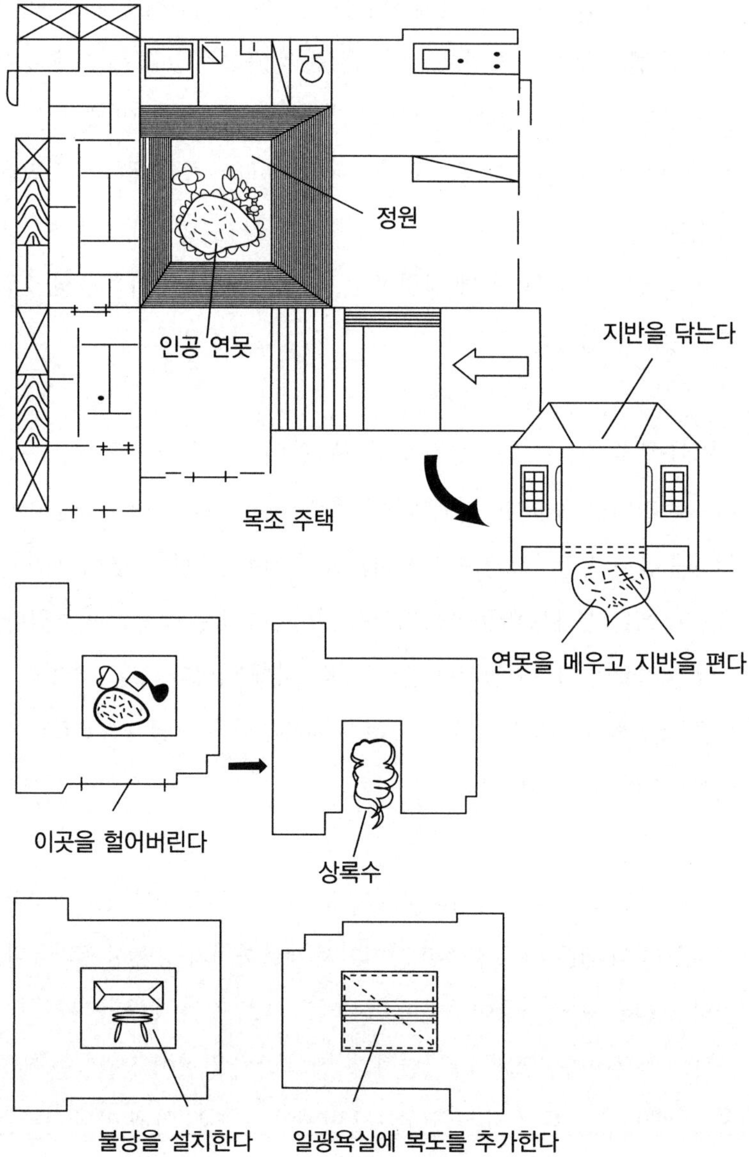

【그림16】 건축물 중앙의 정원 개량법

만약 신앙을 믿는 사람이라면 정원을 신단으로 고치면 된다. 그러나 일단 신단으로 고치면 매일 경건한 참배와 꽃을 바쳐야 한다.

또는 천장에 유리로 꾸며 일광욕실로 만들어도 된다. 이때는 반드시 본래의 건축물에서 50cm ~ 1미터 정도 떨어지게 하고 본래의 집과 일 광욕실을 복도로 연결해야 한다. 이것이 비록 길상이 되지는 못하지만 흉상은 대폭 감소된다.

주인 남녀의 건강이 좋지 않을 경우

건축물의 변형이 원인이다. 중심이 없는 집은 대흉상

모든 사물에는 중심이 존재한다. 중심을 잃으면 잘 돌아가던 팽이도 순간 멈추어 버린다. 하물며 사람이 거주하는 집에 중심이 없다면 그 가족들은 정상적인 생활을 할 수가 없다.

어떤 형태의 가옥이든 그 안의 중심점을 찾아낼 수 있다. 그러면 ㄴ자형, ∩자형, 제기형 등의 건축물은 특별한 형상으로 종종 방 안에서 중심점을 얻지 못하게 된다.

주택에서 가장 중요한 중심점이 방 바깥에 있다면 이는 마치 인체의 배꼽이나 심장이 체외에 있는 것과 같다. 그러므로 당장 고치지 않는다면 매우 곤란한 일을 겪게 된다.

주인과 주부의 운세가 하향곡선을 걷기 시작하면 연달아 불행한 일이 발생하게 된다.

가옥의 형상에 따라 정확하게 측량하여 중심점이 건축물 바깥쪽에 있다면 다시 확장하여 가옥 안으로 중심점이 들어오게 해야 한다.

이런 상황에서는 주택에 결각이 있다고 해도 잠시 그대로 두었다가 방의 중심점부터 집 안으로 옮겨 들어오는 것이 더 중요하다. 왜냐하면 그것이 건강에 큰 영향을 주게 된다. 이는 결각이 미치는 영향보다 더욱 무섭기 때문에 중심점부터 우선 처리해야 한다.

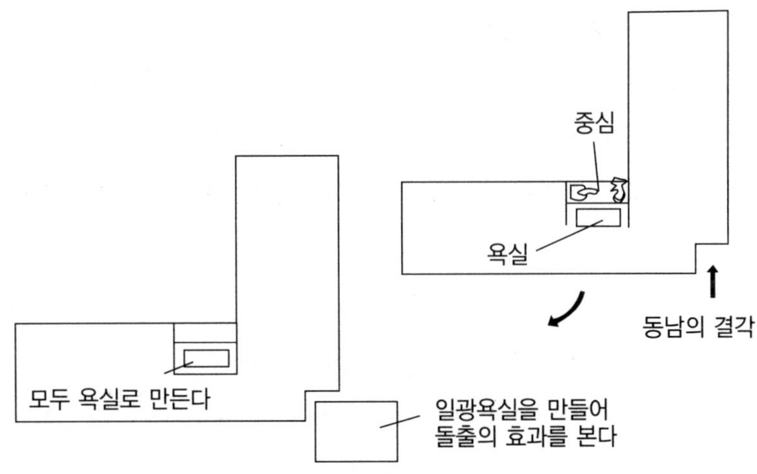

【그림17】 중심점을 취할 수 없는 집

이 문제를 알기 쉽도록 아래에 예를 들겠다.

아래 약도는 한 자동차 부속을 생산하는 공장주가 건축한 집이다. 거꾸로 된 L자 형태 집 중심일 때는 약간 오목하게 들어갔고 또 동남 방위에 결각까지 있다. 이런 현상은 사업하는 사람에게 매우 중요한 의미가 있다.

새 집에 입주한 지 오래지 않아 그에게는 아무 일(동남 결각의 흉상)도 일어나지 않았으나 그의 부인은 여러 차례 병원에 입원하였다. 병이 약간 호전되어 집에 돌아오기만 하면 다시 발작하여 또다시 입원하기를 거듭했다.

그의 집을 살펴보니 중심점을 찾을 수 없는 대흉상이었다. 중심에 자그마한 화원이 있고 욕실에서도 푸르른 화초를 감상할 수 있도록 꾸며져 있었다. 바로 이 때문에 그의 부인이 상당히 큰 대가를 치렀으며 주인도 피할 수 없는 형편이었다.

본래는 화원을 없앤 다음 건물 하나쯤 다시 지을 수 있는 공간이 있었지만 건물의 안쪽이 욕실이기 때문에 가능하지 않았다. 그리하여 부득이 욕실을 더 연장하는 방법으로 중심점이 건물 안으로 들어가게 할 수밖에 없었다.

본래 집 중심에 화기나 욕실이 있는 것은 모두 흉상에 속하지만 중심이 없는 것에서 비롯되는 것보다는 가벼운 것이다. 동시에 결각의 공간이나 일광욕실 한 칸을 지을 수 있고 이는 또 동남방 모서리의 환한 정도에 별로 영향을 주지 않을 것이다.

중심점이 건물 바깥에 있는 것은 주택 풍수 중 대흉상이다. 나무를 심거나 절에 가서 비는 것만으로는 이런 흉상을 피해갈 수 없다. 반드시 방을 더 지어 중심점이 건물 안으로 들어오게 하는 것이 근본적인 해결 방법이다.

일부 구조가 아름다운 집

흉상이 있다. 변형의 지붕은 우울병과 신경병의 원인이 된다

최근에는 유럽풍의 집들 뿐만 아니라 특이한 형태의 집들을 많이 짓고 있다. 이런 집들은 모두 미관만을 중시하고 풍수에 대해서는 전혀 아랑곳하지 않는 경우가 있다. 그뿐만 아니라 경사가 심한 3각 지붕이나 지붕이 한 쪽면에만 있는 집은 더욱 많다.

본래 지붕에는 흉상이 별로 없다. 하지만 그것은 일반적인 지붕일 경우만 일컫는 것이다. 변형적인 지붕은 흉상을 나타낸다.

오랫동안 변형적인 지붕 아래 거주한 사람은 아주 쉽게 히스테리나 신경과민, 우울증에 걸린다. 그들은 다른 사람들과 화목하게 지내지 못한다.

멋진 지붕을 가진 주택에 거주하는 젊은 부부는 항상 옆집 사람들과 다툼이 생겨 불쾌하게 지내며 심지어 여주인이 신경질적으로 변한다.

이처럼 특수한 집은 별장이나 가끔씩 들러 휴식을 취하는 용도로는 가능하지만 오랫동안 거주하는 데는 적합하지 않다.

아래에 흉상을 가진 변형 지붕과 그 개량법을 소개한다.

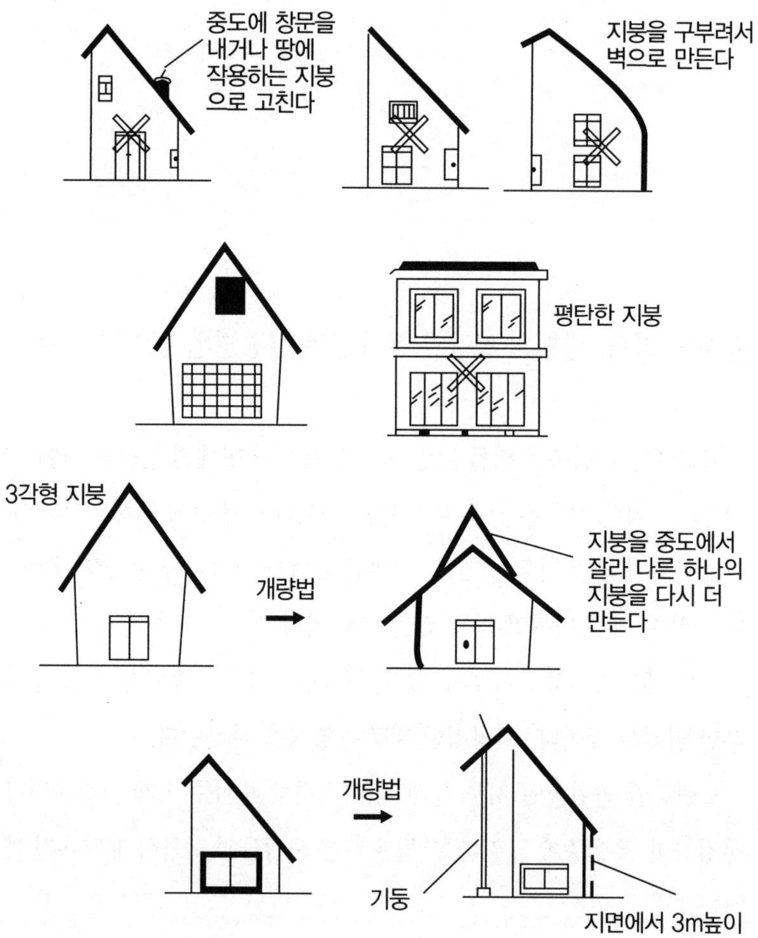

【그림18】 변형적 지붕의 개량법

(1) 3각형(경사가 심한) 지붕

3각형인 동시에 경사가 심한 지붕은 항상 실내외의 기체를 이상하게 만든다. 때문에 중도에서 지붕을 절단하고 그림에서처럼 또 하나의 지붕을 만들어 바깥으로 연장한다. 그러면 원래 건축의 의도를 파괴하는 듯하지만 정신상의 건강을 위해서라면 못할 일이 무엇이겠는가!

(2) 한쪽 면만 있는 지붕

한쪽 면만 있는 지붕을 가진 집에는 한 가지 결함이 있다. 즉 너무 강렬하고 많은 햇빛이 들어오는 것이다. 외기(外氣)의 섭취가 지나쳐서 육체상의 운율(주기성)이 파괴되고 만다.

긴 쪽 지붕을 땅에서부터 3m 높이로 올리고(적어도 2m는 올려야 된다) 다른 한쪽도 지붕을 만든다. 그 지붕이 너무 길게 뻗어나왔으면 기둥을 세워야 한다.

(3) 평탄한 지붕

철근 콘크리트로 지어진 집은 대부분 이런 지붕이다. 지붕이 평탄하기 때문에 열전도가 빨라서 방안이 너무 덥거나 너무 추운 경향이 있다. 건강에 영향이 큰 영향을 미친다.

만약 목조 가옥이라면 기초, 즉 지면을 높여야 된다. 만일 실내 벽지를 비닐류로 사용했다면 천이나 천연 목재로 바꾸고 다다미 펴는 방을 더 만들어야 한다.

서양식 가옥이라면 신 건축재료 대신 목재를 사용하여 벽을 만든 다음 바닥을 질 좋은 목재로 깐다면 완전히 다른 느낌을 받을 것이다.

변형을 추구한 지붕뿐만 아니라 빗물이 새는 지붕도 또한 흉상이다. 그러므로 수리를 서둘러야 한다. 이로써 알 수 있는 것은 평탄한 지붕을 가진 수영장에 만드는 것은 대단한 흉상을 초래하는 결과를 가져온다.

또 한 가지 지붕 색깔에 대해서도 반드시 주의해야 한다. 별장이라면 별 문제가 없지만 항상 거주하는 집은 절대로 특별한 색깔을 쓰지 않는 것이 좋다. 이는 풍수에 나쁜 영향을 줄 뿐 아니라 주위 사람들의 험담을 듣게 된다.

나의 집 부근에 유럽에서 귀국한 한 가족이 살고 있었다. 그들은 집 한 채를 지은 후 프랑스에서 재료를 구입해 지붕을 빨갛게 칠하였다. 마치 주변에 있는 집들을 압도하는 듯한 인상을 주었다. 그런데 오래지 않아 옆집 사람들은 그 집과 발걸음을 완전히 끊었고 아이들까지도 따돌림을 당했다.

나는 그들에게 지붕의 색깔을 바꾸라고 권했다.

철근 콘크리트로 집을 지었을 경우

화기(火氣)의 순환이 잘 되지 않는다. 공기 유통을 위해 나무를 심는다

일본에서는 철근 콘크리트로 지어진 주택의 겨우 60년을 사용할 수 있다고 주장하지만 풍수상으로 살펴볼 때 12~3년밖에 사용할 수 없다. 사람이 거주하기에 필요한 영기(靈氣)를 배출할 수 있는 기간은 그리 오래지 않는 것이다.

철근 콘크리트 주택의 경우 그 호흡률은 목조 가옥에 비해 3분의1에 지나지 않는다. 비단 영기 순환이 좋지 않을 뿐만 아니라 구조상의 문제점은 창문을 크게 낼 수가 없다는 것이다. 이뿐만 아니라 가장 큰 문제점은 하수관의 부식이다. 하수관의 청결을 위해서 각종 세제를 사용하는데 공교롭게도 이런 세제를 자주 사용하면 나중에는 주위의 철을 모두 부식시켜 버리는 단점이 있다. 이것이 바로 하수관이 새는 원인이 된다.

하수관 내부의 부식은 쉽게 눈에 뜨이지 않을뿐더러 혼탁한 영체(靈體)와 혼백들이 순식간에 그 부패된 곳으로 모여든다는 사실을 주의해야 한다.

철근 콘크리트 주택은 쉽사리 손을 대어 고칠 수가 없다. 그러므로 평안하고 아무 일 없이 순조롭게 살기 위해서는 항상 창문을 열어 공기를 자주 바꾸어 주는 것이 가장 좋다.

특히 식당이나 정문, 침실 등에 식물을 많이 놓아두는 것이 좋다. 장소에 따라 배열하는 식물도 달라야 한다.

(1) 정문

신발 장 위에 면마류의 관엽식물을 놓아둔다.

(2) 식당이나 침실

실내 면적에 따라 큰 관엽식물을 놓는다. 여섯 장의 다다미를 펼 수 있는 방이면 화분 두 개 정도 놓아두도, 여덟 개 다다미를 펼 수 있는 방이면 세 개의 화분을, 열 개의 다다미를 펼 만한 방에는 큰 화분 세 개와 작은 화분 한 개면 된다. 발코니에도 감상용 식물을 배치할 수 있다.

(3) 복도

최근 복도에는 대부분 양탄자(융단)를 깔아놓는다. 만일 융단을 꼭 깔아야 할 형편이라면 널 마루가 좋다. 보통 콘크리트 위에는 양탄자를 깔아놓는 것이 좋지 않다.

　다시 한 번 살펴보면, 철근 콘크리트 주택은 어느 곳에 있든지 환기에 특별히 주의해야 한다. 창문을 항상 열어놓는 것 외에도 환기 설비를 꼭 설치해야 한다. 또한 화장실에는 송풍기를 하루 종일 돌려 흉상을 방지해야 한다.

1층 건물에 다시 2층을 올릴 경우

불행을 초래한다. 그러나 흉의 현상은 긴 기둥으로 방지할 수 있다

예로부터 1층 건물을 지은 후 오랜 시간이 지나 다시 2층을 올리면 반드시 불행한 일을 당한다고 한다. 이것은 아마도 2층을 올려 지은 뒤 긴 기둥을 세우지 않아 안전 문제가 우려되기 때문일 것이다.

이밖에도 1층과 2층 건물을 지은 시기가 비슷하지 않아서 건축물 자체에 안정적이나 통일감이 부족한 것, 또한 하나의 원인일 것이다.

안정적인 1층의 영기(靈氣) 위에 또 새로운 물체가 나타나니 이 영기가 불안한 것은 당연한 일이다. 이 불안정의 요소가 변하여 거주자의 정신에 영향을 주게 된다.

다시 살펴보면 2층을 올린 후 가족에 흉한 현상이 나타나는 것만은 부인할 수 없는 사실이다.

그러나 2층을 올린 다음에는 다시 그것을 헐어버릴 수도 없는 것이

 조금만 바꾸면 행복해지는 풍수 대백과

다. 그러므로 흉상을 최대한 감소시키는 것이 가장 좋다. 흉상을 감소시키는 방법은 두 가지로 나눌 수 있다.

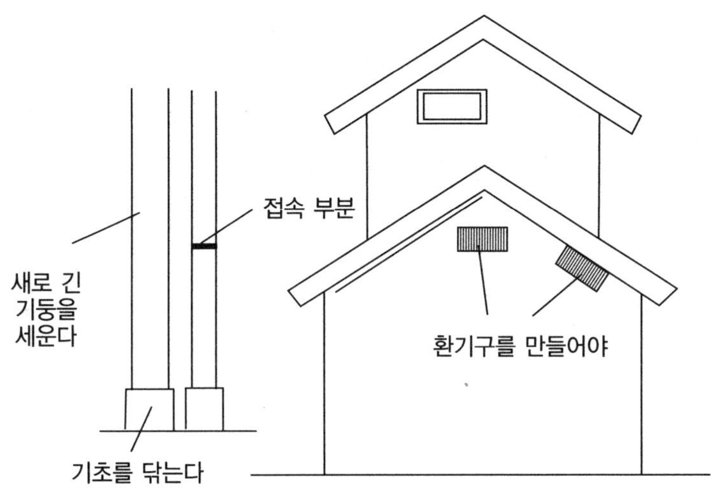

【그림19】 2층을 올릴 때는 반드시 긴 기둥을 추가해야 한다

⑴ 2층의 마룻대와 들보에까지 이어지는 긴 기둥을 세워서 1층과 2층을 이은 기둥을 보강해야 한다.

새로 세우는 긴 기둥도 반드시 기초를 다져야 한다. 이렇게 처리하면 불안정한 느낌은 대부분 없어진다.

(2) 환기에 신경을 써야 한다

영기(靈氣)가 다른 공간이 갑자기 내리눌렀으므로 반드시 모든 공간의 환기에 특별히 주의해야 한다. 그러나 단층집에 거주하는 사람은 별로 신경쓰지 않아도 된다. 2층을 이어 지은 다음에는 아래층과 위층에 모두 환풍기를 장치해야 한다.

2층을 이어 지을 때 아래층 지붕 안의 공기를 환기시켜야 한다는 사실에 주의를 기울이지 않는다. 아래층 지붕 부근이나 지붕 아래에 환풍기를 설치하여 공기를 자주 바꿔주어야 한다.

질병이 끊이지 않고 가족이 화목치 못한 경우

정원에 있는 연못의 영향이므로 빨리 메워야 한다.

호화주택에 거주하는 가정의 80% 정도가 남에게 말할 수 없는 문제들을 갖고 있다. 예를 들면, 노인이나 여주인이 오랫동안 입원하는가 하면 시력 장애자나 정신적으로 쇠약한 어린아이, 가정이 화목지 못한 경우가 있다.

이 현상은 대부분 연못에 있다.

몇몇을 제외하고 집 정원 내에 있는 연못은 메워버리는게 좋다.

정원에 위치한 연못은 거의 죽어 있는 연못이다. 그러므로 이 연못의 물은 당연히 부패되어 사람의 건강에 나쁜 영향을 주기 마련이다. 그와 동시에 환생하지 못한 많은 영혼들은 대부분 이처럼 습도가 높은 저수지나 연못 같은 곳을 좋아한다. 일단 이런 유령들이 연못에 모이기만 하면 수시로 재해를 일으킬 수 있다. 이 역시 흉상을 조성하는 원인이다.

그러나 알맞은 방법으로 연못을 메우기만 하면 흉상을 피할 수 있다. 연못을 메우기 전에 먼저 물부터 빼고 또 연못 바닥의 진흙도 완전히 없애야 한다. 아래 부분의 콘크리트까지도 깨버리는 것이 좋다. 그러나 너무 힘에 버거우면 남겨두어도 괜찮다. 그것이 재해를 조성하지는 못하기 때문이다.

연못에 장치된 수도관 등은 모조리 없애야 한다. 땅 밑에는 어떤 수도관도 남겨두어서는 안 된다. 연못 가에 작은 돌 따위는 남겨두어도 아무 문제가 없다.

연못을 메울 때는 반드시 덕이 있는 스님이나 도를 닦는 사람을 청하여 정초식을 거행한 다음 메우기 시작해야 한다.

그러면 연못을 만들기 위해서는 어떤 조건들이 갖추어져야 할까?

우선 집에서 18m 이상 떨어져야 하고 주택 동남 방위에 위치해야 하며 연못의 크기는 2평 정도가 적당하다.

하지만 이런 조건들이 모두 갖추어졌다고 하더라도 그것이 미치는 해는 장담할 수 없으므로 메워버리는 것이 가장 좋다. 이런 조건의 연못들 외에는 수시로 재화를 일으킬 수 있다.

다같은 연못이라 하더라도 만약 유동적이고 또 고정되지 않은 사람들이 모이는 호텔이나 술집, 공장, 회사 등에 있다면 문제가 없다. 때로는 길상이 되기도 한다. 하지만 이런 연못은 반드시 고여 있는 물이 아니라 어딘가로 흘러가는 시내로서의 성격을 띤 연못이며 주위에 나무를 심는 것이 좋다.

원인 불명의 사고가 많이 발생할 경우

정원에 있는 돌에서 문제가 생긴다. 돌이 너무 많거나 이상하게 생긴 돌은 없애야 한다

정원을 돌로 단장하면 분위기가 훨씬 좋아진다. 그러나 돌의 수량, 형상, 돌과의 인연이 때로는 흉상을 초래한다. 돌이 끼치는 흉상은 매우 위험하다.

정원을 가꾸기 위해 돌을 모으는 것이 취미인 사람들이 많다. 그러나 너무 많은 돌은 오히려 해를 일으킬 뿐이다. 집과 정원, 정원의 미관이나 균형 등의 조건들을 자세히 살펴 정원의 돌이 너무 많은 듯 하면 과감히 버려야 한다.

일단 정원의 돌 중에서 이상하게 생겼거나 소름이 끼치는, 사람이나 짐승처럼 생긴 것들은 반드시 없애야 한다.

옛날 사람들은 정원의 돌이 낮에는 태양의 열을 흡수하고 밤에는 그

열을 방출하므로 돌을 너무 많이 가지고 있는 것은 좋지 않다고 여겼다. 그러나 사실 정원이 있는 돌의 금기는 환생할 수 없어 떠다니는 유령이나 동물의 정령이 종종 돌에 붙어 있기 때문이다. 그러므로 더욱 주의해야 한다.

떠다니는 유령이 정원의 돌에 붙어 있기만 하면 흉상은 언제, 어디서나 일어날 수 있으며 또 그 흉의 또한 매우 강하다. 질병이나 정신이상 등의 증상을 일으킬 뿐만 아니라 돌발 사건이나 그 원인을 알 수 없는 피해까지도 당할 수 있다. 때로는 온갖 병이 자주 발생하고 사업의 성과가 끝없이 떨어지고 만다.

그러므로 강변에서 돌을 주워 집으로 가져오는 것은 위험천만한 일이며 더욱이 남에게서 돌을 함부로 받지 말아야 하는(그 돌의 내력을 알 수 없기 때문에) 이유가 바로 여기에 있다.

얼마 전에 식품회사를 운영하는 사람이 찾아왔다. 각종 사고가 끊임없이 일어난다는 것이었다.

초등학교를 다니는 딸이 자전거에서 떨어져 발의 인대가 끊어지고 체육 수업 시간에 손목이 골절되는 사고를 당하였다.

또 온 가족을 차에 태워 드라이브를 할 때 불행하게도 다른 차와 부딪쳐 그 딸이 또다시 부상을 당하였다는 것이다.

그는 150평이나 되는 드넓은 정원을 포함한 주택에서 살고 있었다. 건축도와 방위를 살펴보니 풍수면에서 다소 문제가 있었지만 그리 큰 영향을 미치지는 못하는 것이었다. 드넓은 정원에 비해 돌도 별로 많지 않은 듯했다.

불행을 일으킬 만한 이유를 찾지 못해 답답해 하고 있을 때 갑자기 정문 바깥에 있는 돌 하나가 눈에 띄었다. 들어오면서 얼핏 보았을 때는 보통 돌에 지나지 않았지만 그 뒷면을 보니 놀라지 않을 수 없었다. 그 생김생김이 마치 사람의 두개골과 너무 비슷하였기 때문이다.

흉상의 바로 이 돌에서 비롯된 것이었다.

그 집에 거주하는 사람들조차 그 돌에 주의를 기울이지 못한 것은 줄곧 어둠컴컴한 곳에 있었기 때문이었다.

조경회사에서 그 돌을 옮겨간 뒤로 어떤 사고도 없이 편안하고 건강하게 생활할 수 있었다. 사실 정원의 돌은 없어도 된다. 하지만 미관적으로 고려하여 몇 개의 돌이 필요하다면 너무 크거나 천연 기념물 같은 돌은 사지 말고 새 돌을 사되 너무 많이 사지도 말아야 한다. 그리고 화를 자초하지 않으려면 사람이나 짐승을 닮은 돌은 절대로 피해야 한다.

만약 현재 당신의 집 정원에도 모양이 괴상한 돌이 있으나 온 가족이 아직 편안하게 지낸다면 덕이 있는 승려나 덕행 있는 수도자를 모셔 돌을 공향하는 고사를 지내야 한다. 그러면 돌에 부착된 유혼이 감히 작간을 하지 못한다.

돌뿐만 아니라 초롱에도 문제가 많다. 골동품으로 가치가 있는 초롱은 몇십만 원씩 거래되어 비록 소장 가치가 있지만 기회가 있더라도 절대 사지 않는 것이 좋다.

유명한 사람이 사용했던 것일수록 문제가 더욱 많다. 일단 이런 초롱을 정원에 들여온 후에는 그 어떤 작간도 하지 않는다고 보증할 수 없

기 때문이다. 그리하여 원래 초롱의 주인과 같은 운명을 당할 수 있게 된다.

넓고 오래된 초롱들은 보통 이끼가 끼어 있다. 그 이끼를 손으로 만지지 말아야 하며 깨끗이 긁어 없애야 한다. 왜냐하면 그런 곳에 불결한 혼백이 붙어 있기 때문이다.

초롱은 절에 가져가야만 혼백들이 작간하지 못한다.

만약 초롱이 반드시 필요하다면 새로 만든 것을 사는 것이 좋다.

초롱과 마찬가지로 물건 주인의 원한이 쉽게 부착되는 검이나 갑옷, 철갑 등 낡고 오래된 물건은 구입하지 않는 것이 좋다.

가정에 장기 환자가 있는 경우

우물의 위치 때문이다. 흉 방위에 있는 우물은 정확히 메워야 한다

오늘날 산속 깊은 곳을 제외하고 우물을 사용하는 곳은 별로 없다. 그러나 우물을 사용하지 않는다고 하더라도 흉살의 우물을 자칫 사람에게 흉한 현상을 일으킨다.

최근에 한 사람이 나를 찾아왔다.

옛날부터 집안에 환자가 끊이지 않았는데 조부님과 부친이 모두 허리의 마비로 시작하여 신경쇠약에 이르러 병원신세를 지게 되었고 장남인 그는 젊어서부터 가정의 대소사를 도맡아야 했다는 것이다.

또 근래에는 그의 아내마저 두통에 시달리는 한편 척추에도 이상이 생겼다고 했다. 그는 도대체 조상대대로 한 집안에 환자가 끊이지 않는 이유를 모르겠다고 고개를 떨구었다.

그의 말을 듣고 나는 본능적으로 낡고 오래된 우물의 영향 때문이라고 생각했다. 그가 말하는 내용과 흉상을 지닌 우물이 나타내는 일상적인 현상과 모두 똑같았기 때문이다.

흉상을 지닌 우물이 나타내는 일상적 현상은 우선 골격의 질환, 즉 다리·허리 또는 척추 등의 부분에 통증·마비, 정신 이상 등의 증세가 지속되다가 점차 오랫동안 병석에 앓아눕게 된다.

그의 집을 살펴보니 서남 귀문 방위에 우물이 있었다. 식수로 사용하지는 않았지만 마당을 청소할 때나 세차용으로 사용하곤 했다. 이처럼 식수 이외의 용도로 사용하려면 주택에서 9m 이상 떨어져 있으면 우물이 흉 방위에 자리했다고 해도 전혀 해가 없다. 그러나 이집의 우물은 주택에서 4~5m 밖에 떨어져 있지 않았다.

그 부인의 병세가 아직 초기 단계이므로 빨리 우물을 메워 버린다면 병세가 호전될 것이었다. 그러나 오랫동안 앓아누운 상태에서 우물의 흉상을 알아차렸다면 아무리 우물을 고친다고 해도 이미 늦은 것이다.

집의 중심에서 볼 때 북, 동북의 중심 또는 동북동, 서남쪽에 위치한 우물이 가장 흉하다. 비록 남 방위, 서방위에 작은 우물이 있다 해도 이 역시 흉에 속한다. 그 어떤 방위라 해도 중앙선 위, 그리고 사우선 위에 놓은 우물은 모두 흉상에 속한다.

이처럼 우물이 흉의 방위에 있다면 빨리 메워 버려야 한다. 이때에는 반드시 우물 메우는 의식을 거행하여 우물을 대자연에 되돌려 주어야 한다.

우물 안에는 수신(水神 : 물을 장악하는 신)이 거주하고 있다. 그 수신을 자극하면 재해가 발생한다. 즉 쓰레기를 우물에 쏟아넣는 행위는 최대의 금기다.

우물을 메울 때 가장 먼저 해야 할 일은 적당한 기일을 택하는 것이다. 집의 중심에서 볼 때 주인의 9성(星) 방위가 바로 우물 방위에 돌아왔을 때가 적당하다. 반드시 덕행이 있는 수행인을 청하여 수신에게 이동해 줄 것을 간청해야 한다. 만일 우물이 마르지 않았으면 그 물을 한 통 길어 올려 그의 수신으로 여기고 제물도 수계하면서 수신님이 빨리 옮겨 가길 간곡히 바라야 한다.

그리고 반드시 잘못된 방위에 우물을 판데 대하여 마음속 깊이 사죄를 하고 이미 사용한 물에 대해서는 감사를 표시한 다음 공손하게 우물을 메우면 어떤 문제로 발생하지 않는다.

이렇게 모든 일을 처리한 다음 우물 밑에 남은 진흙탕을 말끔히 긁어 없애고 우물 밑의 콘크리트 외곽과 우물벽 등을 헐어서 건축지 밖으로 운반한다.

그리고 바닦에서부터 깨끗하게 마른 모래로 1m 두께로 덮은 다음 모래무지 중앙에 길이가 지면을 통과하는 참대관이나 비닐관 하나를 꽂아세운다. 우물 밑의 가스를 배출시키기 위해 설치하는 것이다. 그 다음 우물 구덩이의 1/4을 모래와 자갈로 메운다. 나머지 1/4은 굵은 모래와 자갈로 메우고 그 다음 1/4을 모래로, 마지막 1/4은 흙으로 메운다.

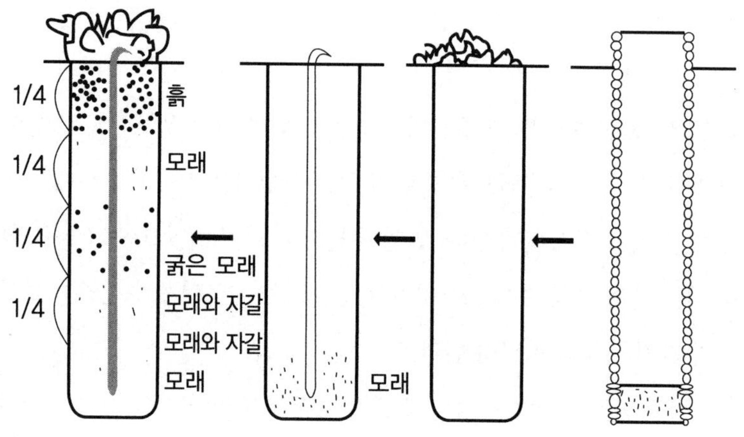

【그림20】 우물을 메우는 정확한 방법

　지면에 드러난 가스관은 굽은 관으로 한 겹 더 씌우면 먼지 등에 의해 막히지 않는다. 이것이 바로 우물을 메우는 정확한 방법이기도 하다.

　우물을 메우고 난 후 우물 입구가 밟히지 않도록 주위에 키 작은 나무를 심는다.

　우물이 미치는 재해는 매우 무섭지만 그것은 흉산의 우물에만 제한되어 있다. 만약 동, 동남, 서북 등 길한 방위에 우물이 있다면 메우지 말아야 할 뿐만 아니라 정성껏 위호해야 한다.

　그러나 아무리 길한 우물이라 하더라도 오랫동안 물을 긷지 않는다면 흉상으로 변해 버린다.

 조금만 바꾸면 행복해지는 풍수 대백과

식수로는 사용하지 않지만 빨래나 세차용 또는 정원 손질에 사용할
수 있다.

이렇게 사용한다면 우물의 길상으로 인해 온 가족이 행복을 누릴 수
있다.

배수관의 위치에 따라 길흉이 변한다

풍수는 모두 길상일지라도 배수관의 위치가 부적당하다면 대흉상으로 변한다. 정문 아래 마루판 밑을 더욱 주의해야 한다

인간은 눈에 띄이지 않는 일에 대해서는 매우 순조로울 것이라고 믿는 경향이 있다. 이런 예는 건축물의 경우에 단적으로 나타난다. 건축물의 외관에 대해서는 무척 무관심한 것이 한 예다.

자신이 살고 있는 주택 지하에 배수관이 어떤 식으로 연결되어 있는지 아는 사람은 특별한 경우를 제외하고는 아마 없을 것이다.

그러나 배수관이 주택의 어느 방위에 배치되었는지 집 중심점에서 자세히 살펴보아야 한다. 혹시 대 흉상의 방위에 놓여 있어서 가족의 건강에 무서운 영향을 미칠 수도 있기 때문이다.

배수관은 오염된 물을 배설하는 관을 말한다. 물론 이런 관에는 더러운 여러 물질이 붙어 있어서 불결한 혼백들이 아주 쉽게 다가갈 수 있다. 이것은 매우 위험한 일이다.

배수관이 정문 앞이나 문의 안쪽을 통과하는 것도 역시 흉상이다. 배수관이 이곳을 통과하므로 불결한 혼백들이 쉽게 집안으로 들어오는 것이다.

문이나 정문을 길상에 설치했다 하더라도 배수관이 이곳을 통과하면 대흉상으로 변한다. 이렇게 되면 전신이 병들고 열정마저 상실하여 운세에까지 영향을 입는다. 그러므로 어떤 일을 쉽게 이루어지지 않는다.

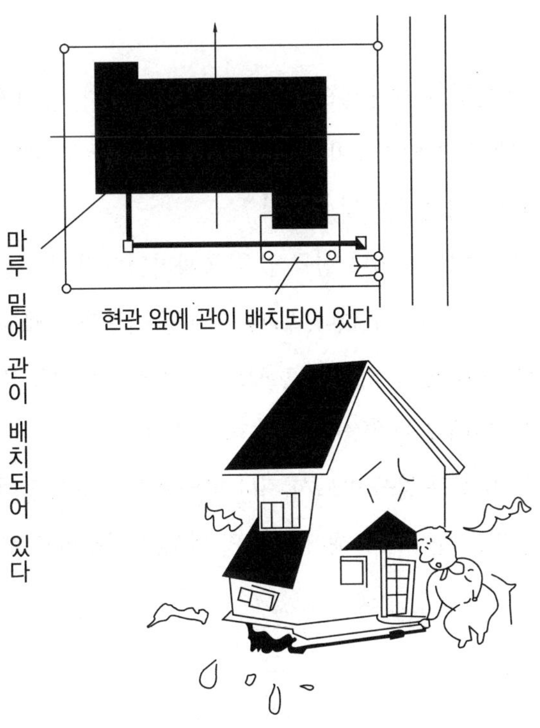

【그림21】 보이지 않는 하수관이 가장 무섭다

내의(內衣)업을 운영하는 한 사람이 있었는데 주택이 오래되어 얼룩은 물론 색도 변하여 새로 집을 한 채 지었다.

새 집에 입주한 지 석달쯤 지났을 무렵 안주인이 시름시름 앓기 시작했다. 늘 아랫배가 아프고 더부룩한 느낌이 들어 아주 답답하다고 하소연했다. 그러나 의사도 정확한 병인을 찾아내지 못하고 시간만 흘러갔다.

그 동안 병이라곤 모르던 사람이 갑자기 앓아눕자 그는 이 궁리 저 궁리 끝에 새로 지은 주택에 문제가 있는 것으로 생각하고 나를 찾아왔다.

그 집을 살펴보니 마루판 밑의 배수관이 흉상이었다. 동시에 습기가 많은 낮은 지대에 기초도 높이지 않은 채 집을 건축하여 배수관의 흉상은 더욱더 두드러질 수밖에 없었다.

만약 폐수관이 마루판이나 정문 앞을 통과하였다면 폐수관을 모두 뜯어 새로 배치하는 수밖에 없다. 또 한 가지 방위 문제도 빼놓을 수 없다. 콘크리트 집이라면 관의 배치를 새로 할 수 없지만 목조 가옥에 비하면 배수관의 의해 받는 흉적 피해가 비교적 약하다.

만일 폐수관이 정문 앞을 반드시 지나야 된다면 관을 연장하여 정문에서 되도록 멀리 떨어지게 해야 흉상의 피해를 최소한도로 줄일 수 있다.

폐수관의 가장 이상적인 배치 방법

(1) 폐수관을 정문 반대쪽, 또는 건축물의 바깥쪽에 배치해야 한다. 만약 고저차(高低差)를 감안하여 배치할 수만 있다면 가장 이상적인 방법이다.

2) 폐수관을 되도록 길게 연장시켜 정문에서 멀리 떨어지게 한다. 그리고 폐수관과 정문 사이에 나무를 심는다.

정수장(淨水場)이 미치는 흉상

격렬한 흉상이 발생한다. 노력하면 흉상을 피할 수 있다

정수장이나 화장실, 욕실, 주방의 가스렌즈 및 화장대 등은 주택 풍수의 5대 금기로 일컬어지고 있다. 이들은 어떤 방위에 설치하든지 길상이 될 수 없다. 즉 모든 방법을 강구해 안전 방위에 설치한다 하더라도 재난을 당하지 않도록 바랄 수밖에 없다는 것이다.

정수장은 그 쓰임새 때문에 언제나 주택의 어두운 곳인 북방 또는 서쪽에 설치하게 된다. 그러나 이 방위는 무서운 대흉 방위다.

집의 중심에서 볼 때 만일 정수장이 복 방위의 자(子) 범위 15도, 동북 귀문 범위 15도 내에 설치되었으면 가장 큰 흉상을 이룬다. 귀문에서 떨어진 서남 15도 역시 흉상에 속한다.

이처럼 흉상인 정수장이 있다면 가족의 건강에 매우 큰 영향을 미치며 수시로 화재가 발생된다.

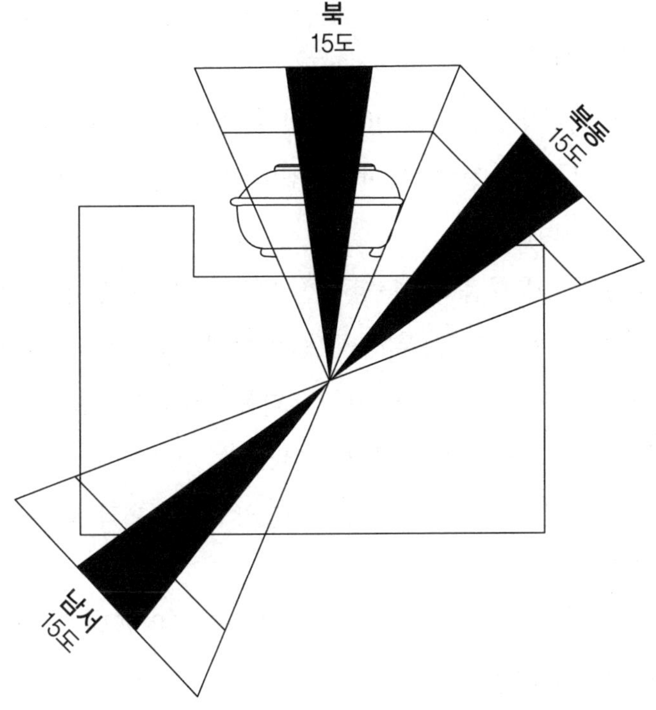

【그림22】 정수장 위치를 꼭 주의해야 한다

만일 집 주위에 공터가 있다면 정수장을 집에서 5m 이상 떨어진 곳으로 옮겨야 된다.

이렇게 하면 정수장이 북이나 동북 방위에 놓였다 하더라도 흉상을 이루지는 않는다. 또한 집과 정수장 사이에 나무를 심어야 한다.

만일 공터가 없다면 흉의(兇意)가 없는 방위에 옮기는 수밖에 없다.

정수장을 옮기기 전 신단에 찬합을 하루동안 섬겼다가 정수장 주위에 그것을 뿌린다.

그러나 이는 단지 응급 조치에 지나지 않는다. 반드시 동북, 동, 동남 및 서남의 방위에 옮겨야 한다.

일단 새 정수장을 설치했다면 낡은 정수장은 없애야 한다. 살짝 메워 버리는 것이 아니라 정수장을 파내어 집 주위에서 한참 벗어난 곳에 옮겨가도록 해야 한다.

정수장을 파낸 다음에는 구덩이를 메워야 한다. 구덩이 둘레에서 30cm, 밑바닥에서 30cm 두께의 흙을 깍아내어 집 주위에서 훨씬 벗어난 곳으로 운반해서 버려야 한다. 그 다음 다섯 내지 일곱 단의 볏짚을 바닥에 펴고 불을 붙여 살균해야 한다.

타다 남은 불 기운이 남아 있을 때 10g의 식염을 바닥 혹은 구덩이 벽에 뿌린다.

정화(淨化)와 살균을 위해 2ℓ의 알코올을 뿌린 다음 깨끗한 흙으로 구덩이를 반드시 메운다.

다소 복잡하기는 하지만 이렇게 하지 않으면 정수장의 흉상은 사라지지 않는다. 흉상의 정수장을 파낸 다음에 반드시 원래 그 자리를 깨끗이 다루어 대자연에게 되돌려 준다.

정수장의 흉상은 안주인의 건강에 적신호를 미치거나 피로를 회복할 수 없게 한다.

어린아이와 안주인이 항상 피곤해하는 경우

차고(車庫)의 방위가 좋지 못해서다. 동북 방위는 절대 금해야 한다

차고의 길흉에 대해 깊이 생각하는 사람은 매우 적다.

차고는 어느 방위에 설치해도 길상이 되지 못한다. 차고가 집 중심에서 서북, 서, 동남, 동 방위에 위치하면 좋을 듯하지만 이 역시 길상은 아니다. 단지 재해를 피할 수 있을 뿐이다. 그러나 차고가 흉 방위에 있다면 흉의 현상은 끊임없이 나타난다.

그러므로 차고가 흉상의 방위에 설치되는 것은 가장 경계해야 할 일이다. 차고를 만들 때 먼저 고려하게 되는 것은 집과 연계를 쉽게 할 수 있는 곳, 동시에 집에 방해가 안 되는 곳이다.

이 모든 것을 생각하여 서와 동북에 차고를 설치할 수 있다. 그리하여 매우 편리한 곳에 자리를 잡았다고 여기지만 그때부터 건강에 이상이 생기게 된다.

흉상을 지닌 차고는 혈액순환에 매우 좋지 않은 영향을 미친다. 신경질적인 아동과 마흔이 넘은 가족이 있을 경우 그들이 가장 쉽게 피해를 당한다. 일단 안주인이나 어린아이가 풀이 죽어 생활할 때는 차고의 방위를 살펴보아야 한다.

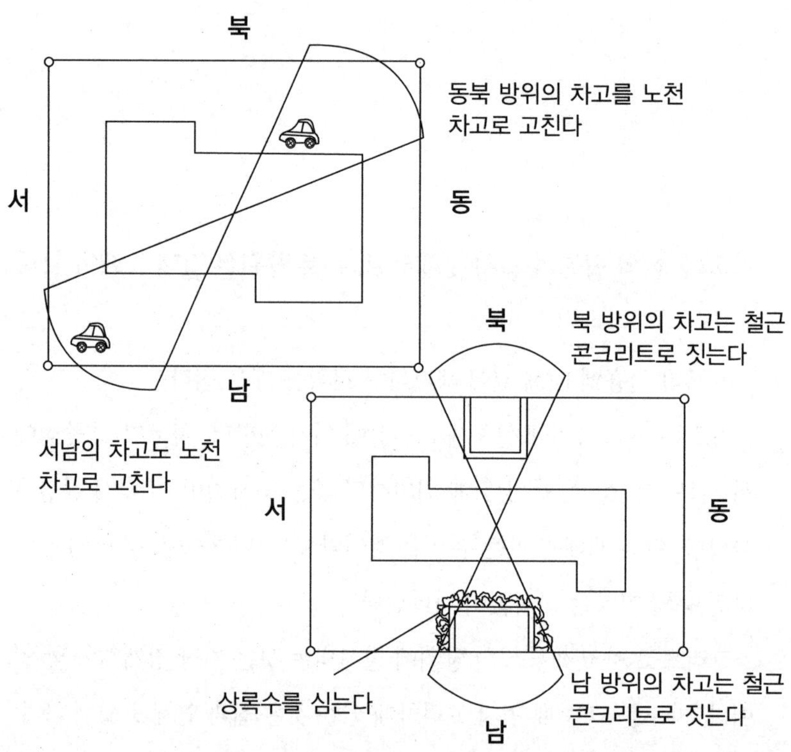

【그림23】 흉 방위 차고의 처리 방법

차고가 차지하는 공간은 매우 넓다. 5대 흉상 중 하나인 화장실에 비해 그 넓이도 배가 되므로 흉상도 더 강렬하기 마련이다. 풍수를 언급하지 않더라도 차고에 대해서는 절대 등한시할 수 없다.

적지 않은 사람들이 자동차의 배기 가스로 인한 질병을 앓고 있다. 그러므로 폐기를 배출하는 자동차를 어느 방위에 놓는가 하는 것은 매우 중요한 문제다.

집 자체도 '호흡'을 하고 있다. 만일 흡입만 하고 '배출'을 하기 어렵다면 이 역시 흉상에 속한다. 이에서 알 수 있듯이 차고의 흉상이 얼마나 큰지를 알 수 있다.

목조 가옥의 '호흡' 상태, 즉 공기 순환률은 비교적 양호하다. 그러나 흉 방위에 차고를 설치한다면 흡입된 이산화탄소를 배설해서 치울 방법이 없다. 이런 이유로 집 밖에 차고가 있더라도 등한시해서는 안 된다는 것이다.

이미 흉 방위에 차고를 설치했다면 어떻게 해야 하는가?

1) 동북, 서남 방위의 차고

흉상 중의 흉상이다. 이 방위에만 차고를 설치할 수밖에 없다면 자동차를 근처의 주창에 정차하고 차고를 헐어버려야 한다. 만약 근처에 주차장이 없고 동북 방위에만 주차장을 설치할 수밖에 다른 방법이 없다면 그곳의 차고를 헐어버리고 노천 주차장으로 만들어야 한다.

주택 풍수로 볼 때 집 밖의 동북 방위에 있는 건축물은 금기다. 그러므로 차고를 전부 헐어 노천 주차장으로 만들어야 한다. 정차할 때는 절대로 차의 뒷부분이 집 쪽으로 향하지 않도록 주의해야 한다.

2) 남, 북 방위의 차고

만약 동남이나 서북에 공간이 있다면 그곳으로 옮기고 그것이 안된다면 반드시 견고한 차고를 만들어야 한다.

만약 지붕이나 담벽, 미닫이문 등이 있는 차고라면 다시 고치지 않아도 되고, 간편한 차고라면 견고한 차고로 고쳐야 한다.

이때는 차고의 벽에 환기시킬 수 있는 장치를 꼭 설치해야 한다. 통풍구를 만들고 차고와 집 사이에 차고에 가까운 쪽으로 상록수를 심어 청록색이 보이게 해야 한다.

흉 방위의 차고가 집에서 많이 떨어져 있다면 문제는 없다. 일반적으로 집에서 8m만 떨어지면 안전하다. 사실상 제일 흉한 동북 방위라 할지라도 9m~10m만 떨어져 있으면 별 문제가 안 생긴다.

건축물의 한 모퉁이를 차고로 만들 경우

어느 방위든지 모두 흉상이다. 절대 안 된다

최근에는 기본 건물에 차고가 달려 짓는 것이 추세다. 즉 피로티식 차고가 그렇다. 건축물 일부분에 지은 차고는 어느 방위에 있는지 거의 대부분의 흉상에 속한다.

이상적이면서도 안전한 차고는 다음과 같다.

주택을 도로 지면보다 1~1.5m 더 높게 지은 다음 도로의 평면에 차고를 짓는다. 이 방법을 그대로 따른다면 방위도 거리도 안전하게 된다. 그러므로 차고를 주택에 같이 설치하는 것은 안 되는 일이다.

비록 피로티식 차고가 나쁘긴 하지만 집 밖에 있는 차고처럼 없애지도 못하고 더욱이 이동할 수 없어 문제다. 그러나 그 차고를 계속 사용해서는 안 된다. 이 점을 절대 명심해야 한다.

가장 좋은 방법은 그것을 차고로 사용하지 않고 사무실이나 다용도실로 사용하는 것이다.

이때에는 자동차를 바깥에(흉상이 없는 방위를 택하여) 정차시키는 수밖에 없다.

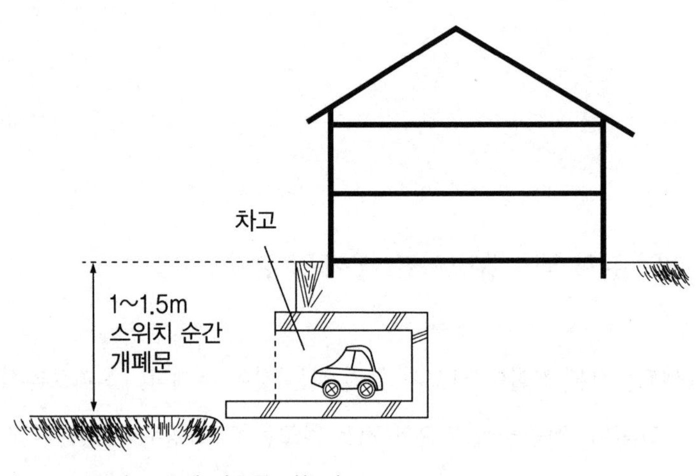

【그림24】 안전하고 이상적인 차고

만일 정차할 방위가 동, 동남, 서북, 서 방위인 흉상이 없는 곳이고 계속 그곳을 차고로 사용할 생각이라면 반드시 철근 콘크리트로 차고를 지어야 한다.

만약 목조로 한다면 적어도 내벽과 천장에 반드시 2cm 두께의 시멘트를 바른 다음 집에서 차고로 통하는 문을 헐어버리고 그 자리에 담벽을 새로 쌓아올려 완전히 독립적인 주차장이 되게 해야 한다.

입구에도 주택과 마찬가지로 동일한 고도로 기초(30~50cm)를 닦는다. 그리고 스위치 하나로 열 수 있는 철 미닫이 문을 사용한다. 이같은 개조를 거치면 위에 집이 있어도 매우 안전하다.

건축물 일부분에 차고가 있을 때는 그 주택에 거주하는 사람 중 신경이 예민한 사람을 모두 연약하나 사람으로 만들어 버린다. 더욱이 차고 위에 침실이 있을 때 그곳에 거주하는 사람은 정신적으로 매우 불안정하게 된다.

귀문 방위에 문이 있을 경우

흉상에 속한다. 빨리 옮기지 않으면 집주인이 재화를 당한다

동북이나 서남 방위의 귀문은 주택풍수에서 크게 환영을 받지 못한다. 그리하여 예로부터 저장실로만 사용하였다. 다른 용도로 사용해도 모두 흉상이다. 이 방위에 가족들의 사회적 지위에 영향을 미치는 문을 설치한다면 당연히 흉상으로 변한다.

만일 현관이 동북이나 서남의 범위 내에 있고 또한 귀문선이 현관 출입 부분을 통화했다면 흉은 더욱 증가된다. 가장 주의할 것은 도로 때문에 동북이나 서남 방위로 현관이 만들어지는 것이다.

서 방위나 북 방위, 동 방위에 도로가 생겼지만 현관을 동북 방위에 만들기를 고집하는 사람들이 있다. 그 이유는 동 방위나 동남 방위에 방을 많이 만들려는 의도 때문이다.

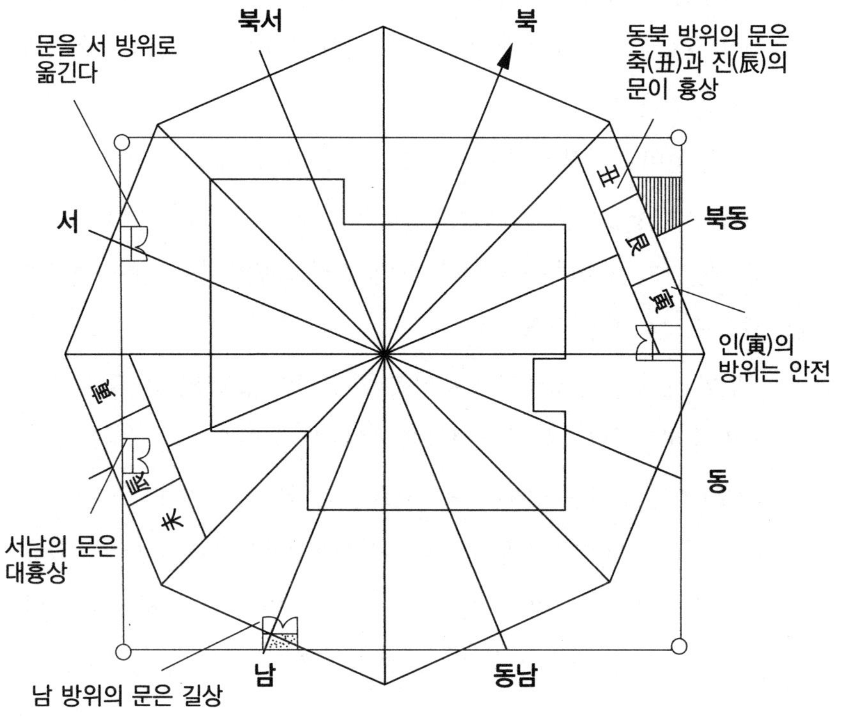

【그림25】 귀문 방위에 문을 만들었을 때

한 기업의 고문으로 있던 사람의 집에 남 방위에 길이 생기고 또 길상인 동남 방위에 문을 만들 수 있음에도 불구하고 흉상인 서남에 문을 설치하였다. 얼마 후 자신이 큰 병에 걸렸다는 것을 알았다. 의사는 그가 살아날 희망이 매우 적다고 말하였다. 건강하던 사람이 갑자기 앓아눕자 주위에서 '혹시 주택 풍수에 문제가 있는 것이 아닌가' 의문을 제기하였다. 그 집은 본래 동남 방위에 대문을 낼 수 있었는데 오히려 서남에 냈다. 그런데 서 방위에는 정거장이 있었다.

정문은 서쪽으로 향했는데 공교롭게도 그는 유(酉)년생이었다. 그러므로 서 방위의 정문은 흉상이다. 이 집의 현관과 정문이 모두 흉상에 속하는 것을 알 수 있다.

그는 곧바로 현관과 정문을 길상인 동남 방위로 옮겼다. 그뿐만 아니라 길상인 동남 방위에 '돌출' 한 집 한 채를 짓기로 마음먹었다.

그는 비록 한 차례 큰 병을 겪었지만 지금도 매일 같이 동분서주하며 사업도 역시 매우 순조롭다.

만약 새 주택에 입주한 후부터 항상 활력이 없고 인내력과 의욕이 사라져 버렸다면 동북이나 서남에 문이 설치되어 있는지 살펴볼 필요가 있다. 만약 귀문 방위에 문이 있으면 타인에게 미움의 대상이 되거나 별것도 아닌 일로 다투게 된다. 이런 현상이 발생하면 빨리 흉상에 자리잡은 문을 고쳐야 한다. 그렇지 않으면 인간관계에서 손실을 당하거나 남의 꼬임에 넘어간다. 또한 출세뿐만 아니라 사업까지도 망치고 만다.

흉상에 자리한 문을 고치기 위해서는 문의 위치를 수정하는 것이 가장 좋다. 그러면 운세를 바꿀 수가 있다. 만일 동북 방위에 문이 있다면 동북 15도(귀문 방위)나 북쪽으로 치우친 동 방위를 피하여 동북 방위로 옮길 수 있다. 만약 문이 본래 동북 방위에 설치되어 있다면 옮기지 않아도 된다.

만약 서남의 문이라면 남 방위로 옮기는 것이 좋다. 도로 때문에 그럴 수 없으면 서 방위로 옮겨라. 문을 절대 이동할 수 없는 경우라면 문짝의 방향을 수정하는 방법밖에 없다.

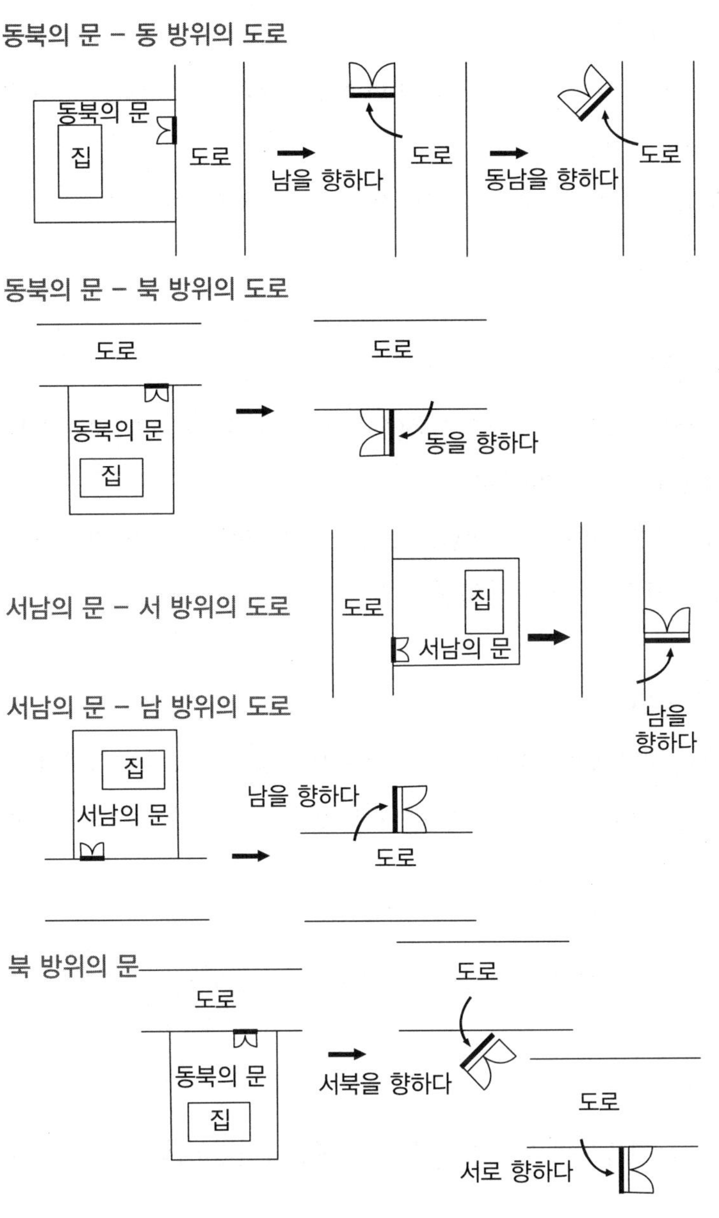

【그림26】 대문의 방향 변경

1) 동북의 문

도로가 동쪽에 있는 경우 문의 외관이 동남이나 남(방안에서 볼 때)쪽을 향하게 한다.

도로가 북쪽에 있을 경우 문의 외관이 동쪽을 향하게(집안에서 볼 때) 하면 된다.

2) 서남의 문

서쪽이 도로일 경우 원래 서쪽에서 향했던 문 외관을 남으로 향하도록(집안에서 볼 때) 해야 한다.

남쪽이 도로라면 문을 동남으로 옮긴다. 그것이 불가능할 경우는 문 외관을 서쪽으로 향하게 하면 된다.

3) 북 방위의 문

동북, 서남 방위의 문 이외에 북 방위 45도 범위 내에 문이 들어선 것 역시 흉상이다. 이때는 문 외관을 서북에서부터 서쪽으로 돌려놓으면 흉상을 피할 수가 있다.

다음은 길상의 문을 대길상의 문으로 고치는 방법이다.

(1) 동남의 문

문의 외관을 동쪽으로, 동남이나 남쪽으로(집안에서 보아) 향하게 하면 된다.

(2) 동 방위의 문

문의 외관이 동쪽이나 동남(집안에서 보아)을 향하게 하면 된다.

(3) 남 방위의 문

집안에서 보았을 때 문 외관이 동남, 정남(正南), 정서(正西)로 향하게 하면 된다.

(4) 서북 방위의 문

문 외관이 정서, 정북(집안에서 볼 때)을 향하게 하면 된다.

공기의 순환이 잘 되지 않을 경우

콘크리트나 시멘트 벽은 건강에 좋지 않다.

담 중 '살아 있는 나무로 둘러쳐진 담'이 가장 길상이고 널반지담, 철 사망 담, 관상(管狀) 담 등은 모두 다 안전하다.

콘크리트 담, 시멘트 담, 벽돌 담, 타일 담 등은 모두 흉상에 속한다. 더욱이 이 담들이 너무 높고 건축물과의 사이가 너무 가까울 때는 대흉상이다.

왜냐하면 이 담들은 공기의 유통이 잘 되지 않을 뿐만 아니라 햇빛까지 차단하기 때문이다. 콘크리트 담이나 시멘트 담들은 비록 통풍구가 마련되어 있다 할지라도 혼탁한 공기는 아래쪽에 모여 있어 통풍 효과가 별로 없다. 그러므로 콘크리트 담과 시멘트 담의 안쪽은 습도가 높다. 만일 담 안쪽에 이끼가 자라거나 지렁이가 생겼다면 통풍 장치를 빨리 바꿔야 한다.

집 둘레가 습하고 혼탁한 공기기 가득하면 가족의 건강에 해롭다.

그러나 다행한 것은 담이 다른 건축물과는 달리 고치기 쉽고 매우 간단하다.

첫째, 콘크리트 담이나 시멘트 담을 헐어버리고 푸른 나무로 바꾸는 것이 가장 좋다.

둘째, 푸른 나무로 담을 만들 수 없다면 철사망이나 관상 담을 만든다.

셋째, 만약 지금의 담을 헐어버릴 수 없으면 통풍 구멍을 몇 개 더 만들어 통풍이 잘 되도록 해야 한다. 밑바닥에서부터 20cm~40cm 높이에 두 평씩 좌우의 담벽에 높이 가로 40cm 세로 20cm의 통풍구를 만든다.

만약 시멘트 담이라면 그림과 같이 적어도 네 개에 하나씩 장식용 시멘트 통풍 설비를 삽입하되 밑에서부터 두 번째 칸에 맞춰넣는 것이 비교적 적합하다. 통풍구가 없는 곳에는 키 큰 나무를 심는다. 낮은 나무는 좋지 않다.

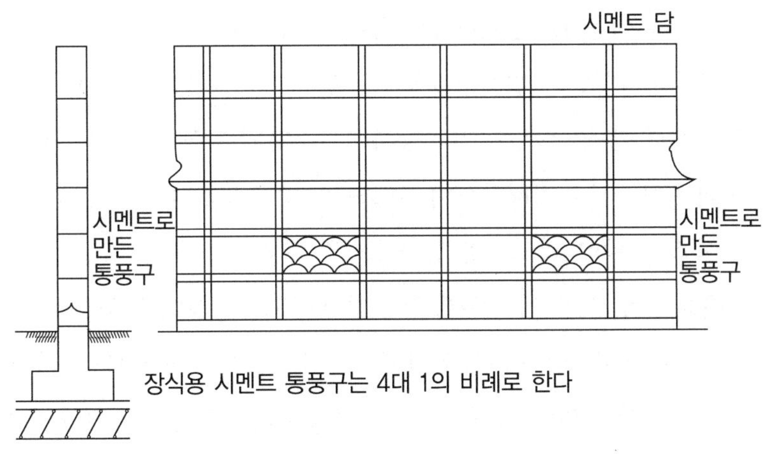

【그림27】 시멘트 담은 반드시 통풍 효과를 고려해야 한다

본체에서 떨어져 있다고 해서 모두 길상은 아니다

흉한 방위에 지었으면 가정불화와 경제 분쟁을 일으킬 수 있다

예전의 주택풍수 책을 살펴보면 본래의 집 이외에 그 곁에 따로 지은 집(별채)은 길상에 속한다고 적혀 있다. 그것을 곧이곧대로 믿고 본채 곁에 크고 아름다운 집이나 창고 등을 짓기도 한다.

그러나 사실상 이 별채들이 모두 길상에 속하는 것은 아니다. 그 방위에 따라 길흉이 나누어진다. 동시에 각각의 방위마다 별채와 본채 사이의 비례가 따로 정해져 있다. 이 조건에 맞지 않을 때는 그 방위가 길상에 속한다 하더라도 그를 길하다고 할 수 없다.

특히 동북, 서남, 남 방위에 있는 별채가 모두 흉상에 속한다.

동북이나 서남의 귀문 방위에 건축물이 돌출했다 하더라도 역시 흉상으로 변할 수 있다. 별채는 더더욱 흉상을 피하지 못한다. 만약 기초도 잘 닦지 않고 저장 용도로만 사용하는 곳이라면 어떤 흉상도 있을 수 없다. 이밖에 기초가 있는 건축물이라면 반드시 흉상으로 변한다.

만약 동북 방위의 별채가 있다면 온 가족이 의가 좋은 듯 보이지만 사실상 화합이 안 되어 가정에 온기가 없다. 이런 현상은 사회생활에도 영향을 주어 인관관계마저 손상되게 된다.

서남 방위에 별채가 있다면 본채에 거주하는 사람에게 남의 꼬임에 넘어가 금전적인 손실을 당하게 하고 사업에 있어서도 분쟁이 생기게 한다.

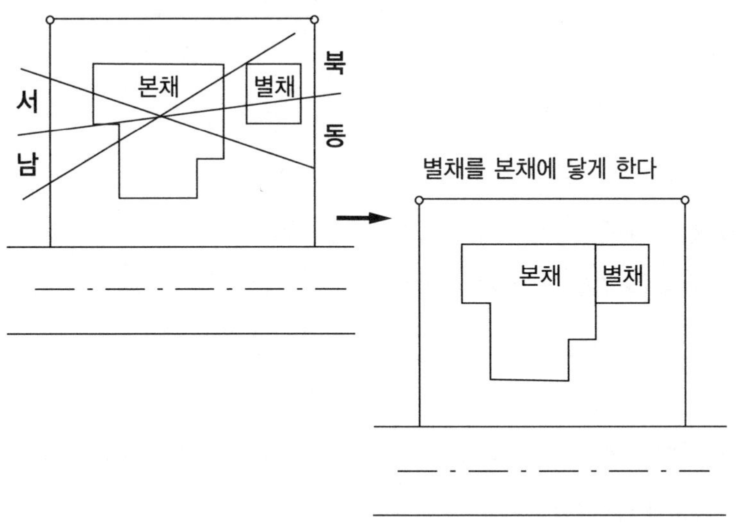

【그림28】동북이나 서남에 별채가 있을 때

흉상인 동북이나 서남에 별채를 더 짓는다면 그로 인한 해는 더욱 더 악화된다. 그러므로 하루라도 빨리 고쳐야 한다.

개량 방법은 다음과 같다.

별채를 헐어버린다. 만약 별채가 꼭 필요하다면 흉상이 없는 동 방위나 서 방위로 옮긴다.

옮길 공간이 없다면 별채를 본채에 닿도록 잇는다. 이렇게 하면 돌출이 생겨 동북이나 서남의 흉상에 부딪히게 된다. 그렇지만 별채를 더 짓는 것보다 훨씬 낫다.

햇볕이 잘 드는 남쪽에 별채나 창고를 짓는 사람은 별로 없다. 하지만 두 쌍의 부부가 거주하기 위해 주택을 지었다면 종종 남쪽에 따로 별채를 더 짓기도 한다. 이때 남 방위에 더 짓는다면 별채의 크기는 본채의 1/3이 되게 지어야 한다.

남쪽에 다른 건물이 있을 경우의 개량 방법

첫째, 본채에서 9m 이상 떨어져서 집을 짓는다.

둘째, 남쪽 건물의 2층을 헐어서 단층으로 고친다.

동북, 서남, 남 의외의 방위에는 별다른 문제가 생기지 않는다. 별채가 길상이 되게 하려면 방위나 크기 등을 엄수해야 한다. 이것을 준수하지 않는다면 길상의 효과가 없다.

언젠가 고목(古木)으로 서북방에 본채보다 3m나 더 높은 창고를 지은 광경을 보았다.

물론 서북 방위의 창고는 대 길상이라고 알려져 있지만 그리 정확하지는 않다.

만약 서북 방위에 별채를 더 짓는다면 그 크기가 본채의 1/2이 되어야 한다. 이것은 반드시 지켜져야 할 조건이다. 동시에 본채에서 9m 이상 떨어져야 한다. 이런 조건들이 갖추어져야만 재해를 당하지 않는다.

이 조건들을 대입해 보았을 때 앞에서 본 고목(古木)으로 서북방에 본채보다 3m나 더 높은 창고를 지은 건물은 절대 길상이 될 수 없을 뿐만 아니라 무서운 흉상임을 알 수 있다.

몇 년 후 지나는 길에 그 집 주인을 만났는데 큰 수술을 받았다고 하였다. 하여 그에게 창고가 너무 높은 것이 흉상이라고 말하였더니 그 즉시 창고의 높이를 낮추어 흉상을 없애버렸다. 그 후 그의 건강과 사업이 모두 순조롭게 풀렸다.

이처럼 동북이나 서남, 남 방위 이외의 별채는 그 크기에 따라 길흉으로 변한다. 그러므로 특별히 신경을 써야 한다.

아래에 각 방위의 별채에 대해 설명을 덧붙였다.

1) 북 방위에 덧 지은 별채

별채의 크기는 본채의 1/4 이하여야 한다. 반드시 본채에서 6m 떨어지게 지어야 한다. 침실로 사용하면 안 되고 책방이나 서재 등으로 사용하면 재화가 일어나지 않는다.

2) 동 방위에 덧 지은 별채

별채의 크기는 본채의 2/3여야 한다.

3) 동남 방위에 덧 지은 별채

별채의 크기는 본채의 2/3 이하여야 된다. 아울러 본채에서 4m 이상 떨어져야 한다.

4) 서북 방위에 덧 지은 별채

본채의 1/2 이하여야 한다. 그리고 사람이 거주해서는 안 된다. 여기서 절대로 사람이 거주해서는 안 된다는 말은 잠을 자는 것을 기르킨다. 만일 독서, 연구, 연습 등에 사용하는 것은 문제가 없다.

5) 서 방위에 덧 지은 별채

반드시 본채보다 낮아야 하며 크기도 1/2 이하여야 한다. 반드시 본채에서 9m 이상 떨어져야 하지만 사람이 거주해도 되고 창고로 사용해도 된다.

마루 밑에 콘크리트를 하고 또 비닐을 펴는 경우

흉상에 속한다. 여주인과 노인이 통증에 시달린다

마루 밑에 콘크리트를 하거나 비닐막을 펴는 것은 건물의 기밀성(氣密性)도 제고하고 또 흰개미의 침해를 방지하는 목적으로 많이 쓰인다. 그러나 주택 풍수로 볼 때 이는 매우 흉하다.

즉시 고치지 않으면 그 집에 거주하는 노인이나 안주인의 건강에 문제가 생긴다.

만일 새 집에 입주한 뒤 별다른 문제가 없는데 가족 중의 누군가가 항상 몸이 아프거나 간경화, 히스테리, 위장염, 방광염, 요통, 자궁염, 요도염, 치질 등의 증상이 생기면 마루 밑을 살펴보아야 한다.

최근에는 조립식 건축 방식을 많이 쓰는데 이 건축의 특징이 바로 마루 밑에 콘크리트를 하거나 비닐 막을 펴는 것이다. 이렇게 되면 흉악한 형상이 더욱 가중된다.

이 건축 방식은 기후와 풍토를 고려하지 않기 때문에 주택의 기초를 항상 낮게 닦는다. 게다가 마루 밑에 콘크리트까지 하여 습기가 더욱 많아진다.

콘크리트 위에 물이 고이면 좀처럼 마르지 않는다. 또한 지하로 흘러 내릴 수도 없기 때문에 부패의 원인이 된다. 마루 밑의 기초부분에만 콘크리트를 사용했으면 흙을 들쳐내는 것만으로도 손쉽게 보수를 끝낼 수 있으므로 간단한 편이다.

여기에서 마루 밑의 개량 방법을 소개한다.

1) 콘크리트를 하였을 때

마루판을 젖히고 콘크리트를 부서뜨린다. 매 평수마다 직경이 5cm 이상 되는 구멍 열 개씩을 뚫어놓는다.

2) 비닐막을 폈을 때

마루판을 젖혀 나무 막대기로 구멍을 만들면 된다. 가장 좋은 방법은 구멍을 수없이 많이 만드는 것이다. 만약 이렇게 할 수가 없을 때는 기초에 구멍을 내는 수밖에 없다.

일반적으로 기초에는 오직 15cm×20cm의 구멍 밖에 없다. 그러므로 통풍구를 더 많이 만들거나 통풍구를 크게 만들어야 한다. 그래야만 재해를 피할 수 있다.

주택 옆에 심어서는 안 되는 나무

개인 주택에 버드나무를 심어서는 안 된다

주택의 흉상을 길상으로 고치려고 할 때 그 어떤 것보다 나무를 이용하는 방법이 가장 간단하기에 가장 즐겨 사용하곤 한다. 실제로 삼각형 지대에 나무 심기, 건물 결각 방위에 나무 심기, 집 바깥쪽에 나무 심기 등은 흉의를 조금이라도 줄여주는 것이 사실이다.

그러나 어떤 나무든지 모두 다 길상을 주는 것은 아니다. 예를 들어 개인 주택에는 절대 심어서는 안 되는 나무들이 있다.

(1) 흉목의 종류

버드나무, 파초, 무화과, 벚나무, 목련, 소철, 영수목, 백양·······. 이들은 흉목이어서 길상을 줄 수 없다. 특히 버드나무는 절대로 개인 주택에 심지 말아야 한다. 만약 이것을 어기면 그 집에 거주하는 사람의 운세가 정반대로 돌아간다. 즉 여성은 남자처럼 행동하여 모든 일을 주도하고 남성은 제기능을 발휘하지 못한다. 이것이 바로 버드나무가 주는 특유한 흉의다. 특히 어린아이가 있다면 형편없이 허약해진다.

(2) 개인주택의 건축용지가 비좁을 때 흉목으로 변하는 나무
감나무, 복숭아나무, 사과나무, 티크, 대추나무, 석류나무, 귤나무, 피파나무 등 열매를 맺는 나무

(3) 지붕보다 더 높게 자라는 나무
은행나무, 장목(녹나무), 삼나무

정원에 이런 나무가 있다면 반드시 다른 곳으로 옮겨 심어야 한다. 베어 버리면 그만이라고 생각하는 사람들도 있지만 그 후에 생기는 흉의는 더욱더 커진다. 특히 나무가 매우 커버렸을 때는 함부로 베어 버려서는 안 된다.

이 세상의 모든 생물은 영기(靈氣)를 가지고 있다. 인류에게는 영혼이 있듯이 나무에게도 수영(樹靈, 나무의 영혼)이 있다. 그러므로 되도록 수영이 생존하도록 해야 한다. 그렇지 않으면 가정도 행복을 얻을 수 없다. 만일 나무를 반드시 베어 버려야 할 때는 '발혼(撥魂)의식' 을 거행하여 수영을 환송해야 한다.

발혼 의식을 할 때는 덕이 높은 사람이나 수도인을 청해 정초식을 거행하듯이 제물을 헌납하면서 수영께서 옮겨가도록 빌어야 한다. 단 한

그루의 나무일지라도 이런 의식은 절대 생략해서는 안 된다.

3m 이상의 버드나무를 베어버릴 때도 역시 이 의식을 거행해야 한다. 그리고 일단 벌목한다면 뿌리까지 완전히 뽑아버려야 한다.

다른 곳으로 옮겨 심는다 하더라도 정초식은 지내야 한다. 왜냐하면 나무가 한 지점에서 몇십 년, 몇백 년 살았으니 단 몇 미터를 옮긴다 해도 우선 옮긴 다음에도 말라 죽지 말라고 빈 다음에 옮기는 것이 순서다.

버드나무는 절이나 학교 등에 옮겨 심는 것이 가장 좋다.

열매는 맺는 나무일 경우 만약 집 주위 땅이 일천 평을 넘으면 흉상을 일으키지 않는다.

아주 높이 자라는 나무들은 순을 쳐내는 방법으로 키를 억제하면 된다. 예를 들면 삼나무는 10m 자라면 그 가지들이 뒤덮는 면적은 5평방미터에 이른다. 그러므로 부지런히 전지하여야 한다.

어떤 나무는 비록 흉목은 아니지만 상황에 따라 다른 곳으로 옮겨 심어야 한다. 예를 들면 삼목이 두통의 원인으로 작용하였다면 다른 곳으로 옮겨 심여야 한다. 이때도 반드시 정초식을 지내야 한다.

태양열을 이용하는 설비 자체에는 길흉이 없다.

그러나 물이 샐 때는 흉상을 일으켜 가족의 건강에 해를 끼친다

최근 태양열을 이용하는 설비는 이미 보편화되었다. 지붕 위에 설치하여 태양열로 물을 덮히는 등 그 사용 용도는 매우 다양하다.

이 설비를 어디에 설치하든 어느 방위에 자리하든 흉악한 현상을 일으키지는 않는다. 그러나 이 설비에서 물이 샐 때는 문제가 달라진다.

태양 에너지 설비의 수도관은 대부분 비닐 제품으로 되어 있다. 비록 튼튼히 고정되어 있지만 진동이나 지진 등의 영향으로 종종 비닐 수도관이 터지는 경우가 있다. 때로는 지붕과의 마찰에 의해서 손상을 입기도 한다. 문제는 이때 발생한다.

물이 새는 방위, 즉 관의 방위에 따라 흉악 현상이 가족의 건강에 영향을 주게 된다.

갑자기 두통이나 고열이 생긴다든지 이유 없이 혈압에 이상이 나타나든지 하면 집 중심에서 볼 때 서북 방위의 태양에너지 설비에 물이 샐 때 나타나는 증상이다.

기관지, 목구멍의 질병, 기침으로 인한 흉통, 등에서 허리까지 뻐근한 통증 등은 동북 방위의 태양 에너지 설비에 물이 샐 때 나타나며 아랫배가 묵직하면서 뻐근하게 아프면 북 방위의 설비에서 물이 샐 때 나타나는 증상이다. 신경과민으로 자질구레한 일로 안절부절하는 것은 동쪽 방위가 새는 것이다. 비록 위중한 증상은 아닐지라도 일단 가족에게 병이 생기면 즉시 태양에너지 설비에 관 배치를 점검해 보아야 한다.

비교적 안전한 동남 방위에 설비가 있다 할지라도 물이 새기 시작하면 즉시 흉상으로 변하고 만다. 이때 제일 쉽게 발생하는 것은 감기, 신경과민, 위장염으로 인한 체력 저하다.

이런 설비를 사용하는 집에서는 반드시 정기적으로 점검을 해야 한다. 그러나 이 설비는 대부분 지붕 위에 설치하므로 점검이나 수리하기도 여간 곤란하지 않다. 그러므로 이런 문제들을 미연에 방지하기 위해서는 정원에 설치하는 것이 가장 좋다. 이때는 방위의 길흉을 걱정할 필요도 없다. 만약 동남, 남 서, 서남(집 중심에서 본) 방위라면 그 이상 좋은 게 없다.

 한 가족이 항상 다투는 경우

이웃집 집수리의 영향일 수도 있다

주택 풍수란 단순히 자기 집 풍수만 좋으면 모든 일이 순조롭게 풀리는 것은 아니다.

이웃집도 당연히 풍수에 영향을 미친다. 예를 들면 이웃집의 정수장이나 화장실 등이 어느 방위에 있는지는 매우 중요한 일이다.

그러나 이웃집이 자신의 집에서 18m 이상 떨어져 있다면 어떤 영향도 미치지 못한다. 하지만 이웃에서 토목 공사와 집수리를 크게 벌였을 때 그 영향은 더더욱 크다.

예를 들어 공사장에서 발생하는 소음이나 먼지 등이 먼저 못 살게 만든다. 이뿐 아니라 이웃에 새 건물이 들어서면 전에 없던 새로운 기류를 초래하여 그곳에서 배회한다. 그 기류가 안정될 때까지 계속 그 자리에서 머뭇거린다.

항상 운동을 하고 또 체력 소모가 심한 노동을 하는 사람이라면 그리 영향을 쉽게 받지는 않지만 민감하고 오랫동안 한 자리에 머무는 사람일수록 그 영향을 쉽게 받는다.

예를 들어 내내 화목하던 가정이 이웃에서 토목공사를 크게 벌인 후부터는 자주 말다툼이 벌어지고 서로를 의심하여 끊임없이 언쟁하거나 갑자기 온몸에서 힘이 빠지는 등의 현상이 나타난다.

그리고 신경질적으로 불안감이 생기고 분쟁이 일어날 것 같은 분위기가 가정에 가득하다. 이처럼 정신분만 아니라 건강에도 영향을 받게 된다.

첫째, 집에서 볼 때 자신의 12지(十二支)에 해당하는 방위에 이웃이 있을 때(닭띠 해에 출생한 사람이라면 이웃이 서쪽 방위에 있을 때)가 가장 좋지 않은 영향을 받게 된다.

둘째, 자신이 출생한 구성(九星) 방위에 이웃이 있을 때도 좋지 않은 영향을 받게 된다.

예를 들어 이웃이 동 방위에 있다고 하자. 만약 가족 중에 묘(卯)년에 출생했거나 삼벽목성(三碧木星)의 해에 출생한 사람이 있으면 역시 불리한 영향을 입게 된다.

결과적으로 이웃에서 집 수리를 끝낼 때가지는 잠시 다른 곳에 거주하거나 여행, 출장 등을 떠나는 것이 좋다.

특히 이웃의 방위가 당신의 출생 방위와 같고 또 신체도 튼튼하지 못하다면 공사가 완공될 때까지 피해 있어야 한다. 만일 이것이 여의치 않는다면 다음과 같은 조치를 취한다.

⑴ 잘 때는 이웃과 제일 멀리 떨어진 방에서 쉰다.

밤에는 공사를 잠시 쉰다하더라도 가장 멀리 떨어진 방에서 자는 것이 안전하다.

⑵ 신묘한 절에서 가족들을 위해 액막이와 복을 빌어야 한다.

만일 가족 중의 12지가 이웃의 방위와 일치한다면(예를 들어 토끼띠해에 출생한 사람과 이웃이 동방위일 때) 반드시 그를 위해 액막이와 복을 기원해야 한다.

그 당시에는 그 자신에게 별다른 일이 일어나지 않을지라도 이미 악기(惡氣)에 싸여 있으므로 미래에 영향이 없다고는 확신하기 어렵다. 그러므로 반드시 신의 보호를 경건하게 간구해야 한다.

택지에 문제가 있을 경우

문제가 있는 택지는 반드시 불상(不祥)을 뽑아 없애야 한다

집의 길흉을 따질 때에는 택지에 문제가 없는지 살펴보아야 한다.

가상(家相)을 논할 때면 많은 사람들이 오직 주택 자체의 길흉이 제일 중요하게 생각하여 방위와 칸막이들만 안전하면 그만이라고 여긴다. 그러나 문제는 그처럼 단순하지 않다.

예를 들면 어떤 택지는 주택을 짓기 전부터 어느 방면에 이미 문제가 있는 것이다. 다시 말하면 귀신이 농간을 하는 것이다. 특히 그 택지에 자살한 사람이 있거나 전쟁터였다면 평안을 확보하기가 어렵다.

이처럼 문제가 있는 토지 위에 집을 짓는다면 제아무리 길상인 집을 지었다 하더라도 이 토지가 갖고 있던 악연에서 빠져나올 수가 없다.

천신만고 끝에 집을 장만한 부부가 있었다. 그 집 앞에는 큰 나무 한 그루가 있었는데 이웃들에게서 그 나무에 목을 메어 죽은 사람이 있다는 말을 들었다.

그 집에 입주한 뒤부터 안주인은 우울증에 걸려서 항상 집안에 틀어박혀 있고 말도 안하고 움직이지도 않으면서 밥도 잘 먹지 않았다.

살펴보니 그 집에는 문제가 없었다. 아마도 택지에 원인이 있는 듯했다.

악연이 있는 택지는 그 처리가 매우 어렵다. 간단한 방법으로는 토지의 길흉을 바꿀 수가 없다. 다시 말해 일반적인 초도(超度)의식만으로는 원한 많은 영혼을 완전히 위로할 수가 없다.

부동산업에 종사하는 한 사람이 나를 찾아왔다. 대부분의 부동산이 모두 팔렸는데 이상하게도 팔리지 않는 땅이 있다는 것이다. 그는 나에게 그 현장을 보여 주었다.

그 현장을 둘러보는 순간 온몸에 식은땀이 흘렀다.

그 택지 위에 자살한 무사(武士)의 영혼이 나타난 것이다. 원래 이곳은 여러 무사들이 다툼을 벌이던 곳이었다. 그 무사들은 한을 남기고 세상을 떠났으므로 그 영혼은 이곳을 떠나지 않고 있었던 것이다.

그러므로 일단 이곳에 집을 짓고 거주한다면 그 가정은 기필코 재해를 입게 되며 그 재해는 우선 정신적인 면에서 발생하게 된다.

즉 한밤중에 악몽을 꾸고 놀라 깬다든지 이상한 사건이 자주 발생하고 곳곳에서 분쟁이 일어나 속 편한 날이 없게 된다. 마침내는 정신이 불안해지고 신경쇠약으로 발전하게 된다. 동시에 육체적으로도 손상을 입게 된다.

주택 풍수에는 아무 문제가 없는데 새집에 입주한 후부터 좋지 않은

일이 계속 발생된다면 그 택지에 악연이 있는지 의심해 보아야 한다.

만일 악연이 있다면 다른 택지로 옮겨야 한다. 그러나 사정이 여의치 않아 문제가 있는 집에 계속 거주할 수밖에 없다면 가족의 건강을 위해서 반드시 공양의식을 거행해야 한다.

인품과 덕행이 높은 승려나 수도인이면 망령에 대한 공양의식을 거행할 수 있다. 가장 중요한 것은 공양하는 시주가 반드시 경건하고 정성스러운 태도로 망령을 동정하고 하루빨리 왕생(往生)할 것을 축원해야 한다. 형식상으로만 공양하는 척한다면 아무 효과가 없다.

공양의식에는 온 가족이 모두 참여해야 하고 경건한 마음으로 망령의 평안을 기구해야 한다. 그리고 이 의식을 단 한 번으로 끝내서는 안 된다. 5년 동안 해마다 한두 차례 지내는 것이 좋다.

만일 집을 짓기 전이라면 정초식을 지내야 하고 오래된 가옥을 구매했다면 전에 정초식을 지냈는지를 알 수 없으므로 이 역시 공양의식을 거행하는 것이 좋다.

물론 집안에는 신단이나 불단을 설치하고 매일 경건한 마음으로 향불을 피우면서 신의 보호에 감사를 드려야 한다. 아울러 조상에게도 공양해야 한다. 이렇게 행동한다면 눈으로는 보이지 않는 대자연의 영기가 가족의 혼백에 힘이 되어 준다.

지금 땅을 구입하려는 사람이 있다면 한 가지 당부하고자 한다. 우선 그 땅의 역사와 인연을 잘 알아야 한다. 물론 그런 정보를 얻기는 매우 힘들다. 그 땅에 오랫동안 산 향토사학자를 방문하거나 자료를 열람하여 토지의 특수 조건을 철저히 조사해 보는 것도 방법이다.

만약 그것이 힘들다면 직접 판단을 내리는 방법도 있다.

망령이 재화를 일으키는 토지는 그 땅을 보기만 해도 머리가 어지러워지면서 온몸으로 거부감이 느껴진다. 또는 행선지를 정하고 그곳으로 가려는데 의외의 일이 생겨 그곳에 도달할 수 없게 된다.

이것은 자기 자신의 영감이 이 일을 예감하고 미리 알려주는 것이다. 이런 일을 당한다면 억지로 행하려 하지 마라.

또 'ㅇㅇ총(塚)', 'ㅇㅇ적(迹)'이라고 불리는 지명(地名)은 모두 자세히 살펴볼 필요가 있다.

구입하려는 땅 부근에 부부 사이가 좋지 않거나 도산, 이혼, 요절한 사람이 많을 때는 특별히 조심해야 한다. 이밖에도 이웃이 서로 오가지 않는 인간관계가 좋지 않은 땅도 위험하다.

사원의 정면에 위치한 주택의 경우

불결한 망령을 초래하지만 나무를 많이 심으면 화를 피할 수 있다

옛날에는 사원이 소유한 면적이 매우 많았다. 그러나 최근에는 사원에 속하던 땅에 주택을 짓는 일도 많아졌다. 그러나 이곳에 거주하면 성역(聖域), 영지(靈地)를 침범한 꼴이 되므로 입주하지 않는 것이 좋다.

사원의 정면에 주택을 지었을 때는 쉽게 화를 당할 수 있다. 고승이나 신앙심이 두터운 절의 주지가 거주할 때는 아무 문제가 없지만 보통 사람이 입주한다면 그 즉시 흉상으로 변한다.

사원의 정면에는 그 사원으로 통하는 길이 있기 마련이다. 그 길은 그 땅의 신들이 지나다니는 통로다. 그러므로 불결한 망령이나 악령들이 이 길에 모여들어 신에게 하루빨리 인간세상에 태어나게 해달라고 간청할 것이다.

그러나 신이 매일 그곳에 나타나는 것도 아니고 또 나타난다고 해도 불결한 망령이 그처럼 쉽게 환생할 수 있는 것도 아니다. 그렇기 때문에 불결한 망령들은 사람들의 몸에 붙게 된다. 특히 사원의 정면에 있는 주택에 그 불결한 망령들이 더욱 쉽게 들어가게 된다.

불결한 망령이 몸에 붙으면 정신이 불안정해진다. 갑자기 가족들의 성격에 변화가 생기면 망령들이 붙은 게 아닌지 의심해야 한다.

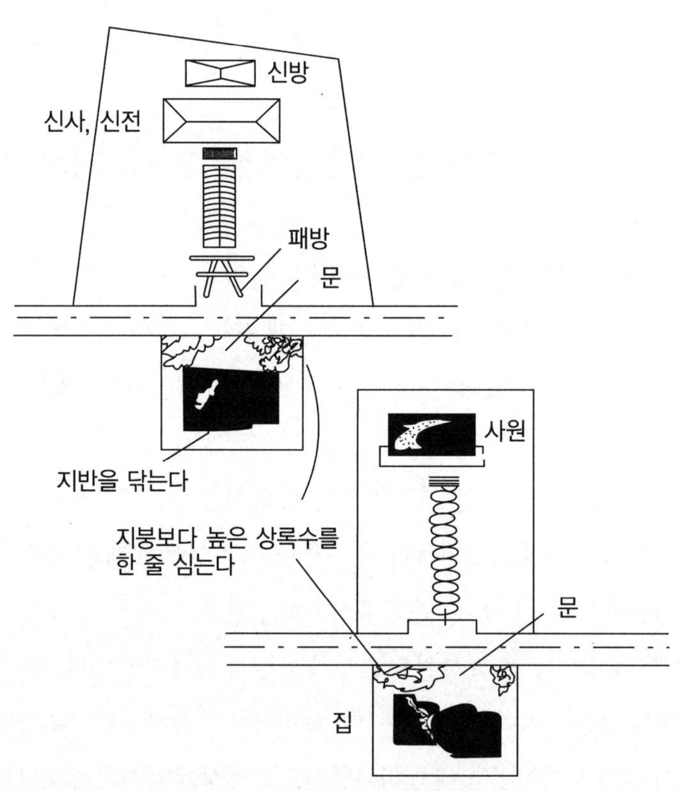

【그림29】 사원 정면에 주택이 있을 때

그러나 사원의 정면에 있는 주택이라고 해서 모두 귀신이 나타나는 것은 아니다.

나무에게는 망령을 쫓아버리는 힘이 있는데 이것을 청정영력(淸淨靈力)이라고 한다. 이 방법을 이용하면 귀신의 접근을 막을 수가 있다.

주택의 정면에 지붕보다 훨씬 큰 상록수들을 심으면 된다. 주의할 것은 상수리나무, 삼나무 등 단 한 그루만 심는 게 아니라 반드시 맞은편의 절이 보이지 않도록 빼곡하게 심어야 한다.

소나무를 심어도 상관없지만 지나치게 키가 큰 것은 오히려 나쁜 영향을 미친다. 지붕을 넘는 키의 상록수가 좋지만 장목(녹나무) 등은 지붕을 뒤덮게 되므로 흉상이 되어 버린다.

만약 집 주위가 꽤 넓다면 장목도 북쪽을 향하도록 심으면 된다. 하지만 일반 가정에서는 심지 않는 것이 더 좋다.

집 주위에 총(塚), 왕묘(王廟)가 있을 경우

주위의 집들까지 흉상을 준다. 사고가 계속 발생할 때는 주의해야 한다

사원의 정면에 있는 주택이 받는 영향에 대해서는 쉽게 처리할 수가 있다. 흉상의 원인을 쉽게 포착할 수가 있기 때문이다. 그러나 이전에 있던 무덤이나 총, 왕조, 수로신(水路神)의 사당 등은 해결하기가 비교적 어렵다. 주택을 지을 당시에는 이미 없어졌으므로 그 후에 입주한 사람들은 전혀 알 길이 없기 때문이다.

이런 경우 입주한 후 오래지 않아 사건이 발생한다.

이런 택지가 미치는 흉상으로는 교통사고나 층계에서 떨어지거나 오진으로 인한 수술 등이 가장 많이 발생한다.

만약 이웃은 매우 평안하고 주택 풍수에도 문제가 없는데 자신의 집에만 사고가 연달아 발생한다면 그 집터가 옛날에 무덤이 아닌가 의심해 볼 필요가 있다. 옛날에는 자신의 집 정원에 무덤을 만드는 경우가

많았다. 이때 인간세상에 미련이 있는 사자(死者)는 줄곧 그 자리를 떠나지 않고 머물러 있다. 총이나 지장왕묘가 있던 땅에는 그 흉상이 단한 집에만 국한되지 않고 주변의 여러 집에도 파급된다.

시외의 한 아파트에서 불행한 일이 계속 발생한 적이 있다.

두 가정에서 요절자가 생기고 또 한 집에서는 사고와 원인 불명의 질환이 계속 발생하였다. 또 다른 집에서는 회사가 도산하는 바람에 실업을 당하는 등 나쁜 일이 꼬리에 꼬리를 물고 발생하였다.

이처럼 계속되는 불행에 이 아파트 주민들은 불안에 휩싸였다. 얼마 후 그들은 택지에 문제가 없는지 건축회사에 문의해 보기로 결론을 내렸다. 그 결과 이 땅에 아파트가 들어서기 전 대사(大師)의 묘(廟)로 통하는 길이 있었고 돌로 된 이정표가 세 개 있었음을 알 수 있었다. 그리고 건축회사에서 세 개의 이정표 중 하나만 남기고 나머지는 함부로 묻어버리고 말았다는 것이다.

아파트 주민들은 세 개의 이정표를 본래대로 복구하기로 제의했다.

자살자가 있는 땅이나 전쟁터 등은 그 발생되는 흉상이 위의 사례처럼 엄중하지는 않다. 신을 향하여 더욱 경건한 마음으로 평안을 빌면 흉의는 감소된다.

자시의 집터가 원래 총이나 무덤, 또는 왕묘가 있었다는 것을 알았을 때는 매일 집과 그 주위에 소금을 뿌려 재화가 일어나지 않도록 빌어야 한다. 만약 신단에 공양했던 소금이나 과일 들을 사용하면 그 효과는 더욱 좋다.

해마다 한두 차례씩 덕망이 높은 승려나 수도인을 청하여 정초시과 공양을 올리는 것이 가장 좋은 방법으로 흉의를 충분히 방지할 수 있다.

앞에서 말했듯이 사원 택지가 일으키는 액(厄)은 결코 신이 내린 징벌이 아니라 신의 힘을 빌어 인간 세상에 태어나려는 저급 망령들의 짓이다.

그러므로 사원 택지에 주택을 지었다면 그 주택은 구매하지 않는 것이 가장 좋다. 만일 입주한 후에야 이 사실을 알았다면 하루빨리 이주하는 것이 제일 좋다. 왜냐하면 이런 택지는 제아무리 애를 쓴다 해도 그 효과가 나타나지 않기 때문이다.

신경통 등 통증을 동반하는 질환이 있는 경우

택지가 문제가 있다 습기가 심한 곳에는 활성탄소를 뿌려야 한다.

움푹 패인 곳에 좋은 흙으로 다져서 형성된 택지는 겉으로 보기에는 매우 훌륭한 듯하다. 그리하여 적지 않은 사람들이 이 땅을 사서 주택을 짓는다.

입주한 후 집안 곳곳에 습기가 많이 보이므로 비로소 습지에 집을 진 것을 깨닫게 된다.

소택의 습지를 메운 땅, 지반이 좋지 않은 토지, 또는 지반이 좋지 않은 산을 등진 토지 위에 집을 짓고 나서 무엇인가 '잘못되었음'을 알아차렸을 때는 건강에 이미 문제가 생겼을 때다.

예를 들면 '새 집에 입주한 후 항상 감기에 잘 걸린다' 든지 '손발이 신경통처럼 쑤신다' 든지 혹은 '몸이 계속 좋지 않다' 등의 현상이 나타난다.

인류뿐 아니라 동물이나 식물도 반드시 태양과 대지의 혜택을 받아 생명을 유지한다. 그러나 육안으로 보이지 않는 대지의 영능(靈能, 영혼 에너지)을 사람들은 항상 소홀히 한다.

지표에서부터 1~1.5m 높이의 대지층에서 영능을 발산하고 있는데 인류와 모든 생물에게 절대 없어서는 안 되는 에너지다. 그러나 지반이 좋지 않은 곳과 습지를 메워서 형성된 택지에는 진흙 때문에 이런 영능이 발산되지 못한다.

그렇기 때문에 건강상에 문제가 발생되는 것이다. 이런 토지는 반드시 1m 깊이의 토양을 파내고 새로운 토양으로 갈아주어야 한다. 말하기는 쉬어도 이것을 실시하기는 매우 곤란하다. 집이 이미 완성되었는데 어떻게 1m 깊이로 흙을 파내고 새 흙으로 갈 수 있겠는가?

그러나 방법은 있다. 아래에 그 방법을 소개한다.

1) 지표 아래에 활성탄소를 뿌린다.

활성탄소는 습기를 흡수하여 습기의 상승을 방지하는 효과가 있다.

2) 산(山)의 모래를 뿌린다.

10~15cm 좌우에 산 모래를 펴서 습기를 막는다.

3) 기초를 높인다

25~30cm 두께로 산의 모래를 뿌린다. 40cm이던 기초를 50cm 높이까지 올린다. 만약 소재지를 메운 택지라면 적어도 90cm 높이까지

올려야 한다. 만약 집짓기 전이라면 반드시 산의 모래나 활성탄소를 뿌리고 그 다음에 기초를 높인다. 이렇게 해야만 흉의를 방지할 수 있다.

4) 습지에 비닐막을 펴는 방법도 있다.

그러나 이 방법은 반드시 지표면 아래 1m 깊이에 비닐막을 펴야 한다. 1m 길이가 안 되는 곳에 펴서는 문제가 해결되지 않는다. 만약 비닐막 위에 흙을 펴면 오히려 습기를 더 증가한다.

위의 방법을 실천한 후에는 신에게 공양한 한 접시의 소금을 매일 집 주위에 뿌린다. 식염의 정화력(淨化力)을 빌려 토지의 영능을 정화하는 것이다.

삼각형의 택지에 거주할 경우

비정상적인 행동을 하게 된다

삼각형 택지는 주택 풍수에서 절대 금하고 있다. 대부분의 사람들은 택지를 장방형(사각형)이라고만 생각한다. 그러나 삼각형인 택지도 많다.

삼각형 택지는 어느 면으로 보던지 나쁜 일만 일으킨다.

즉, 그곳에 거주하는 사람의 정신이나 두뇌에 타격을 주어 올바른 생각을 할 수 없도록 만든다. 특히 여색에 파묻혀 지내는 것이 이 택지에 거주하는 사람들의 특색이다. 또한 사업을 운영하는 사람에게도 큰 타격을 주게 된다.

이 삼각형 택지에 거주한 지가 오래 되었다면 비록 이사를 한다 해도 흉의는 그대로 존재하게 된다.

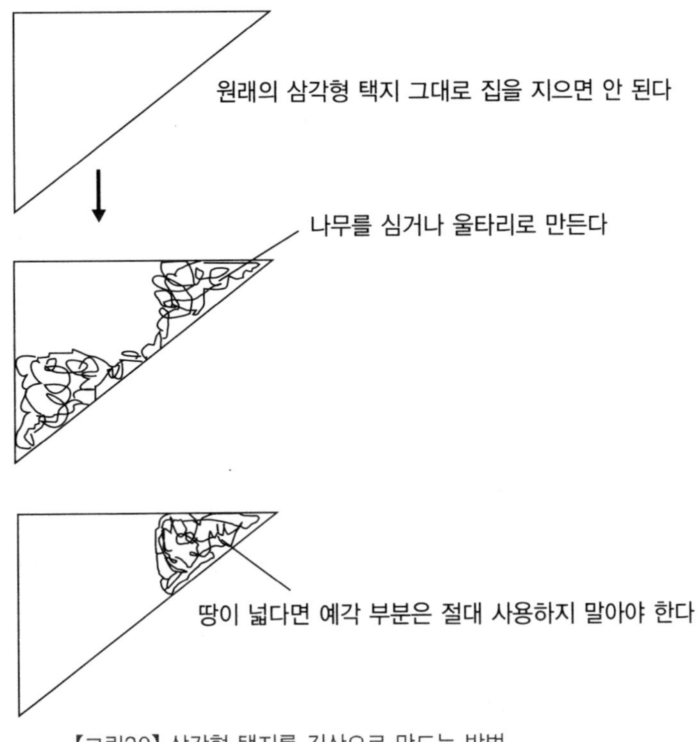

【그림30】 삼각형 택지를 길산으로 만드는 방법

만약 지금 거주하고 있는 택지가 삼각형이라면 빨리 길상으로 고쳐야 한다.

토지가 넓다면 전혀 어려울 것이 없다. 예를 들어 삼각형의 예각 부분을 나무 울타리로 만들거나 나무를 심는 방법으로 나누는 것이다. 이 예각 부분은 절대 사용하면 안 된다.

예각의 잘라낸 부분을 화단이나 채소밭, 나머지는 낮은 나무들을 심어도 된다. 그리고 장방형 부분만 사용하면 된다.

이처럼 실시하면 삼각형 택지가 초래하는 재해는 피할 수가 있다. 예각 부분은 영원히 사용하지 말아야 한다.

일단 삼각형 택지에 입주한 뒤에는 그 예각 부분에 반드시 녹색(교목, 관목, 화초를 심는다)을 유지해야 한다.

예각 부분을 차고나 창고로 사용해도 안 된다. 반드시 공지로 만들고 절대로 사용을 금지해야 한다.

만일 땅이 너무 작아서 예각 부분을 사용해야 된다면 다른 곳으로 이사를 하는 것이 가장 좋은 방법이다.

한 음식점에서 삼각형 택지를 구입하였다. 주인은 그곳에 주차장을 만들 계획이었다. 그러나 그 예각 부분이 원래는 화단이었기에 나는 그곳에 화원을 만들도록 권유하였다.

머지 않아 그 예각 부분은 아름다운 꽃들로 가득하였다. 사람들은 발걸음을 멈추고 그 꽃들을 감상하였고 음식점 주인의 음식 솜씨도 뛰어났으므로 장사는 매우 잘 되었다.

음식점 주인은 불길한 삼각형 택지를 쓸모있게 이용하여 흉상을 길상으로 바꾼 것이다.

돌출한 택지가 귀문 방향에 놓였을 때

정신적으로 좋지 않은 영향을 받는다. 건축물이나 나무로 보완한다

주택 풍수에서 택지의 가장 이상적인 모습은 6:4 비율의 사각형이다. 이에 부합되지 않는 택지는 조금이라도 문제가 생기게 마련이다.

특히 택지의 동북과 서남, 다시 말해서 표귀문(表鬼門)과 이귀문(裡鬼門, 택지 중심에서 보아)의 방위가 돌출했다면 흉상으로 변한다. 원칙상으로 동출한 택지는 길상에 속한다. 그러나 귀문 방향의 돌출은 오히려 흉상에 속한다. 돌출이라 함은 한 번의 길이가 1/3내로 도드라져 나왔음을 말하는 것이다.

현재는 이상적인 택지를 구하기가 매우 어렵다. 만약 이상적인 택지에 얽매인다면 영원히 집을 짓지 못할 것이다. 흉상을 지닌 택지라 할지라도 거주자가 죽는 일까지는 생기지 않는다.

여기에서 말하는 흉상은 대부분 육체적으로 나타나는 것보다는 정

신적으로 나타나는 영향이 훨씬 크다. 예를 들면 속이 타고 어떤 일에
도 흥미가 없을 뿐만 아니라 지나치게 고집을 부려 실패를 당하는 등
의 일이 일어날 뿐이다. 그 결과 운세는 계속 내리막길로 치닫게 된다.
특히 남녀 주인에게 미치는 영향은 매우 크다.

　이때는 반드시 이사를 할 필요는 없다. 그렇지만 빨리 길상의 택지로
고쳐야 한다.

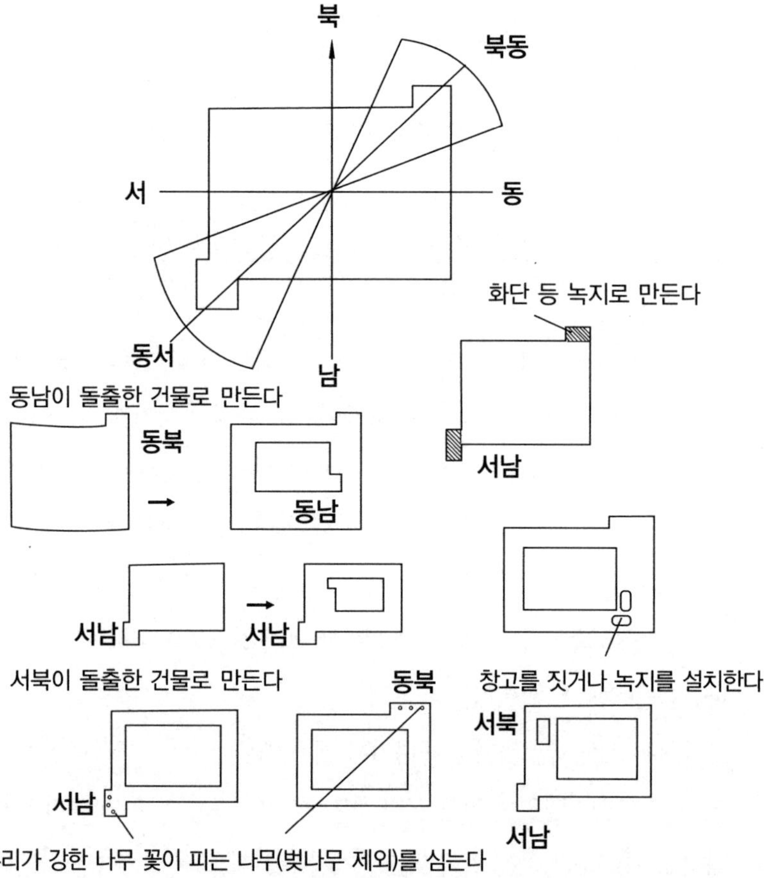

【그림31】 귀문 방위가 돌출했을 때의 개량법

가장 이상적인 방법은 다음과 같다.

⑴ 동북이나 서남의 돌출한 땅을 절대 사용하지 않는다.

단지 녹지, 채소밭으로 만들거나 수림으로 만들 수는 없다. 그러나 창고나 차고로 사용해서는 안 된다.

⑵ 만약 동북 방위가 돌출했다면 동남 방위에 토대가 있는 창고를 짓거나 오아시스를 만들어 돌출한 건축물을 대치한다.

그곳에 잔디를 깔아 정원을 만든다. 서남 방위가 돌출했더라도 이와 같은 방법으로 서북 방위에 토대가 있는 창고를 짓거나 잔디를 깐 정원 등으로 만든다.

위의 두 가지 방법을 실시할 수 없는 상황이라면 다음과 같이 하면 된다.

⑶ 돌출한 부분에 소나무, 삼나무, 홰내무(아카시아) 등 뿌리가 강한 식물을 심거나 꽃이 피는 식물(벚나무를 제외한 매화나무, 동백꽃, 참죽나무 등)을 심어도 된다.

예를 들면 택지의 동북이 돌출되었다면 동북 방위의 건축물 구석에 위의 나무들을 심는다. 택지의 서남이 돌출되었다면 서남 방위의 건축물 구석에 위의 각종 화목을 심을 수 있다.

 # 택지의 한 모퉁이가 결각(缺角)진 경우

흉상으로 가족의 운세가 약해진다. 건물의 돌출된 부분으로 보완한다

결각이란 택지의 한 변이 2/3 정도 움푹 들어간 현상으로 흉상이다.

돌출은 거의 길상에 속하지만 결각은 어느 방위든 흉상에 속한다. 특히 동북과 서남의 귀문 방위가 결각인 것이 가장 흉하다. 동 방위의 흉상은 비교적 적다. 그 다음으로 영향을 미치는 것은 동남 방위와 서남 방위의 결각이다.

결각이 있는 택지에 거주해도 건강에는 큰 문제가 없지만 가족 구성원들이 사회에서 좀처럼 그 역량을 발휘하기 힘들다.

나의 이웃에 N이라는 사람이 살고 있었다. 우리는 서로 눈인사만 나누는 사이였지만 그는 매우 정답고 인품도 있어 보였다.

하루는 그가 나에게 다가와서 정색을 하며 말하였다.

"주택 풍수가 좋지 않으면 사회적으로 인정을 받지 못한다는데 사실입니까?"

그는 어찌 된 일인지 아무리 열심히 일해도 승진이 안 된다고 말하며 자신의 집을 한 번 보아 달라고 하셨다.

N의 집을 방문하였더니 그의 주택에는 아주 큰 결각이 있었다. 남 방위에서부터 서남 방위까지 결각이었다. 비단 주택만 결각인 것이 아니라 택지까지도 큰 결각이 있었다. 그러나 이보다도 더 큰 문제는 N은 신(申)년생인데 12지의 방위까지 바로 그 결각처에 놓여 있다는 것이었다.

그러므로 결각은 3중의 흉의를 갖고 있는 것이다. 몇 년 동안 승진을 할 수 없었던 원인이 바로 여기에 있는 것이다.

이런 상황이라면 결각의 택지를 길상으로 바꿔야만 재해를 벗어날 수 있다.

길상으로 바꾸기 위해서는 다음과 같이 실천해야 한다.

(1) 택지의 결각이 있는 방위에 건축물을 이용하여 돌출 효과를 준다. 동 방위가 결각이라면 바로 그 동 방위에 돌출된 건축물을 짓는다.

(2) 동북과 서남 방위가 결각일 때는 그 방위에 돌출된 건축물을 지어서는 안 된다.

왜냐하면 동북과 서남의 돌출은 흉상에 속하기 때문이다. 이때는 그 결각 방위의 건축물 바깥에 나무를 심는 것이 좋다. 그리고 이 두 방위에 불결한 물건은 놓지 말아야 한다.

택지가 결각이기 때문에 그곳의 건물도 결각인 예가 많다. 이미 지어
진 주택에 입주하려면 우선 길상으로 고친 후에 입주하는 것이 좋다.

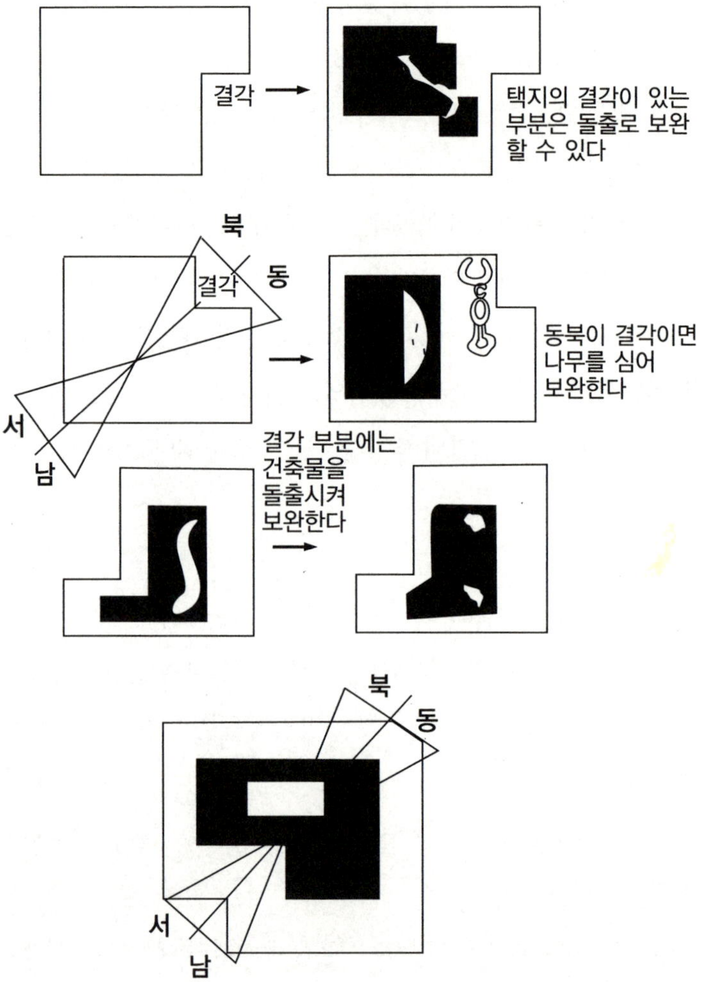

【그림32】 택지에 결각이 있을 때의 개량법

(3) 결각 건물의 모서리를 직선으로 연결하거나 그 삼각 부분을 덧붙여 짓는다. 이 방법이 결각보다 낫다.

덧붙여 지은 삼각형 부분은 사용하기 불편하지만 결각으로 인한 흉상을 감소하기 위해서는 이 방법을 취하는 것이 더 타당하다. 그러나 삼각형 부분은 반드시 여닫을 수 있는 문이 있어야 한다(안이나 밖 어느 쪽으로도 열 수 있도록 해도 된다).

만약 확장할 공간이 없다면 아래의 방법을 취하면 된다.

(4) 어떤 방위이든지(동북, 서남의 두 방위 제외) 택지에 여유 공간이 있다면 주택 건물을 밖으로 돌출되게 할 수가 있다.

앞에서 예를 든 N의 주택은 서남 방위가 결각이었다. 다행히 공간이 있어서 결각의 두 모서리를 직선으로 연결하여 삼각형으로 덧붙여 지은 다음 그 바깥쪽에 낮은 나무들을 심었다.

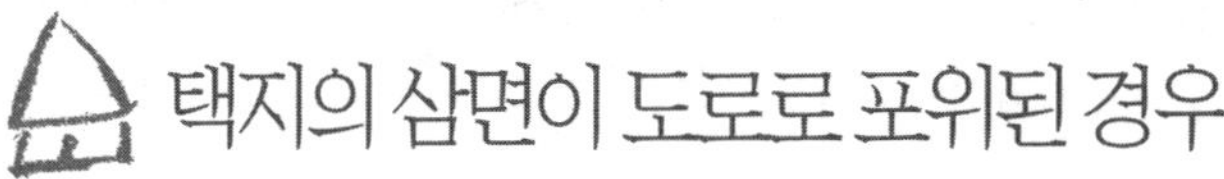# 택지의 삼면이 도로로 포위된 경우

흉상으로 온 가족이 사고나 부상을 당한다

종종 아무런 이유 없이 사고와 상처를 입는 경우가 있다. 자전거를 타고 가다가 갑자기 골목에서 뛰어나오는 사름을 발견하고 급히 브레이크를 밟았는데 그만 넘어져서 뼈가 부러지거나 높은 계단에서 굴러 떨어져 부상당하는 일들이 그 예다.

삼면이 도로인 택지는 흉상으로 이곳에 거주하는 사람은 온가족이 이와 비슷한 사고를 당한다. 여기서 말하는 도로는 공공 도로며 개인용 도로가 아니다.

삼면이 도로로 포위되었더라도 그 방위에 따라 흉의의 정도는 달라진다. 서, 북, 동 세 방위가 도로로 둘러싸여 있다면 그 택지는 흉상이 가장 강하다. 그 다음으로 흉상이 강한 곳은 북, 서, 남이 도로로 둘러싸인 택지며, 남, 동, 북이 도로인 택지는 세 번째로 흉상이 강하다. 마지막으로 남, 동, 서쪽이 도로인 택지가 가장 흉상이 적다.

그러나 이런 택지는 옛날에 전쟁터이었거나 자살 사건이 있었던 땅에 비하면 흉상의 정도가 심하지 않다. 그러나 그 땅에 거주하는 가족은 항상 외상(外傷)이나 돌발사건으로 인해 해를 당한다. 더 큰 문제는 그 흉악한 현상은 점점 더 격렬해진다는 것이다.

택지가 비교적 넓다(최저 150평)면 이런 흉상은 방지할 수도 있다.

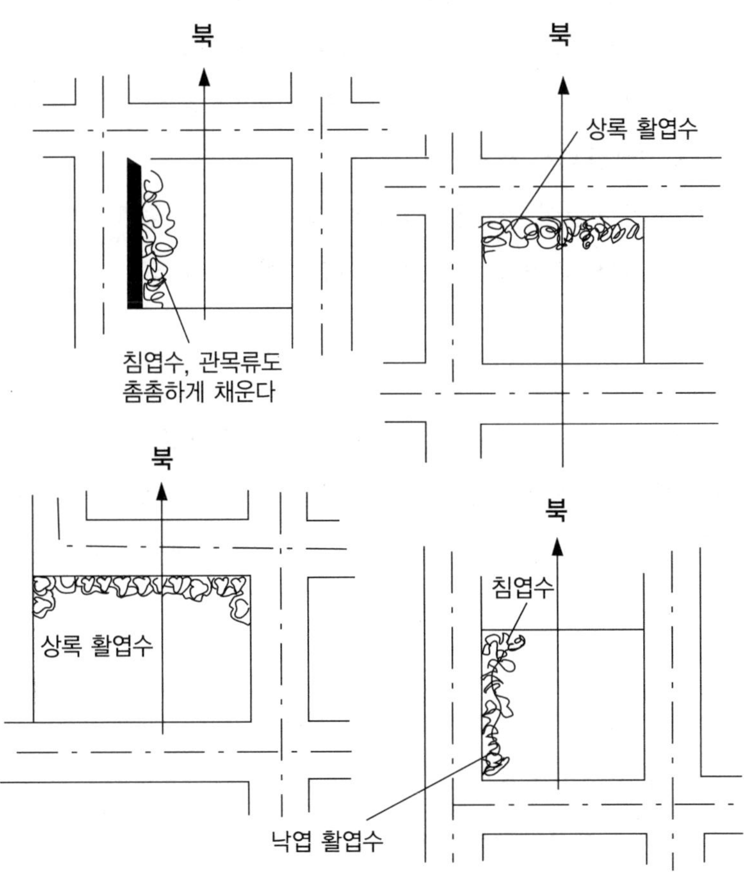

【그림33】 3면이 도로에 둘러싸여 있을 때의 개량법

주택이 도로에 둘러싸인 상황에 따라 개량법을 자세히 알아보자.

(1) 서, 북, 동쪽이 도로에 둘러싸였을 때

세 방위 중 두 방위만 도로에 둘러싸이도록 만들면 된다. 다시 말하면 능각(稜角)이 있는 택지로 만드는 것이다. 그러면 서 방위에서 침입하는 기류(氣流)를 막을 수 있다. 능각으로 만드는 방법은 우선 서쪽 도로 옆에 삼나무, 적송 등 침엽수를 심는다. 동시에 택지가 서쪽 도로까지 사용되지 못하도록 한다. 그리고 침엽수 아래에 관목류의 나무를 촘촘하게 심으면 더욱 안전하다.

만약 서쪽에 문이 있으면 막아버리고 동쪽에 문을 만들면 된다. 그러나 반드시 주인의 12지에 해당하는 방위가 아니어야만 한다.

(2) 북, 서, 남이 도로에 둘러싸였을 때

서남의 능각지를 이용하기 위해 북쪽 도로 옆에 한 줄로 나무를 심는다. 이때는 상록 활엽수가 가장 좋다. 만약 북쪽에 문이 있다면 그것을 막아버리는게 좋다. 주인의 12지가 남 방위에 없다면 그곳에 문을 만들 수 있다.

(3) 남, 동, 북이 도로에 둘러싸였을 때는 가장 좋지 않은 조건의 택지를 가장 좋은 택지로 바꿀 수 있다.

즉, 동남 능각의 지형으로 만들 수 있다. 그 방법은 북쪽 도로 옆에 상수리나무 같은 상록 활엽수를 심는다. 그리고 반드시 주인의 12지에 해당하는 방위를 피하여 동, 남, 동남 중 임의의 방위에 문을 만든다면

길상이 될 수 있다.

　만약 북쪽에 문이 있다면 꼭 막아야 한다. 동방에서부터 남 방위사이에 길상의 문을 낼 수 있다.

　(4) 남, 동, 서쪽이 도로에 둘러싸였을 때

　최고 길상인 동남 능각지를 형성할 수 있다. 즉, 서쪽 도로 길에 흑송(해송) 등의 침엽수를 심는다. 침엽수를 한 그루 심은 후 활엽수(단풍나무)를 한 그루 심는다. 그러나 너무 큰 나무는 절대 심어서는 안 된다. 그리고 도로 쪽에 담을 쌓아도 된다.

　위와 마찬가지로 삼면이 도로에 둘러싸여 있지만 택지가 너무 비좁아서 위의 방법을 실현할 수 없는 경우는 어떻게 해야 할까?

　이때는 흉상을 방지할 방법이 없으므로 하루라도 빨리 이사하는 수밖에 없다.

　이사를 하기 전에 유명한 절에 가서 액막이를 해야 한다. 매달 한 번씩 해야 하며 신의 보호에 대해 감사드려야 한다.

　천 평이나 되는 넓은 택지에 거주하는 사람이 있었다. 그 넓은 택지에는 높고 크고 아름다운 집이 우뚝 솟아 있었다. 그러나 이 집은 옥의 티처럼 삼면이 도로에 둘러싸여 있었다. 주인은 여러 번 사고와 부상을 입곤 하였다. 그리고 결국에는 장폐색증으로 세상을 떠나고 말았다.

　그 택지는 전형적인 삼면이 도로에 둘러싸여 있는 곳이었다.

　다행인 것은 그 땅에 많은 공지가 남겨져 있다는 것이었다. 그래서

두 면에만 도로를 남겨두고 다른 한 면에는 열 채의 집을 지어 세를 놓도록 권유하였다. 즉 다른 한쪽의 도로는 모두 다른 사람이 사용하도록 만든 것이다.

이같은 흉상의 택지는 여유 토지가 있어서 많은 사람이 거주할 수 있도록 연립이나 아파트를 지으면 비교적 안전하다. 만약 토지가 너무 비좁아서 재앙을 방지할 수 없으면 아파트나 여관을 지어 많은 사람의 영기(靈氣)를 빌어서 악 현상의 발생을 방지할 수 있는데 이 역시 좋은 방법이다.

하반신에 갑자기 통증이 생기는 경우

택지의 네 면이 도로에 둘러싸였기 때문이다

택지의 네 면이 완전히 도로에 둘러싸였다면 그것은 대흉상이다.

네 변이 모두 도로에 둘러싸인 택지는 매우 희귀한 일 같지만 절대 발생하지 않는 것도 아니다.

어느 집에 자식이라고는 외동딸 하나밖에 없었는데 사위를 얻고 오래지 않아 손자까지 생겨 온 집안이 웃음꽃 가득하였다. 그런데 뜻밖에도 사위가 까닭모를 복통으로 갑자기 앓기 시작했다. 온갖 방법을 써봐도 좀처럼 낫지 않았다.

그 집은 네 면이 모두 도로에 둘러싸여 있어서 사위의 고통이 그처럼 심한 것이었다. 왜냐하면 네 면이 도로에 둘러싸인 주택은 흉상중에서도 가장 좋지 않은 대흉상이며 하복부에서부터 통증이 생긴다.

그러므로 주택의 네 변이 도로에 둘러싸인 것을 알았다면 빨리 시정해야 한다.

150평이 넘는 택지를 소유하고 있다면 시정하기는 매우 쉽다. 앞에서 살펴본 삼면이 도로에 둘러싸인 주택과 마찬가지로 두 면의 도로를 막아버리는 된다. 가장 좋은 방법은 동과 남의 도로만 남기고 사용하지 않는 방위의 도로는 나무나 담으로 막아 버리면 된다.

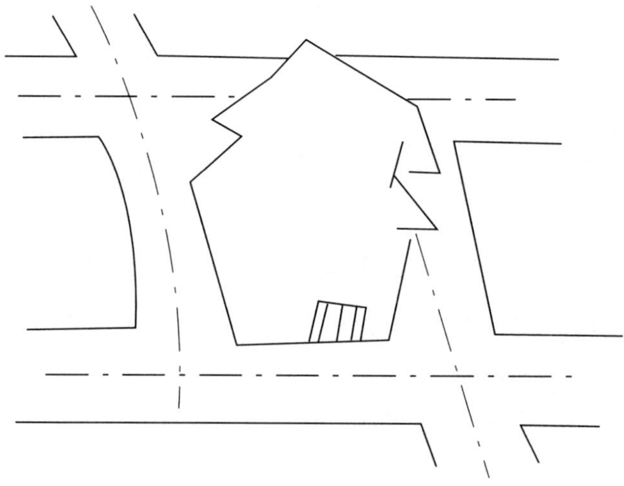

【그림34】 도로에 둘러싸이 ㄴ토지에는 거주하지 말아야 한다

150평이 안 되는 택지일 경우에는 어떻게 해야 할까? 한 가지 방법으로 아파트처럼 여러 가구가 살 수 있는 주택을 지어 많은 사람들의 영기를 이용하여 재해에서 탈출하는 것이다. 그러나 반드시 주의해야 할 것은 혼자서 한 층 전부를 사용해서는 안 된다는 것이다. 반드시 다른 집과 함께 사용해야 한다.

오직 남쪽과 동쪽의 방만 자신의 가족이 거주하도록 해야 한다. 이것으로써 모든 문제가 해결되는 것은 절대 아니다. 도로 쪽에 나무를 심어 그 도로를 막아버리는 것이 마지막으로 할 일이다.

또 한 가지 방법은 그 택지에 빌딩을 지어 판매하거나 세를 놓고 가족들은 다른 곳으로 이주하는 것이다.

그렇지 않으면 고층 집을 지어 세를 놓고 가족들은 가장 높은 층에 거주하면 된다. 보통 사람들은 고층 건물의 낮은 층에 거주하기를 원하지만 4면이 도로에 둘러싸인 흉상을 면하기 위해 지면에서 멀리 떨어질수록 영향을 적게 입는다.

주택을 둘러싼 네 갈래 도로의 넓이가 모두 같을 수는 없다. 그 중에 개인이 소유하고 있는 도로는 구입하는 것이 좋다. 그리고 주택 둘레에 네 개 도로를 세 개로 고치면 흉상이 많이 감소된다. 네 면이 모두 도로에 둘러싸인 집의 가족들은 자칫 생명이 위험할 수도 있다.

도로의 끝에 주택이 있는 경우

도로와 정문, 현관이 일직선으로 연결되는 것은 피해야 한다

주택 풍수를 잘 알지 못하는 사람일지라도 길 끝에 위치한 집은 좋지 않음을 알고 있다. 이런 집은 차의 소통이나 자그마한 소리조차도 매우 시끄럽게 울린다. 이로 인해 이웃과 마찰이 생기기도 한다. 어린아이도 다른 아이들의 괴롭힘을 당한다.

길 끝에 위치한 집은 먼지의 침습을 쉽게 받기 때문에 거주하기에 적당하지 않다. 이 먼지 속에는 저급 망령(지면에서만 기어다니는, 낮고 우묵한 곳에 숨어 있는 망령)이 포함되어 인간이 거주하는 방안에도 들어간다. 이 망령들이 방 안으로 들어오기만 하면 그 가정은 분쟁이 끊이지 않아 불만이 가득 차게 된다.

이런 흉상을 피하기 위해서는 먼저 정문과 현관이 절대로 일직선상에 놓이지 않도록 해야 한다. 즉, 정문에서 현관에 이르는 길이 구부러지게 해야 한다. 또는 문을 가리기 위해 출입구 쪽 길가에 나무를 심는다. 문 가에는 단풍나무나 소나무 등 뿌리가 뻗어나가는 나무를 심는다. 왜냐하면 나무가 영계(靈界)와 조화를 이루고 저급 망령의 해를 방지하기 때문이다.

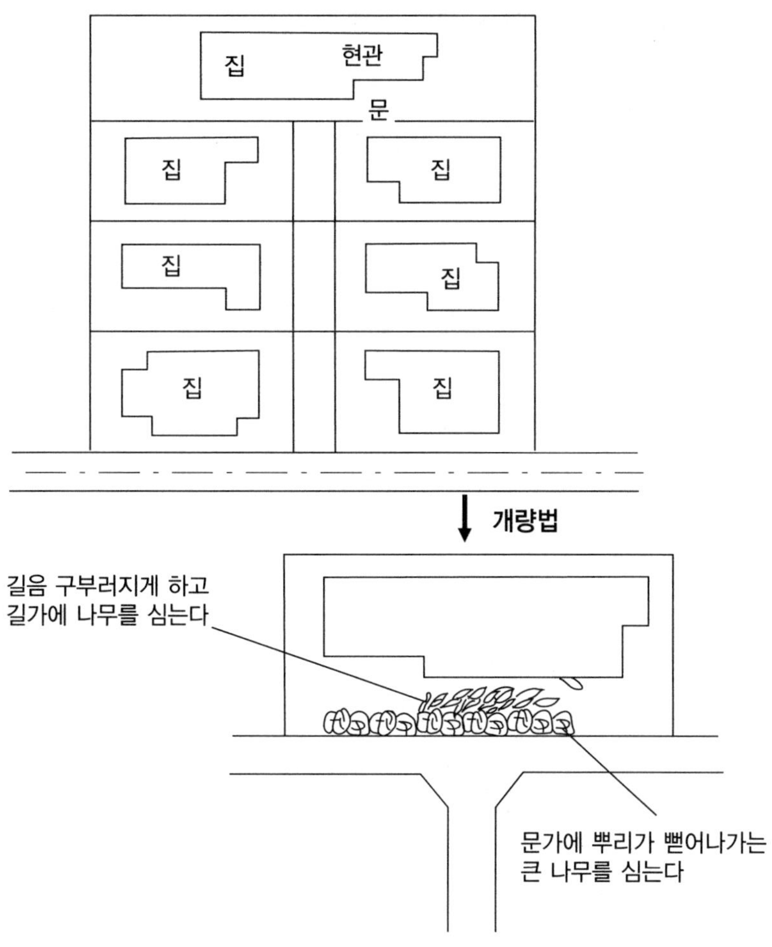

【그림35】 길 끝에 위치한 집에 거주할 때

옛 사원에 가본 사람이라면 무성하고 크게 자란 나무에서 줄곧 시원한 영기를 발산하고 있음을 느낄 것이다. 가정에서도 나무 특유의 영기를 이용하여 주택 환경을 정화할 수 있다.

또한 매일 아침 주택의 동북, 동남, 서남 및 서북 방위에 소금을 조금씩 뿌린다. 그리고 온가족이 사원에 가서 망신(亡神)에게 제사와 절을 하면 된다. 그러면 평안하게 생활할 수 있다.

화재가 자주 발생하는 경우

불에 탄 흙을 깨끗한 흙으로 바꾸고 주위에 나무를 심는다

이웃 때문에 발생하는 화재도 있지만 보통은 주택 풍수 문제로 발생한다고 봐야 한다. 한 번의 화재로 운세가 거꾸러지는 경우가 많다.

또한 이처럼 한 집안이 망하는 지경에까지는 이르지 않지만 화재를 당한 후에는 가족의 건강상에 이상이 생긴다. 예를 들면 건강하던 사람이 갑자기 손방에 통증이 생긴다거나 신경통, 가래가 끓고 또는 결석, 방광염, 임파선에 각종 질환이 자주 발생한다.

화재가 일어난 지 석달부터 일년 이내에 활발하던 아이가 갑자기 집안에 틀어박히고 식욕도 감소하는 증세가 생기거나 위에 예로 든 증상이 나타난다면 그것은 화재 후 그 사후 처리가 잘못된 것이며 그로 인해 흉상이 초래된 것이다.

화재 후에는 현장을 빨리 정리하고 될 수 있는 한 최고 속도로 다시 집을 짓게 마련이다.

화재의 발생은 운세가 내리막길로 치달음을 뜻한다. 만약 초토화된 땅 위에 새 집을 짓는다면 운세의 쇠퇴를 더더욱 가중시키는 것이다.

화재 후에는 집 주위(1m 이내)의 흙들을 모두 바꿔주어야 한다. 불에 탄 흙을 반드시 30cm 깊이 파내어 새 흙으로 바꾼다. 그 다음 기초를 공고히 한 후에 집을 짓기 시작해야 한다. 이 과정을 모두 거친 다음에야 비로소 대지로부터 영기를 받아들여 길상의 집으로 될 수 있다.

만일 이 사실을 모르고 초토 위에 새 집을 지었다면 적어도 집 주위의 흙이라도 바꾸어야 한다. 그러면 운세가 조금이나마 회복된다.

파낸 초토는 빨리 치워버려야 하며 집 주위에 그냥 놓아두어서는 절대 안 된다.

집 주위의 흙을 바꾼 다음에는 그 자리에 나무를 심어야 한다. 나무에서 녹색의 영기를 얻기 위한 것이다. 그렇다면 오히려 잔디를 깔아놓는 것이 더 효과적이라고 생각하는 사람도 있을 것이다. 그러나 잔디는 대지로부터 영기를 취하여 그것을 인간에게 유익하도록 변화를 시키지 못한다.

일단 집 주위가 나무의 녹색으로 가득하면 운세는 자연히 잘 풀리게 된다.

심은 후 길상으로 변하는 나무로서는 흑송(해송), 감탕나무, 삼나무 등이 있다. 만일 나무 울타리를 만든다면 월촌수(月村樹), 가래나무 등이 적합하다. 관목류로는 정향나무, 진달래꽃 등이 있다.

햇빛이 완전히 차단된 경우

안주인의 건강에 영향을 미친다. 주택의 동과 남을 넓혀야 한다

북쪽이 경사졌다 하더라도 그 경사도가 심하지 않으면 큰 문제가 없다. 그러나 남쪽이 완전히 막혀 태양광선이 차단되는 상황이 가장 우려된다. 남쪽의 태양이 완전히 차단되도록 북쪽의 경사가 심하다면 그 경사를 아무리 완화하더라도 모두 흉상이 된다.

이런 택지에 거주하는 사람은 기혈(氣血)이 조화를 이루지 못함으로 인해 발생하는 질병에 걸리기 쉽다. 또한 항상 머리가 무겁고 심장도 좋지 않으며 안절부절못한다. 그리고 문밖에 나서기를 싫어하며 집 안에서도 전혀 활력이 없다.

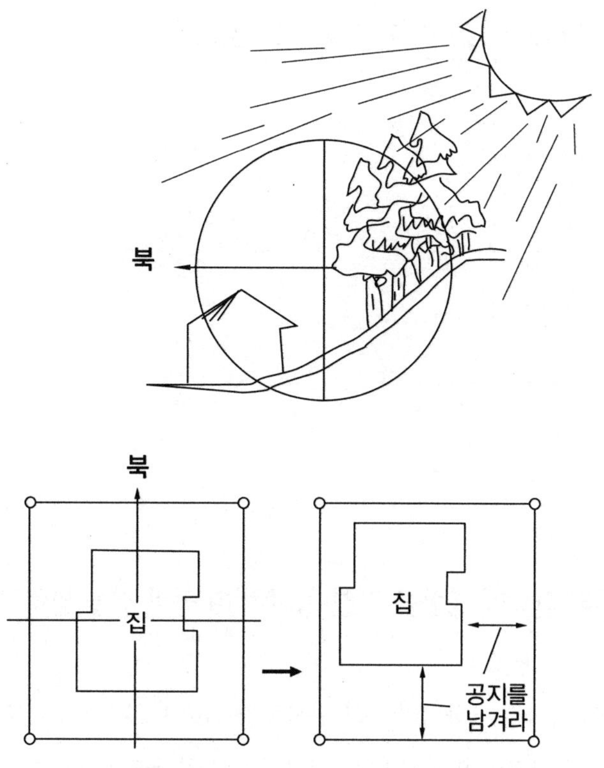

【그림36】 태양이 차단 되었을 때

남쪽 태양이 차단되는 집, 즉 북쪽이 경사진 택지에 거주하는 가장은 좀처럼 집에 머무르지 않는다. 휴일에도 항상 외출한다. 이에 안주인은 온종일 안절부절하며 건강까지 좋지 않아 가정은 붕괴될 지경에 이른다.

이 모든 원인은 태양이 비춰지지 않기 때문이다. 만약 가장이 집에 남는다면 흉상은 더욱 커진다.

이런 상황일 때는 택지만 넓다면 아래와 같은 방법을 취할 수 있다.

(1) 집을 약간 옮긴다.

남쪽과 동쪽의 공지를 더 넓히고 집 전체를 서쪽과 북쪽으로 조금 옮긴다.

만약 땅이 좁아 옮길 수 없으면 차라리 다른 곳으로 이사를 하는 것이 더 좋다. 그러나 이것도 실행할 처지가 안 될 경우,

2) 집 한 채를 더 짓는다.

주말과 명절에는 그곳에서 지내는 것이 좋다.

3) 항상 외출한다.

외출하여 햇빛을 쏘이면 건강을 해치는 흉을 피할 수가 있다.

제2장

주택풍수의 진실

 기둥을 거꾸로 사용하면 흉상이다

기둥을 거꾸로 사용한다는 것은 나무의 뿌리 쪽을 위로, 가지 쪽을 아래로 향하게 사용하는 것을 말한다. 이것이 가장에게 흉상을 초래한다고 믿는 사람들도 있다.

많은 사람들이 거목(巨木)에는 그것을 지키는 신(神)이 있다고 믿으면서 오래된 나무를 신성시한 것도 사실이다. 실제로 수백 년이나 된 나무를 베어버릴 때는 제를 올린 다음에야 비로소 벌목을 하는 일도 있다. 그렇게 하지 않으면 무서운 화를 당하게 된다고 여긴다.

거목을 벌목하는 것은 원래 금기로 여기는데다가 그 나무를 거꾸로 사용한다는 것은 더 논할 나위없는 일이다.

사실 목재의 상하는 큰 구별이 없다. 목재가 갖고 있는 영능(영혼에너지)은 상하에 별 차이 없다. 그러므로 거꾸로 사용한다 해도 흉상이 발생하지는 않는다. 단지 '거꾸로' 라는 말 자체가 귀에 거슬려 마음으로 잘 받아들여지지 않기 때문이다.

대액년(大厄年)에 집을 지우면 흉상을 초래한다

액년(厄年)이란 남자의 경우 25세, 42세, 60세이며 여자의 경우 19세, 33세(만 나이가 아님)를 일컫는다. 그 중 남자 42세와 여자 33세를 대액(大厄)이라 한다. 이 42세와 33세가 되기 전후 두 해를 각별히 조심해야 한다.

한 사람의 일생에는 건강상 좋고 나쁜 주기가 정해져 있을 뿐만 아니라 죽음과 관련된 세 차례의 시기가 있다. 가장 불가사의한 점은 건강이 좋지 않거나 자칫 죽을 뻔한 병의 재난은 종종 액년 전후에 발생한다는 것이다. 그러므로 그 시기에 건축이나 수리 공사 등에 정력을 쏟는 것은 좋지 않다.

주택 풍수에서는 대액의 해와 부모님 상을 당해 제사를 지내는 일년 동안의 집을 짓는 행위는 금기다. 인류의 운명과 신체의 건강이 바뀌는 이 기간에는 대자연의 뜻에 따라 세상을 떠난 사람의 명복이나 빌면서 조용히 지내야 한다.

이귀문(裡鬼門)이 돌출하면 과부가 된다

동북【축(丑), 간(艮), 인(寅)】 방위를 표귀문이라 하고, 서남【미(未), 신(申)】방위를 이귀문이라고 한다. 건축물의 서남 방위에 돌출 부분이 있으면 가장이 일찍 세상을 떠나고 여주인은 과부가 된다고 많은 사람들이 말한다.

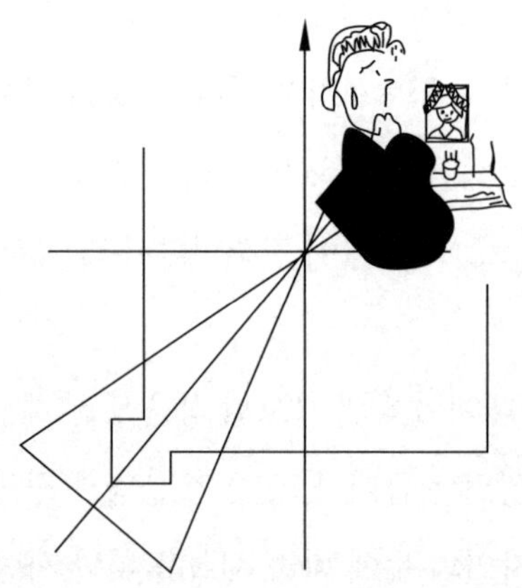

【그림37】 이귀문이 돌출하면 과부가 되는가

　주택 풍수에는 확실히 '과부가 될 풍수' 가 있지만 서남쪽이 돌출했다 해서 모두 과부가 되는 것은 아니다.

　서남 방위는 여성의 방위다. 이 방위가 돌출되면 여성의 소유욕구가 매우 강해진다. 이 욕구를 만족시키기 위해 그녀는 어떤 일도 마다하지 않는다. 이런 여성은 타인들에게 환영을 받지 못할 뿐만 아니라 미움을 당한다. 가정의 운세가 일찍 쇠퇴하지 않는다면 남편에게 영향을 미친다.

　더군다나 서남 방위에 화장실이 있거나 가장의 12지에 해당하는 방위에 화장실, 욕실, 차고 등이 있으면 정말로 과부가 될 풍수가 되고 만다.

　반대로 서남에 결각이 있거나 안주인의 12지에 해당하는 방위에 화장실, 욕실, 차고 등이 있으면 주부가 재난을 당하게 된다.

북쪽을 향한 계단은 목을 매는 사람이 생긴다

북쪽을 향한 계단이 있으면 그 집에 목을 매어 죽는 사람이 생긴다거나 북쪽에 창문을 내면 안 된다. 변기의 끝(엉치의 방향)이 북쪽을 향하면 안 된다는 등 북쪽에 관련된 미신은 매우 많다.

이같은 미신은 북 방위를 신성한 지역으로 여겨왔기 때문이며 게다가 북두칠성까지 위치하고 있는 곳으로 불결한 물건들을 금기로 여겼기 때문이다.

그런데 실제로 북쪽을 향한 계단은 거의 찾아볼 수가 없다.

음목(陰木)으로 집을 지으면 재해가 일어난다

양목으로는 노송나무, 솔나무, 삼나무, 벚나무 등이 있으며 음목에는 버드나무, 영수, 고동(苦棟) 등이 있다. 이 음목으로 집을 지으면 흉상이 된다는 말이 있다.

건축 재목에는 확실히 질의 차이가 있다. 노송나무, 송나무, 삼나무 등의 침엽수는 강렬한 영능(영혼 에너지)을 발산한다.

이런 목재로 집을 지으면 그곳에 거주하는 사람에게 유익하다. 그러나 최고 영능을 얻지 못하는 음목(陰木)도 역시 인류에게 유익한 영기를 발산할 수 있다. 그러므로 어떤 재목으로 집을 지으면 길상인지 아니면 흉상인지를 판단할 수가 없다. 그러므로 음목으로 집을 지으면 재해가 일어난다는 것은 미신임에 틀림없다.

그러나 건축 재목의 내구성에는 차이가 있고 그 흡수성도 다르다. 또 어떤 음목은 쉽게 좀먹는다. 그래서 흉상으로 변한다.

예로부터 노송나무나 삼나무 등은 상등의 재목으로 그게 틀리지 않았음을 알 수 있다.

간(艮) 방위를 향한 주방은 시어머니와 며느리 사이를 갈라놓는다

주택 풍수에서 가장 처리가 어려운 곳은 바로 부엌이다. 그렇지만 동북 방위로 향하면 흉상을 피할 수 있다.

예를 들면 안전한 동 방위에 부엌을 설치하려는데 간혹 북 방위를 향하게 될 수도 있고, 재화가 없는 동남방에 설치하려는데 할 수 없이 동북향이 될 수도 있다. 이런 주방은 모두 문제가 없다.

주방에서는 오직 화기(火氣)와 화장대가 위험한 방위만 피하면 모두 문제가 되지 않는다.

화기가 놓일 때 안전한 방위는 동, 동남 방위다.

화장대의 안전 방위는 인(寅)의 방위, 즉 동, 동남, 서북쪽이다. 동시에 주부와 장녀의 12지 방위를 피해야 한다.

화기는 정중선, 사우선상(방 중심에서 볼 때)에는 절대 설치하지 말아야 한다, 이 몇 가지를 주의하면 아무 문제 없다.

문이나 창문이 너무 많으면 병이나 빈곤을 가져온다

현대에는 문이나 창문을 크고 많이 만들어 시원한 느낌을 주는 집들이 많다. 그러나 문과 창문이 너무 많은 집은 흉상을 일으킨다고 믿는 사람들은 집을 잣게 짓기도 한다. 하지만 이런 믿음은 미신이다. 오히려 문과 창문이 많은 집이 길상이다.

문과 창문을 동북, 서남의 귀문 범위 내에 설치하는 것은 적당치 않다. 특히 그 범위의 중심선 위를 통과한 개활구는 더욱 큰 흉상이다.

개활구가 동북 방위의 귀문선에 있다면 가장이 자신의 능력을 발휘할 수 없게 된다. 주부도 만찬가지다. 이로 인해 가정이 파경으로 치달을 수도 있다.

축(丑), 인(寅)년에 태어난 사람은 특히 동북 방위에 개활구가 있으면 운세가 나빠지므로 주의해야 한다.

3부

명당

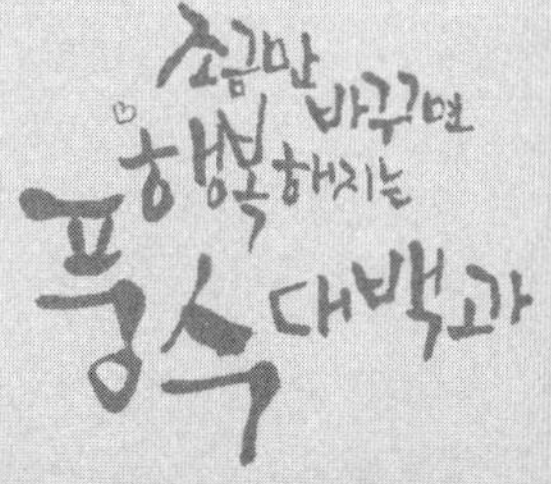

제1장

 ## 묘상학은 자연법칙에 의해 발생된 것이다.

묘상학과 해묘(解墓, 산수 풀이)**는 다른 학문과 마찬가지로 선대로부터 이어져 내려온 학문인가 아니면 단지 경험에 의해 발생한 것인가?**

묘상학과 해묘에 관한 지식은 다른 학문과 마찬가지로 선대로부터 이어져 내려온 것으로 결코 경험에 의해서만 생긴 게 아니다.

해묘 지식이란 만산(巒山, 산봉우리)과 이기(理氣), 이 두 가지 커다란 자연법칙에 근거하여 길흉을 결정하는 것이다. 다시 말하면 만산과 이기만 알면 무덤의 길흉을 알아낼 수 있다.

사실 전통적인 묘상학은 결코 어떤 한 사람의 수십 년 경험으로써 결론을 얻어낼 수 있는 것이 아니다.

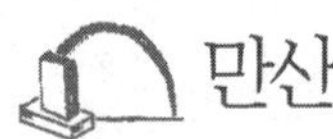 ## 만산

만산이란 눈으로 바라다보이는 형태를 판단하는 것이다. 즉 묘지나 묘원(墓園)에서 눈을 들어 멀리 바라볼 때 눈에 들어오는 모든 산수가 만산이다. 예를 들면 토지의 주위, 하류의 상황, 고지(高地), 저지(低地) 등 각종 형태가 모두 만산의 범위에 속한다.

만산은 다시 삼재(三才)와 사상(四象)으로 나누어 관찰할 수 있다.

# 삼재

만산삼재는 천(天), 인(人), 지(地)를 일컬으며 해묘를 할 때 이 세 가지로 나누어 분석한다.

천(天)은 무덤의 석비(石碑) 부분을 가르키며, 천시(天時)를 나타낸다.

지(地)는 무덤의 초석(礎石) 부분을 가르키며, 지리(地利)를 나타낸다.

인(人)은 무덤의 초석 이상 석비 이하 부분을 가르키며 인화(人和)를 나타낸다.

천시, 지리, 인화

천시는 무덤의 석비 작용이 일으키는 운세로서 행운의 기회를 상징한다.

지리는 묘지의 초석 작용이 일으키는 운세로서 입장(立場)의 우열을 상징한다.

인화는 무덤의 중간 작용이 일으키는 운세로서 인간관계의 우열을 상징한다. 다시 말해 이 세 가지는 우리가 균형적으로 처세를 할 수 있게 하는 필수 조건이다.

 ## 묘상(墓相)의 사상(四象)

사상이란 용(龍), 혈(穴), 사(砂), 수(水)를 말한다.

용은 혼(魂)을 나타낸다. 즉 무덤의 겉모습에 있어서의 우열(優劣), 무덤과 지세간의 균형을 말한다.

혈은 위치를 나타낸다. 즉 무덤 위치에 있어서의 우열, 무덤이 지세에서 차지한 부위를 말한다.

사는 환경을 나타낸다. 즉 무덤 주위 공기의 우열, 토질의 우열을 말한다.

수는 물 흐름을 나타낸다. 즉 무덤 주위의 물 흐름과 도로를 말한다.

 ## 사상의 길(吉) 작용과 흉(凶) 작용

사상의 우열이 묘상학상에서 어떤 작용을 일으키는가?

용(형세)의 우열은 귀천(신분과 지위)을 나타내는 작용을 한다.

혈(위치)의 우열은 길흉(안전과 위험)을 나타내는 작용을 한다.

사(환경)의 우열은 수요(壽夭, 수명과 건강)를 나타내는 작용을 한다.

수(물 흐름)의 우열은 빈부(재부와 금전)를 나타내는 작용을 한다.

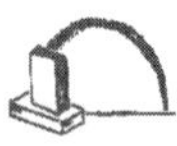 ## 무덤 방향과 이기(理氣)

이기란 기문둔갑(奇門遁甲)의 법칙으로 무덤의 방향(위치)을 분석하는 것이다.

 ## 무덤 관찰에 사용되는 기문둔갑술

기문둔갑술(奇門遁甲術)이란 천지 대자연 중 최고의 법칙이다. 이것은 동방에서 가장 뛰어난 운명학이며 역학과 기학(氣學)보다 훨씬 더 기묘한 법칙을 가지고 있다.

무릇 해묘(산수 풀이)와 같이 복잡한 학문은 단지 역학과 기학만으로는 분석해 낼 수가 없다. 반드시 기문둔갑의 법칙을 첨가해야만 비로소 가능하게 된다.

 ## 묘상학과 종교 행사의 관계

종교행사나 방생(放生) 등은 운세의 길흉과 관계가 있는가?

이 모두는 매우 좋은 일이다. 그러나 방생이나 요절한 어린아이에게 제를 지내는 일 등은 모두 운세의 길흉과는 전혀 관계가 없다. 그러므로 이런 행동을 한다고 자신의 운을 좋은 쪽으로 유도할 수 있는 것이 아니다. 인류의 운명은 복잡하고도 신기하고 묘하여 결코 단순하지 않다.

종교적, 도덕적으로 이루어지는 자선 행위는 운세의 길흉을 좌우하지 않는다. 이 점은 대부분의 사람들이 항상 혼돈하고 있다.

어떤 무덤이 길묘인가?

만산, 이기가 모두 길상(吉相)인 무덤을 길묘라고 한다.

 ## 산소는 자손들의 운세를 좌우한다

부모나 조상의 산소는 그 속에 있는 유골 때문에 여러 가지 작용을 한다. 유골 속에는 유전자(墓因)라는 물질이 있어 육친의 몸 유전자와 상호 작용이 발생하게 된다. 마치 무선 송수신과 같은 이치다.

부모나 조상의 유골이 산소의 길(吉)한 작용을 받으면 그 유골 속의 유전자는 자손들에게 길한 작용을 하게 된다. 이리하여 자손의 운세는 호전된다. 물론 그와 반대일 때는 악화된다.

만일 부모의 산소가 길상이라면 비로 자식이 부모를 증오한다 해도 운세는 여전히 대길하다. 이와 마찬가지로 부모의 산소가 흉상이라면 비록 자식이 부모를 존경한다고 해도 운세는 여전히 대흉상이다.

유전자의 작용과 영향

유전자는 인재를 구성하는 가장 기본적인 물질로서 혈연 관계로 맺어진 사람들의 유전자 사이에는 서로 감응 작용이 생긴다. 이 때문에 부모나 조상의 유골을 묻은 산소는 유전자를 통하여 그 자손에게 영향을 미친다.

우선 무덤이 산봉우리와 이기의 우열에 따라 유골 속의 유전자에 작용을 일으킨다. 그리고 유골 속 유전자가 일으키는 길흉이 다시 생존해 있는 사람의 몸 속 유전자와 서로 감응을 하여 그의 운세에 작용을 하는 것이다.

산소의 길흉 작용을 받아들이는 대상묘는 유골과 혈연 관계가 있는 사람들에게 국한된다. 돈을 들여 묘를 건조한 사람, 제사 지내는 사람 등은 이 범위에 속하지 않는다.

묘의 작용 범위

유전자 작용은 5대에까지 영향을 미친다.

묘상의 우열은 일족(一族)의 운명을 좌우한다.

가상(家相)의 우열은 한 집(一家)의 운명을 좌우한다.

인상(人相)의 우열은 한 사람(一人)의 운명을 좌우한다.

명상(名相)의 우열은 일시(一時)의 운명을 좌우한다.

인상(印相)의 우열은 일사(一事)의 운명을 좌우한다.

이에서 알 수 있는 것은 산소의 우열이 일족(一族)의 범위까지 영향을 미친다는 것이다.

 산소가 미치는 영향

길묘는 온 집에 좋은 운세를 가져다주고 흉묘는 온 집에 악운을 갖다준다는데 이 말이 사실인가?

일반적으로 길묘는 좋은 운을 가져다주고 흉묘는 악운을 초대한다. 그러나 이것은 산소의 묘신을 놓고 말하는 것일 뿐 다른 조건은 포함하지 않는다.

 가상과 묘상의 관계

가상(家相)과 묘상의 관계는 매우 크다. 예를 들면 2남 3녀를 자식으로 둔 부친의 산소가 길상이고 또 이 5명의 자녀가 모두 이미 독립했다고 하자.

이때 그 가상은 아래와 같다. 장남 가정의 가상은 길상, 차남 가정의 가상은 길상, 장녀 가정의 가상은 흉상, 차녀 가정의 가상은 길상, 3녀 가정의 가상은 길상이다.

이에서 알 수 있는 다섯 자녀의 가족 운세 중 장남, 차남, 차녀, 3녀의 가정 가상은 모두 길상인데 유독 장녀 집의 묘상은 길상이고 가상은 흉상이다. 정리하면 길흉이 각각 절반인 운세를 형성하고 있다.

 ## 종교와 종파로 인해 생기는 산소 개조 문제

종교와 종파 때문에 산소를 개조할 필요는 없다. 앞에서 살펴보았듯이 산소의 작용은 정신이 일으키는 것이 아니기 때문에 묘상을 조성함에 있어서 종교나 종파의 구속에 억매일 필요가 없다는 것이다.

 ## 산소를 만드는 이유

만약 조상과 부모의 유전자가 일정하게 고정된 장소가 없다면 그것이 자손의 유전자에 정확히 작용을 일으킬 수가 없다. 산소를 짓는 목적은 조상의 유골이 일정한 장소에 머물러 그 유전자가 다른 흉한 작용의 영향을 피하고 길한 작용만 자손에게 전해 주기 위한 것이다.

 ## 길상 묘의 작용

길상 묘는 길한 작용을 하는 묘이다. 구체적으로 알아보자.

(1) 천시(天時)를 자손에게 베풀어 준다.

(2) 지리(地利)를 자손에게 베풀어 준다.

(3) 인화(人和)를 자손에게 베풀어 준다.

실천하면 다음과 같은 결과를 얻는다.

(1) 자손에게 지위와 신분을 베풀어 준다.

(2) 자손에게 안전과 행복을 베풀어 준다.

(3) 자손에게 수명과 건강을 베풀어 준다.

(4) 자손에게 재산과 금전을 베풀어 준다.

이 조건을 갖추었다면 길상 묘라고 할 수 있다.

 산소가 없는 가정

산소가 없는 가정은 그 부모와 조상의 유골 중 유전자가 안정될 수가 없어서 자손의 유전자에 대해 정상적인 작용을 발휘할 수 없다. 때문에 쉽게 불안이 조성된다.

 산소가 없으면 사자(嗣子, 대를 이을 아들)가 없다

이것은 전혀 근거 없는 말이다. 대를 이을 아들의 유무(有無)는 육체적·생리적인 문제, 즉 의학이나 과학상의 문제일 뿐 산소와는 전혀 관계가 없다. 신체 건강하고 또 길상 묘를 가진 사람은 보통 사자가 있지만 의학적으로 볼 때 자손이 없는 사람의 99%는 육체적인 결함을 가지고 있다. 그러므로 결코 미신에 미혹되지 말아야 한다.

성묘, 무연탑(無緣塔) 건립 등에 적극 참여 하면 운세가 호전되는가?

성묘, 무연탑 건립 등에 지나치게 시간과 정력을 소모하고 오히려 자신의 사업을 소홀히 하면 가문을 망치고 만다. 다시 말하여 자신의 일에는 항상 태만하다가 나중에 조상에게 기대는 행동은 결국 지위도 명예도 잃는 원인이 된다.

묘석(墓石)을 움직이면 화를 당하는가

자기나 다른 사람의 묘석을 임의대로 이동하거나 변형하는 사람은 병이나 송사에 연루되고 결국은 생명까지 앗아간다는데 사실인가?

황당무계한 말이다. 흉묘(兇墓)는 다만 그곳에 묻힌 유골과 혈연 관계에 있는 사람에게만 흉 작용을 일으킨다. 변형을 부탁한 사람이나 비용을 지불한 사람은 혈연 관계만 없다면 어떤 화도 당하지 않는다.

묘석을 다듬으면 화를 당하는가

남에게 부탁하여 묘석을 다듬어서 형태가 변하게 한 사람은 죽으며 또 가족 중 제일 사랑하는 사람이 중병에 걸린다고 하는데…….

묘석을 다듬어서 형태를 변하게 한 사람이 그곳에 묻힌 유골과 혈연 관계에 있으면 화를 당할 수 있다. 하지만 부탁한 사람(혈연 관계가 없는)에게는 아무 화도 미치지 못한다. 그러므로 혈연 관계가 없다면 어떤 일도 일어나지 않는다.

묘석을 다듬어 흉사를 당했다는 소문은 단지 사람을 경계하기 위한 것이리라. 만약 흉사가 발생했다 해도 그곳에 묻힌 유골과 혈연 관계가 있는 사람에게만 국한된다. 그리고 묘석을 다듬은 행위가 산소 자체의 천지인(天地人), 삼재(三才)의 조화를 파괴함으로 인해 각종 흉사가 발행된 것이다.

또한 묘석을 묻은 사람은 중병에 걸린다는 말도 있는데 이는 전혀 근거 없는 말이다.

 ## 길상 묘를 파괴하면 흉사가 발생한다는데….

물론 흉사가 생긴다. 적어도 좋던 운세가 중단되고 만다.

 ## 불단(佛壇)을 설치할 필요가 있는가?

종교상의 문제일 뿐이다. 묘상학에서는 신단이 있든 없든 상관하지 않는다.

 ## 신식(神式)과 불식(佛式) 묘상 중 어느 것이 좋은가

신식 묘상이든 불식 묘상이든 오직 산봉우리와 이기가 좋으면 길상에 속한다. 만약 산봉우리와 이기가 좋지 않으면 흉상 묘에 속한다. 다시 말하면 모든 것은 산봉우리와 이기에 달렸다. 신식이든 불식이든 어떤 방법으로 할 것인지를 본인의 의사에 따라 다를 뿐 특별한 차이가 없다.

 ## 주검을 매장할 때

부패를 방지하기 위해 관을 사용하지 않고 무덤 속에 그대로 매장하면 가장이 괴팍하게 변하거나 도산한다는데……

주검을 무덤 깊이 매장하여 부패를 방자하는 것은 정확한 매장법이다. 만약 묘 속의 유골마저 부패된다면 이 묘는 그 유전자 작용을 완전히 상실하고 만다.

앞에서 살펴보았듯이 자손들에게 영향을 미치는 것은 유골 속의 유전자이므로 산소의 각종 작용이 모두 이 유전자에서 나오는 것이다. 유골이 없으면 유전자도 없고 또 어떤 작용도 일어나지 않는다. 그러므로 유골마저 흙으로 변해 버리는 묘는 자손의 운세에 영향을 미치는 일체의 작용을 완전히 상실하고 만다.

 ## 왜 무덤을 만들고 조상에게 제사를 지내는가?

묘를 만드는 목적은 자손들의 운세에 영향을 미치는 유전자가 안정된 장소에 머무르도록 하는데 있다. 좋은 안치소가 있어야만 유전자가 유골과 혈연 관계에 있는 사람에게 길한 작용을 일으킬 수 있기 때문이다.

 ## 산소의 원근과 길흉

조상을 모신 산소와의 거리가 멀면 그 길흉 작용이 약해지거나 상실된다든데…….

유골이 유전자와 자손들의 유전자 사이에 정보를 나눔에 있어 거리는 전혀 관계가 없다. 이 지구의 어느 곳이든 거의 다 같은 강도의 감응을 갖고 있다. 조상의 산소 거리가 아무리 멀다 해도 그 길흉 작용은 여전히 같다.

제2장

무덤의 제작

 ## 생전에 자신의 무덤(가묘)을 만드는 것은 해로운가

생전에 정한 무덤이 길상이라면 좋은 일들이 끊임없이 발생하고, 흉상일 때는 아무런 길흉 사건도 일어나지 않는다.

그러므로 재화를 가져올 수도 있다는 말은 잘못된 것이다. 무덤의 우열과 길흉은 무덤 자체의 문제일 뿐 생전 자신이 직접 만들든지 사후 자손이 제작하든지 간에 무덤 제작 행위에 대해서는 길흉 작용을 일으키지 않는다.

한 가지 예로 중국의 화교들을 들 수 있다. 해외에서 크게 성공하고 건강하게 장수하고 있는 많은 화교들은 생전에 자신의 길상묘를 미리 만들어 놓고 있다. 만약 생전에 기묘를 만들어 놓는 것이 해롭다면 이 화교들의 실례는 어떻게 해석해야 되는가?

다시 말해서 무덤 자체의 길흉에 좌우되는 것일 뿐 생전에 가묘를 만드거나 사후에 만드는 것은 전혀 관계가 없다.

 ## 생전 무덤 제작의 길적 작용

무덤은 세상을 떠난 사람이 편히 잠드는 곳이다. 살아 있는 동안에 미리 사망 후의 일들을 처리해 놓음으로써 당사자의 마음이 편안하고 시원하다면 뒷일을 걱정하지 않고 사업을 하게 되므로 그 효과가 배로 증가되고 모든 일이 쉽게 풀릴 수밖에 없을 것이다.

가묘의 자기(磁氣)

묘중 사자(死者)의 유전자가 살아 있는 사람들에게 감응하여 생기는 것이 묘의 작용인데 생전에 만든 묘 속에는 유골도 없고 감응을 일으키는 유전자도 없는데 어떻게 작용을 일으키는가?

묘의 작용은 사자가 흙에 묻힌 후 그 유골 중에 있는 유전자가 생자(生者)의 유전자와 감응해서 생긴다. 때문에 생자가 무덤을 제작할 때에는 꼭 자기(磁氣)로서 묘 중에 결핍된 유전자를 대치해야 한다.

여기에서 자기(磁氣)를 이용한다는 것은 방향기(나침반)를 도구로 삼아 유전자와 동등한 효과를 발휘하는 것을 말한다. 다시 말해서 유골 대신 방향기를 가지고 혈연 관계자의 유전자와 감응하는 것이다.

방향기로 사용되는 나침반은 묘상과 가상을 관찰하는 도구다.

그 사용법은 우선 주택 안에 놓고 무덤 예정지의 방향에 직선으로 맞춘다. 하루 동안 그대로 놓아두었다가 방향기를 유골 삼아 제작한 무덤 자리에 매장한다.

방향기를 하루 동안 집에 놓아두는 이유는 사람의 기를 흡수하기 위해서다. 즉 사람의 정기(精氣)가 방향기에 베이도록 하는 것이다. 그 방향기를 묘 중에 묻으면 방향기가 이미 사람의 기를 흡수하였으므로 그 당사자 몸의 유전자와 감응할 수 있다.

그리고 방향기를 묘의 작선 방향에 맞추는 이유는 방향기가 사람의 기를 흡수한 다음 묘지로 쉽게 전이(轉移)되도록 하기 위한 것이다. 방향기의 기는 유전자와 같은 효과를 가지고 있다. 다시 말해서 방향기의 정기는 당사자(무덤 제조자)의 기와 서로 감응이 된다. 즉 방향기가 어떤 사람의 정기를 흡수한 다음 그가 접수한 작용을 다시 당사자의 몸에 반응하게 된다. 그러므로 흙 속에 묻힌 방향기는 유골과 같은 효과를 낼 수 있다.

그러므로 묘 중에 시체나 유골을 매장하지 않았을 때는 방향기로 대치할 수 있다.

 여성 이름으로 무덤을 지으면

여성 이름으로 무덤을 지으면 딸이 고생한다는데 사실인가?

여성의 이름이나 남성의 이름이나 무덤의 길흉과는 아무 관계가 없다.

묘상학에 의하면 묘명(墓名)과 묘지(墓地)만이 길흉 작용을 발생시킨다. 그러나 무덤 제조자에게는 아무 작용이 없다. 그러므로 남자의 이름이든 여자의 이름이든 차이가 없다. 문제는 묘 자체가 길상묘인지 아니면 흉상 묘인지에 따라 달라진다.

 본인의 이름을 새긴 돌로 무덤을 만들면

무덤의 우열은 산봉우리와 이기에 의해 좌우된다. 그 영향은 다만 묘에 묻힌 사람의 혈친에게만 작용된다. 묘를 제작한 사람이나 이름을 새긴 사람은 모두 산소의 묘상과 어떤 영향도 받지 않는다.

 ## 부자(父子)가 무덤을 제작했을 때

무덤의 우열은 출자자와는 전혀 관계가 없다. 중요한 것은 무덤 자체의 산봉우리와 이기다. 때문에 부자든 처첩이든 모두 관계가 없으므로 걱정할 필요가 없다.

 ## 이미 출가한 사람의 무덤

이미 출가한 사람이 친정 집 묘지의 무덤을 만들면 매우 흉하다던데⋯⋯

결론부터 살펴보면 아무 흉사도 생기지 않는다.

묘상학에는 명확한 길흉법칙이 있는데 이외에는 모두 민간에서 전해지는 말이나 미신에 속하므로 절대 믿을 것이 못된다.

 ## 출가한 사람과 양자(養子)의 무덤 작용

시집을 간 사람과 양자 신분을 가진 사람이 시집과 양부모 집의 무덤 작용을 받아들이게 되는가?

시집을 간 여성은 시집 쪽에는 그녀에게 작용하는 유전자가 없기 때문에 시집 무덤의 작용을 받아들이지 못한다. 단지 감응 유전자를 가진 친정 집 무덤의 작용만 받아들이게 된다. 양자도 마찬가지다. 양부모 집에는 양자에게 감응하는 유전자가 없으므로 무덤 작용을 받아들이지 못한다.

 시집간 사람의 건묘 방법

시집을 간 딸의 친정이나 자신에게 길한 작용을 하는 묘를 건조할 수 있나?

시집간 딸이 친정이나 자신에게 길한 작용을 미치는 묘를 건조하려면 2방(二房) 또는 각방(各房)이 건묘할 때와 같다. 즉, 방향기로 유전자의 정기(精氣)를 흡수한 다음 그것을 묘에 묻으면 된다.

시집간 여성은 시집의 조상묘와 특별한 연관이 없기 때문에 자기집에서 유전자와 관련이 있는 묘를 건조하여 자기 집과 차별이 있는 길적 작용을 접수할 수 있다.

 첩의 묘를 건조할 때

첩의 묘를 건조하면 출자한 남편이 죽거나 병에 걸린다는데…….

근거 없는 말이다. 신봉우리와 이기만 좋으면 아무 문제 없다.

 ## 정원에 묘를 만들면

정원에 건묘하면 안 된다는 말이 있는데 이는 잘못된 것이다. 오직 산봉우리와 이기만 좋으면 흉사가 발생하지 않는다. 옛날사람들은 자신이 소유한 정원에서 풍수가 좋은 곳을 골라 건묘를 하곤 하였다.

 ## 대방(大房)이나 기타 각방(各房)이 공유한 묘지

대방과 기타 각방이 동일한 묘지에 건묘하면 나쁘다고 하는데….

산봉우리와 이기만 좋다면 공유 묘지든 다른 문제를 전혀 고려할 필요가 없다. 다시 말하면 무덤 자체가 길흉을 좌우할 뿐이다.

특히 삼재(三才) 중 인(人) 부분에 결함이 있는 묘는 인화(人和)를 상실하게 되어 각방에 분쟁을 일으킨다.

이 분쟁은 인 부분의 흉상에서 생기는 것일 뿐 동일한 묘지에 건묘한 것과는 관계가 없다.

 ## 각방의 이름으로 대방의 묘를 건조하면

대방이 건묘할 능력이 없을 때 각방의 이름으로 대방의 묘를 건조해 준다면 각방이 사업 실패와 재산 손실 등의 액운이 생긴다는데….

대방의 묘를 자신이 건조하든 기타 각방이 건조해 주든, 대방의 이름으로 건조하든 기타 각방의 이름으로 건조하든 모두 길흉과 관계없다. 단지 산봉우리와 이기의 길흉을 관찰해 보아야 한다.

운명학에서부터 볼 때 건묘자와 출자자는 모두 무덤 작용과 직접적으로 관계가 없다.

 각방도 건묘할 수 있는가

물론 건묘할 수 있다. 대방 이외의 기타 각방, 시집온 사람, 양자 등 모두 건묘를 할 수 있다.

예를 들면 대방 이외의 기타 각방이 아직 무덤이 없을 때, 집사람이 세상을 떠났지만 아직 건묘를 하지 않았을 때, 여자가 시집 왔을 때, 양자가 들어왔을 때 등등, 무릇 그 본신과 대방 또는 이 집과 혈연 관계가 있고 또 길상묘를 건조할 수 있으면 모두 된다. 이때 만일 이 집의 묘, 대방 수호(大房守護)의 묘가 흉상이라고 할 때 건묘하는 사람은 그 흉상의 영향을 받지 않을 뿐 아니라 도리어 자기가 건조한 길상 묘의 작용만 충분히 받아들이게 된다.

 조상 유골이 없는 각방의 무덤

각방이 건묘할 때 묻어야 할 조상 유골이 없는 것을 어떻게 하는가?

이때는 각방에서 방향기로 대치할 수 있다. 우선 방향기를 대방 무덤에 두 시간 정도 놓아두는데 방향기의 직선을 각방 무덤 방위에 맞춘다. 그러면 방향기는 대방 묘 중의 유골 유전자 정기를 흡수하게 된다.

방향기가 유전자 정기를 흡수한 다음에 각방 묘 중에 매장할 수 있다. 이후에는 각방이 방향기의 기(氣)를 걸쳐 각 무덤의 작용을 받아들이게 된다. 반드시 기억할 것은 방향기 직선을 꼭 각 주택 방위에 맞추어야 한다는 것이다.

 ## 기일(忌日)과 건묘 시간

기년제를 지나지 않았으면 건묘하지 못한다는데…….
근거 없다. 무덤의 우열은 기년제와 관계가 없다.

 ## 이방(二房)에 건묘할 때

2방이 건묘할 조상 유골이 없는 것을 어떻게 하나?

2방 건묘시 조상 유골이 없으면 기타 각방의 건묘시와 같게 방향기로서 대방 묘중 부모와 조상 유골의 유전자를 대치하여 그 유골 중의 정기를 흡수했다가 다시 새 묘중에 묻으면 된다.

 ## 부부를 한 묘에 입장할 때

부부는 각각 다른 묘에 모시는 것이 좋다. 이렇게 하면 후대 자손의
부부간에도 권태가 생기지 않는다. 묘상학에서는 일인(一人) 일묘(一墓)
를 원칙으로 하고 있다.

 ## 건묘 자금을 한 사람이 부담하는 것이
적당한가?

건묘 자금을 한 사람이 부담하든 몇 사람이 부담하든 모두 묘의 길흉
과는 관계가 없다.

 ## 시집간 사람을 친정집 조묘(선조의 묘)에
매장하면

**출가한 사람을 친정집 선조의 묘에 매장하면 후대에 이혼하는
사람이 생긴다는데……**.

무덤의 산봉우리와 이기만 좋으면 근심 걱정할 필요가 없다.

 ## 친척 웃어른이 건조한 묘가 흉상일 때

반드시 새로운 길상묘로 개조해야 한다.

 ## 묘지와 가택의 방위

기문둔갑 법칙에 의하면 길한 방위에 건묘하면 좋은 일이 생긴다고 한다. 때문에 묘의 방위를 절대 소홀히 해서는 안 된다.

 ## 다른 집 묘를 건조하면 횡사한다

다른 집을 위하여 굳이 건묘할 필요는 없다. 그러나 어쩔 수 없이 건묘를 한다 해도 횡사하지는 않는다.

 ## 건묘하면 정신병이 호전되는가

가족중에 정신병 환자가 있을 때 건묘를 하면 병이 호전된다는 데……

산봉우리와 이기가 특별히 좋은 때를 제외하고는 이런 현상이 발생하지 않는다. 정신병은 치료가 매우 어려운 질병이다. 그러므로 일반적인 길상 묘는 효능을 발휘하기가 쉽지 않다. 반드시 완전무결한 대길 묘이어야만 비로소 정신병 환자를 점점 호전되게 할 수 있다.

 ## 건묘와 결혼

건묘를 하면 여성의 결혼 연분을 촉진한다는데…….

늦게까지 시집 못 간 여선의 경우 건묘를 하면 보통 혼인 연분이 트인다. 건묘할 때 기문둔갑 법칙에 따라 을기(乙奇)를 이기(理氣)의 길상으로 선택하면 좋은 인연이 생긴다.

 ## 부자(父子)가 출자하여 건묘를 하면

부자가 출자하여 공동으로 건묘를 하면 재산이 줄어든다는데…….

그런 일은 절대 없다. 묘의 우월은 산봉우리와 이기 두 조건에 달렸다. 건묘지와 출자자의 인수와는 완전히 관계가 없다.

제3장

묘지의 환경

 ## 묘지 위에 고압선이 있을 경우

묘지 위에 고압선이 있으면 매우 흉하다는 말이 있는데 이는 터무니없는 말이다. 전국 어느 곳이나 전선은 있기 말이다. 또 묘지 아래에 무엇이 묻혀 있는지도 모르는 일이다.

만약 묘지 위에 전선이 있어 뇌병에 걸린다는 속설을 내세운다면 묘지 아래에 알 수 없는 물질이 있을 경우 어떻겠는가? 이러한 말은 모두 미신에 지나지 않는다.

 ## 묘지에 작은 돌을 깔았을 때

묘지에 작은 돌들로 장식을 하는 것은 좋지 않다는 말이 있다. 그러나 이처럼 작은 돌들로 장식을 하는 것이 안 하는 것보다 낫다.

 ## 묘지 위에 나무가 있을 때

길상이다. 그러나 너무 크고 울창하여 묘비(墓碑)를 뒤덮을 정도라면 좋지 않다. 묘비와 묘지의 삼재(三才), 오상(五常)은 묘지의 길흉을 결정하는 중요한 요소다.

 ## 묘지와 묘비의 이끼

묘비에 이끼가 끼면 나쁘고 묘비에 이끼가 자라면 가족들이 피부병에 걸린다는데…….

묘지에 이끼가 끼었다는 것은 지질(地質)이 매우 좋음을 나타낸다. 즉 우량 묘지에 속한다.

묘비에 이끼가 자라면 가족이 피부병에 걸려 고생한다는 말이 있다. 피부병과 묘비는 아무런 관계가 없으므로 이 속설은 미신다. 묘비는 대자연 속에 세워진 것으로 햇빛과 비바람을 맞아 이끼가 끼는 것은 당연한 일이다.

상식적으로 볼 때 오히려 이끼가 안 자라는 묘비와 묘지가 흉상이다. 그러나 묘비는 항상 깨끗하게 해야 한다.

 ## 부자(父子)의 무덤과 그들의 위치

부모 묘의 오른쪽에 자식 묘를 두면 후대 자손이 웃어른에게 반항한다는데…….

자식의 묘를 부모 묘의 왼쪽에 짓든 오른쪽에 짓든 길흉과는 관계가 없다. 무덤의 길흉은 산봉우리와 이기의 우열에 의해 좌우될 뿐이다. 자식 묘의 위치가 이 산봉우리와 이기의 조건에 맞는다면 부모 묘의 왼쪽이든 오른쪽이든 아무 관계가 없다.

 ## 산 위의 묘지와 산 밑의 묘지

**산 위에 각방 묘지가 있고 산 아래에 대방(大房) 묘지가 있으면
정신병 환자가 생기고 사업상 막대한 손실을 입는다는데…….**

산봉우리와 이기, 이 두 조건에 부합되기만 하면 산 위에 각방묘, 산
아래에 대방묘가 있어도 아무 관계 없다.

산봉우리의 오상(五常), 용(龍), 혈(穴), 사(砂), 향(向), 수(水)로 살펴볼
때 산 위나 산 아래 모두 길상의 산봉우리를 찾아보기는 힘들다. 비록
그렇더라도 오직 길상에 속하기만 하면 산 위든 산 아래든 모두 길상
묘가 될 수 있다.

 ## 묘지에 나무를 심을 경우

묘지에 나무를 심으면 각종 재화와 흉한 사건에 부딪힌다는 말이 있
는데 사실 무근이다. 오히려 묘지에 나무를 심으면 길한 일만 있을 뿐
흉사는 절대 없다.

 ## 묘지의 면적

묘의 길흉 작용은 면적과는 전혀 관계가 없다.

 ## 묘 앞에 나무가 있을 경우

묘 앞에 나무가 있어 앞쪽이 가려진다면 집안에 맹인이 생긴다는데…….

이런 묘상은 자손들의 재화를 줄여 주며 위급한 시기에 의외의 효과가 나타난다. 자손들 중 맹인이 생긴다면 반드시 그만한 이유가 있어야 한다. 묘상과는 관계가 없다.

 ## 무덤 주위에 나무가 있을 경우

무덤 둘레가 모두 큰나무가 있어서 묘비에 낙엽이 떨어진다면…….

흉상이 나타나므로 자손들은 좋은 기회를 받지 못한다.

 ## 개인 묘지에 다른 집 무덤이 있을 경우

개인 묘지에 다른 집 무덤이 있으면 횡사, 폭사, 금전 소비, 자손 불효 등이 생긴다는데…….

절대로 그렇지 않다. 근거 없는 표현에 지나지 않는다.

 ## 묘지 울타리

묘지에 울타리를 쌓으면 후대 자손이 여색(女色)을 즐긴다는데……

전혀 근거 없는 말이다. 길흉 작용이 생기지 않는다.

 ## 다른 집 묘지를 거쳐 지나야 할 경우

반드시 남의 묘지를 지나야만 자신의 집안 묘지에 도달할 수 있다면 자손들이 아무런 발전도 할 수 없다는데……

확실히 그런 일이 있다. 이는 삼재 중의 지(地)와 오상(五常)이 흉상을 나타내므로 생기는 흉 작용이다. 심할 때는 자손이 좋은 기회를 놓칠 뿐 아니라 인화(人和)도 확보할 수 없어 매우 불안정하게 된다.

 ## 묘비의 순서

무덤의 순서를 지키지 않으면 장자의 가출, 횡사 등 흉사가 발생한다는데……

묘지 내에서 무덤은 순서와 관계가 없다. 오직 묘 중의 묘비가 좋다면 일체 순서와 관계되지 않는다. 길상 묘는 산봉우리와 이기에 의해 좌우된다.

 ## 무덤이 묘지의 중앙에 자리할 경우

**무덤이 묘지 중앙에 자리하면 집안이 몰락하고 급사하여 자손
도 없다는데……**

무덤을 묘지 중앙에 짓든 구석에 짓든 모두 그 우열, 길흉을 인정할
수가 없다. 단지 묘지가 지세 중 우열에 달렸다.

 ## 무덤이 여러 곳에 흩어져 있을 경우

**한 집안의 무덤이 여러 곳에 흩어져 있으면 자손들이 안정할 곳
이 없고 해직 등 화가 미친다는데……**

한 집안의 무덤이 각지에 흩어져 있는 것은 가장 이상적인 건묘법으
로 아무 문제도 없다. 정확한 길상적 건묘법은 한곳에 집중적으로 건
묘하는 것이 아니라 각지에 분산하여 건묘하는 것이 좋다.

이런 건묘법은 해직이나 기타 흉상을 받지 않을 뿐 아니라 최상의 대
길상이다.

 ## 햇빛과 무덤 관계

아침부터 오후 한 시 사이에 묘지가 나무나 집에 가려 그늘이 드리워진다면 병자가 생긴다는데…….

절대 그런 일은 없다. 단지 미신일 뿐이다.

 ## 묘지에 있는 나무를 없앨 경우

오랫동안 묘에서 자란 나무를 찍어버린다면 그 벌목자의 가정에 급한 환자가 생긴다는데…….

나무를 찍는 것과 집 주인 연령과는 관계가 없다. 그 어떤 재해도 안 생기고 병환으로 고생하는 일도 절대 안 생긴다.

제4장

묘비의 형태

 ## 기형적인 묘의 우열

기형적인 묘는 확실히 자손들에게 순조롭지 못한 영향력을 미치는데 그것은 산봉우리가 사나워서 발생되는 것이다. 다시 말해서 기형적인 묘는 천지인(天地人), 삼재(三才)가 모두 결함이 있기 때문에 사회생활의 요소인 천시(天時), 인화(人和), 지리(地利)가 사라지니 모든 일이 순조롭지 못한 것이다.

 ## 서양 묘의 천(天), 인(人), 지(地)

서양식 묘에도 대부분 천, 인, 지가 있다. 그러나 그중 인이 없고 천지가 합해져 일체가 되는 것도 있다. 그러면 천시, 지리의 길흉이 일치하게 된다.

 ## 인(人) 부분이 결핍된 경우

인 부분이 결핍된 묘는 자손들의 인간 관계를 악화시킨다. 또한 따뜻한 인정과 관심이 점점 사라진다.

 묘비의 색깔

묘상가들에 의하면 묘비의 색깔이 검은색이면 자손 중에 약한 사람이 생기게 하고 청색은 병약한 사람이 생긴다고 하며 흰색만이 좋은 무덤이라고 하는데…….

어떤 색깔의 돌이든 모두 묘비로 사용할 수 있다. 돌의 색깔과 묘상의 길흉에는 전혀 관계가 없다.

 묘석(墓石)의 구성

중간(묘비의 아래, 기석의 윗부분)이 두세 개의 돌이나 할석(割石)으로 조성된 묘석은 삼재 중의 인의 흉상이므로 자손들의 인간관계가 좋지 않고 화목하지도 않다.

 시멘트로 묘석을 접합할 경우

가족 중에 중풍 환자가 생긴다는데…….

시멘트로 묘석을 접합하는 것은 좋지 못하다. 그러나 이로 인해 중풍 환자가 생긴다는 것은 터무니 없는 말이다. 그 흉 작용은 접합 부분에 따라 다르지만 중풍과는 아무 관계가 없다.

묘석의 상황에 따라 천시, 인화가 없거나 인화, 지리가 없는 상황이
생기지만 모두 질병과는 관계가 없다.

 시멘트로 만든 석탑(石塔)

석탑을 시멘트로 만들면 안 된다는 속설이 있는데, 이는 주춧돌과 석
비 사이에 잡스런 물질이 들어오는 것을 막고자 하는 것이다. 시멘트
로 석비와 중간을 이으면 자손들이 천시, 인화의 영향을 받지 못하고
시멘트로 기초와 중간을 이으면 자손들이 지리, 인화의 좋은 영향을 받
을 수 없다.

 주춧돌이 자연석일 경우

자연석으로 주춧돌을 삼으면 삼재 중 지의 부분이 흉상이 된다. 그러
므로 흉 작용이 발생되면 자손이 일찍 망하게 된다.

 주춧돌이 흙에 파묻혔을 경우

기초돌이 흙에 묻히면 삼재 중 지의 부분이 흉상이 되므로 자손들이
업장이 약해지고 일이 순조롭게 풀리지 못한다.

 ## 상하 다른 재료로 만들어진 무덤

상하 다른 재료로 만들어진 무덤은 가족들의 의견이 일치가 되지 않아 모든 일이 끝을 보지 못하고 중도에서 그만두게 된다는데…….

상하 다른 재료로 만들어진 무덤은 천시, 인화, 지리가 균형을 이루지 못하므로 자손들이 좋은 기회를 잃게 되고 의견이 일치가 되지 못하고 모든 일이 순조롭게 풀리지 않는다.

 ## 기형적인 기초돌(墓石)

짐승 발처럼 생긴 기형적인 기초돌은 확실히 길하지 않다. 인적 부분과 지적 부분이 조화를 이루지 못하므로 인화가 좋지 못하다. 그 결과 인간관계가 나쁘게 된다.

 ## 기초돌만 있는 무덤

기초돌만 있고 묘비가 없는 무덤은 삼재 중의 천(天) 부분이 약하므로 천시(天時)의 이로움을 완전히 상실하게 된다. 사회생활 중 반드시 천시, 인화, 지리 이 세 가지를 겸비해야만 모든 일에 있어 성공하게 되는 법이다. 삼재 중 중요한 천시가 없는 무덤도 물론 좋은 무덤이라고 할 수 없다.

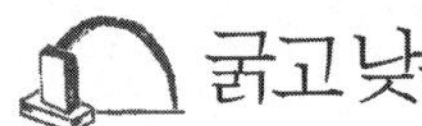 ## 묘비의 재사용

이미 사용했던 묘비를 다시 사용하면 정기(精氣)가 이미 모두 사라졌
으므로 천시지리(天時之理)를 얻지 못하게 된다. 즉 행복과 행운의 기회
가 다시는 찾아오지 않는다.

굵고 낮은 묘비

묘비가 너무 굵고 낮으면 좋은 기회를 얻기가 쉽지 않다. 천지인 삼
재가 조화를 이룬 묘지만이 기회(천시), 사교(인화)와 기초(지리) 세 가지
이로움을 갖추게 된다. 굵고 낮은 묘비는 삼재가 서로 배합되지 않으
므로 좋은 운세를 얻지 못한다.

가늘고 긴 묘비

가늘고 긴 묘비는 작은 기회만 얻게 되고 큰 기회는 파악하지 못하게
한다. 이것은 삼재가 조화를 이루지 못한데서 기인한다.

높고 긴 묘비

높이 앉아 굽어보는 듯한 큰 묘비는 그 무덤이 길상이라면 그 길적 작용은 매우 광대하다. 만약 이 무덤이 흉상이라면 그 흉적 작용도 역시 흉한 정도가 매우 강하다.

사람들은 보통 묘비가 높고 크기만 하면 길하거나 흉할 것이라고 잘못 생각하고 있다. 사실은 그렇지 않다.

높고 크다는 것은 운세의 대소(大小)와 묘상 작용의 대소 강약을 가르킬 뿐 길흉과 동등시할 수는 없다. 때문에 무릇 길상 묘일 때 그 묘비가 크면 그 길적 징도도 크고 흉상 묘일 때 그 묘비가 크면 그 흉적 징조도 역시 큰 것이다.

묘비의 흠집

묘비에 큰 흠집이 있으면 천시(天時)의 이득을 얻지 못하니 자손들이 좋은 기회를 놓치기 쉽다.

 ## 묘비의 중간에 결함이 있을 경우

중간 부분에 흠집이 있으면 인화의 이득을 얻지 못한다. 그리하여 자손들이 주위 사람들과 화목하게 지내지 못하며 인간관계가 매우 좋지 못하다.

 ## 기초돌에 흠이 있을 경우

기초돌에 흠이 있으면 지리(地利)를 얻지 못하여 자손들이 편안하지 않다.

또한 묘비에 흠집이 있으면 집안에 부상자나 수술 환자, 신체 장애자, 횡사자, 폭사자가 생긴다는 속설이 있는데 전혀 근거 없는 말이다. 묘비의 흠집 부위에 따라 그로 인해 발생되는 작용도 다르다.

즉 천(天)을 관리하는 부분에 흠집이 있으면 좋은 기회를 상실하게 되고, 인을 관리하는 부분에 흠집이 있으면 신용을 잃게 된다. 지(地)를 관리하는 부분에 흠집이 있으면 기초가 안정될 수 없다.

횡사, 폭사, 수술, 신체 장애 등은 묘비의 흠집과는 관계가 없다.

 ## 묘비의 덮개

묘비의 빗물을 막는 덮개를 씌우면 자손들이 너무 보수적으로 변한다.

 ## 조상 무덤보다 큰 묘비

조상의 묘비보다 더 크게 묘비를 만들면 가운이 더 번창할 뿐 결코
쇠약해지지 않는다. 물론 이것은 길상일 때만 가능한 일이다.

일반적인 상황에서 무덤이 크면 그가 미치는 작용도 크고 무덤이 작
으면 작용도 작다. 때문에 조상 묘보다 큰 길상 묘는 가운을 번창하게
하고 조상 묘보다 큰 흉상 묘는 가운을 급격하게 쇠락하게 한다.

 ## 수증기가 맺히는 묘비

묘비에 물기가 맺히는 것은 천 부분의 결함 때문이다. 그러므로 천시
의 이득을 상실하여 자손들이 좋은 기회를 쉽게 맞지 못하게 된다.

 ## 글을 새기지 않은 묘비

묘비에 아무 글도 새기지 않으면 가내에 맹인이 생긴다는 속설이 있
는데 이는 터무니없는 말이므로 믿을 게 없다. 아무 글도 새기지 않은
묘비는 저속한 글이나 일부 묘상가의 허튼 소리를 새긴 것보다 훨씬 낫
다. 사실 묘비가 묘상을 형성할 뿐 문자 자체는 그 어떤 길흉도 발생하
지 않는다. 그러나 글을 새기려면 글체가 훌륭한 사람으로 하여금 글
을 쓰게 하고 조각이 능한 사람을 청하여 새기는 것이 좋다.

 # 묘비의 크기

무덤의 우열은 묘비의 크기에 비례되지 않는다. 일반적으로 묘가 크면 작용도 크고 묘가 작으면 그 작용도 역시 작다. 때문에 길상의 묘비일 경우 묘가 크면 길적 작용도 크고 묘가 작으면 길적 작용도 작다.

흉상의 묘비일 경우 묘가 크면 흉적 작용도 크고 묘자 작으면 흉상도 작다.

다시 말하면 조상 묘든 새 묘든 그 크기와는 전혀 관계가 없다. 다만 길흉에 의해 좌우될 뿐이다.

 # 자연석과 혈연 관계

자연석을 사용하면 혈연 관계가 중단되거나 뇌부 혹은 족부(足部)에 병이 있는 사람이 생긴다는 속설이 있는데 이는 미신에 속한다. 자연석의 흉 작용은 성격에 영향을 미친다. 즉 그 자손들에게 교양이 부족할 뿐 신체 장애와는 관계가 없다.

 ## 묘비에 구멍이 있을 경우

묘비에 구멍이 있으면 집안에 대머리 혹은 뇌병 환자가 생긴다는데…….

묘비에 구멍이 생겼거나 모서리가 닳아 없어졌다면 천의 부분에 흉상이 있어 천시의 이득을 얻지 못하게 된다. 즉 자손들이 좋은 기회를 잃기 쉽다. 그렇지만 집안에 대머리 혹은 뇌병 환자가 생긴다는 말은 터무니없는 말이다.

 ## 묘비상의 흠집과 자손의 상처

자손들이 좋은 기회를 잃게 될 뿐 신체상에 부상을 입지는 않는다.

 ## 묘비의 위쪽이 훼손되었을 경우

묘비의 위쪽이 파손되었다면 삼재 중 천의 부분에 결함이 생기므로 후대 자손들이 매우 좋은 기회를 놓치게 된다.

 ## 동북 귀문을 향한 묘비

묘비가 동북 귀문 방향이면 재난이나 횡사를 당할 묘상(墓相)이라는데…….

묘비가 동북 귀문 방향이라도 흉사는 절대 발생되지 않는다. 이기(理氣) 작용에 근거하면 오히려 동북을 향했기 때문에 대길상을 얻게 된다. 재난이나 횡사 등 흉사가 발생된다는 말은 근거 없다.

 ## 북향의 묘비

북향의 묘비는 장자를 요절시킨다는데…….

묘비가 북향이든 남향이든 다른 조건을 갖추지 않는다면 일률적으로 논할 수 없고 또 이 때문에 장자가 반드시 요절한다고도 단언할 수 없다.

정통적 묘상학은 묘비의 방향을 가장 중시한다. 그러나 이기의 법칙으로 볼 때 북향 방위에만 국한되지 않는다. 무릇 동서남북 방위의 모든 조건이 좋기만 하면 길상에 속한다. 물론 북향 귀문 이기 조건에 부합되기만 한다면 최상의 대길인 우량 묘상에 속한다.

 ## 묘비의 방향과 그의 길흉 작용

무덤이 동남향이어야 후대 가운이 번창할 수 있으며, 서남향이면 후대에 부상자·자살·횡사·과부가 생기고, 동북향이면 후대에 부상자·폭사·횡사·이혼이 발생하며, 서북향이면 후대에 부상자·화재·횡사·장자 가출 등이 생긴다고 주장하는 사람도 있는데…….

미신이다. 가상이든 지상이든 혹은 문상이든 간에 고정된 방위의 작용이란 없다. 동남향만이 좋다는 것도 근거 없는 말이다. 이기 법칙에 의하면 서남향이든 동북향이든 혹은 서북향이든 간에 모두 가장 좋은 길상묘가 있을 수 있다.

고정 방위의 묘상학은 함부로 믿지 말아야 한다.

 ## 목비의 무덤

나무로 묘비를 만들면 집안에 병자가 생기다는데…….

나무 묘비의 폐단이라면 기회가 안 생기는 것뿐 병자가 생기는 것과는 관계가 없다.

 ## 묘비에 구멍이 생길 경우

묘비에 앞뒤로 완전히 뚫린 구멍이 생기면 가족에게 몸이 붓고 골병이나 화농증에 걸린다는데…….

이런 일은 없지만 묘비는 천시를 관리하므로 자손들이 항상 좋은 기회를 놓치게 된다.

 ## 높이 앉아 굽어보는 듯한 큰 묘비

높이 앉아 굽어보는 듯한 큰 묘비 오른쪽에 연달아 건묘를 하면 후대에 명문(   )이나 재벌이 많이 생긴다는데…….

높다랗게 큰 묘비의 오른쪽이든 왼쪽이든 연달아 건묘하면 그것이 미치는 영향은 모두 작다. 즉 길상 묘일 경우 길 작용도 작고 흉상 묘일 경우 그 흉 작용도 작다.

묘상의 길흉이 운세의 우열을 결정하는 것이기 때문에 길상 묘는 커야 좋고 흉상 묘는 작아야 좋다. 이것은 영원토록 변치 않는 법칙이다.

 ## 암석의 흉상

기초돌을 암석에 잇대어 놓으면 집안에 횡사자, 저능아가 생긴

다는데…….

그런 일은 절대 없다. 그러나 지 부분의 흉상이 인생에 좋지 않은 영향을 미치므로 자손들이 악렬한 입장에 처하게 한다.

 ## 암석의 높이가 30cm 이상일 경우

암석이 30cm 이상의 높은 묘지에 있을 때 길할 때에는 가운이 매우 좋고 흉할 때에는 가운이 영원히 흥성하지 못한다는데…….

30cm 이상의 높은 묘지에 암석이 있으면 산봉우리가 흉상이 되므로 길한 때에나 흉한 때나 모두 흉상이 되버린다.

 ## 묘비의 색깔이 변할 경우

묘비의 색깔이 변할 경우 운세가 날로 악화되므로 나중에 수습할 수 없게 되기 전에 하루라도 빨리 바꾸어야 한다.

 ## 매우 큰 묘비

매우 큰 묘비는 가정이 타인에게 업신당한다는데…….

묘비가 크면 그의 길흉 작용도 역시 크다. 때문에 길상 묘일 경우 그 작용이 매우 좋지만 흉상 묘일 때에는 그 작용도 매우 좋지 않다.

묘비가 매우 크면 남들이 가정을 깔본다는 것은 터무니없는 말이다.

또한 묘비가 크면 집안에 횡사, 폭사, 병자 등이 생긴다는 속설이 있는데 이는 흉상시에만 국한되어 발생한다.

 ## 나무 묘비(목비)의 폐단

목비의 첫째 폐단은 쉽게 부패된다는 점과 오래 가지 않는다는 점이다. 목비가 일단 부패되면 자손들이 좋은 기회를 놓치게 된다.

 ## 석비와 수명과의 관계

묘비는 천시만 표시할 수 있을 뿐 수명의 장단은 표시할 수 없다.

 ## 무덤이 기울어질 경우

무덤이 경사지면 확실히 흉상이다. 천지인 삼재가 흉상이 되어 버렸기에 천시 인화 지리 등 삼 작용이 모두 상실된다. 이 때문에 흉상이 나타나는 것이다.

제5장

계명 새김법

 ## 속명을 새기지 말아야 한다

묘비에 속명(俗名, 본 이름)을 새기지 말아야 좋다는데…….

산소의 좋고 나쁨은 산봉우리와 이기에 의해 좌우될 뿐 이름과는 전혀 관계가 없다. 속명이 성명학(姓命學)상에서 길명(吉名)에 속하면 길적 작용이 발생될 것이고 같은 이치로 계명이 성명학상에서 흉명에 속하면 불길한 작용이 발생될 것이다.

그러므로 묘비에 계명을 새겼든 아니면 속명을 새겼든 모두 산소 자체의 좋고 나쁨과는 아무 관계도 없다.

 ## 좋지 않은 계명

나쁜 계명은 자손들이 여색을 좋아하게 만든다는데…….

터무니없는 소리다. 자손이 여색을 즐기는 것은 이기 때문이다. 묘비의 이의(己儀)가 흉격(兇格)에 속할 때만이 자손들이 여색을 즐기게 된다.

계명은 사망자에 대한 칭호로서 살아 있는 자손들과는 아무 관련도 없다.

 ## 묘비에서 부부 성명의 순서

남편 이름을 왼쪽에, 처의 이름을 오른쪽에 새기면 후대에 상부 (喪夫), 심술궂고 고집불통인 여성이 생긴다는데……

부부 이름 배열 순서와 이 논리는 아무 관계가 없다. 부부를 한 묘에 묻는 것부터가 좋지 못하다. 그러므로 묘비에서 부부의 이름 중 누가 왼쪽이고 누가 오른쪽인지를 따질 필요가 없다. 부부의 묘는 따로 만들어야 한다. 때문에 부부의 이름을 한 묘비에 새길 필요가 없다.

 ## 부부 법명(法名)의 글자수

부부 법명의 글자수가 다르면 내세에 부부가 될 수 없다는데……

내세에 부부가 될 수 있는 인연은 두 사람의 묘상에 의해 좌우될 뿐 부부 법명(계명)의 글자수와는 관계가 없다.

 ## 많은 법명을 새긴 묘비

묘비에 두 쌍 이상의 부부 이름을 새기면……

묘비에 새긴 이름의 많고 적음과 무덤의 좋고 나쁨 사이에는 아무 관계가 없다. 때문에 몇 쌍이고 부부 이름을 새기든 전혀 영향을 미치지 않는다. 그러나 한 무덤에 한 사람씩 묻어야 좋고 두세 사람을 한데 묻지 말아야 한다.

 ## 묘비상 여인 이름의 위치

여인의 이름을 묘비 오른쪽에 새기면 후대에 상부, 심술쟁이, 고집불통인 여성이 생긴다는데…….

미신이다. 여명(女名)을 어느 쪽에 새겨도 모두 관계가 없다. 묘비 위치의 길흉도 오상(五常) 중 혈의 위치에 의해 결정된다.

 ## 속명과 병자의 관계

법명을 사용하지 않고 본명(속명)을 사용하면 집안에 대가 끊어지고 양자나 불구자 등이 생긴다는데…….

본명을 사용하고 법명을 사용하지 않을 때 이것이 무덤의 길흉과 관련이 안 생긴다. 무덤의 길흉은 이기, 산봉우리, 삼재, 오상 등에 의해 좌우될 뿐 묘비에 새긴 글자와는 아무런 관련이 없다.

 ## 장자가 가산을 계승치 못하는 묘

묘비 정면에 계명을 새기지 않고 다만 '○○집의 묘'라고만 새기면 장자가 가산을 계승치 못한다는데…….

묘비에 새긴 글자가 묘의 길흉을 결정하는 게 아니다. 때문에 묘비에 새긴 글에 대해 크게 유의할 필요는 없다. 한 개의 무덤에 한 사람이 묻

혀야만 길상묘인 것이다. 그러므로 한 가정 대대로 한 무덤에 합장하는 것은 지혜로운 행동이 아니다. 묘의 흉상은 한 무덤에 너무 많은 유골을 묻은 것이지 묘비에 새긴 글자를 탓할 필요는 없다.

 ## 사람을 횡사케 하는 계명

법명 중에 '전(全)' 자 있으면 가족 중에 횡사하는 사람이 생긴다는데…….

근거 없는 말이다. 앞에서도 말했지만 묘비상의 글자는 묘의 길흉과 관련이 없다.

 ## 가정을 고적하게 하는 계명

계명 중 '냉(冷)' 자가 있으면 후대 가정이 불화하게 된다는데…….

계명 중 '온(溫)' 자가 있으면 그 가정이 반드시 화목할 수 있을까? 이런 터무니없는 말은 믿을 게 없다.

 ## 며느리가 암에 걸릴 계명

계명 중에 '전(專)'자가 있으며 3대 후의 며느리가 암에 걸린다는데…….

'전' 자와는 전혀 관련이 없다.

 ## 사람을 비명에 죽게 하는 계명

계명 중에 '주(周)'자가 있으면 집안에 의외의 사망자가 생긴다는데…….

터무니없는 말이다.

 ## 인격이 고상해지는 계명

계명 중에 '성(誠)'자가 있으면 후대 자손들이 고상스런 인격을 갖게 된다는데…….

미신이다. 살아 있는 사람의 좋은 이름과 칭호는 성명학의 길흉과는 관련이 있어도 묘지와는 전혀 관련이 없다. 묘의 길흉은 묘지에 달렸을 뿐 묘비상의 글자와는 추호의 관련이 없다.

 ## 계명에 의해 가운의 길흉을 할 수 있는가?

이는 아무런 근거도 없는 말로서 믿을 게 못 된다.

 ## 후대가 단절할 계명

묘비에 속명을 새기면 제3대나 4대에 가서 후대가 단절되는가?

속명을 새겼든 계명을 새겼든 모두 묘의 길흉과는 관련이 없다.

 ## 묘비상의 계명을 깎아버리면

만약 어떤 사람이 묘비상의 권유의 계명을 깎아치우고 사망자의 이름을 새로 새긴다면…….

묘비상의 문자를 자기가 깎아치웠든 다른 사람에게 부탁하여 깎아 없앴든 우무 일도 생기지 않는다. 만약 이로 인해 불행이 발생한다면 다른 흉상의 영향을 받아 발생한 일일 뿐 묘비를 깎은 것과는 관련이 없다.

제6장

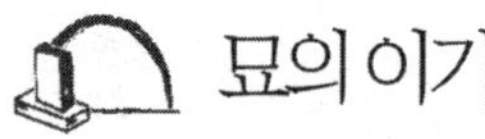 # 묘의 이기

묘의 이기란 묘비의 방향과 묘가 자리한 위치를 가르킨다. 이는 기문 둔갑 법칙에 의거하여 측정해 낸 것이다.

기문(奇問) 사십격(四十格)의 조합이 이기의 길흉을 결정한다.

용둔(龍遁)	인둔(人遁)
호둔(虎遁)	신둔(神遁)
풍둔(風遁)	귀둔(鬼遁)
운둔(雲遁)	청룡반수(靑龍返首)
천둔(天遁)	비조질혈(飛鳥跌穴)
지둔(地遁)	옥녀수문(玉女守門)
을기득사(乙奇得使)	을기승전(乙奇昇殿)
병기득사(丙奇得使)	병기승전(丙奇昇殿)
정기득사(丁奇得使)	정기승전(丁奇昇殿)

이상은 길격(吉格)이다. 길격의 묘는 자손들에게 사업 성과와 좋은 운수를 계속 가져다준다.

을묘(乙墓)	도주(逃走)
병묘(丙墓)	입백(入白)
무묘(戊墓)	입재(入災)

신묘(辛墓)   요교(妖嬌)

임묘(壬墓)   투강(投江)

비궁(飛宮)   형격(形格)

복궁(伏宮)   전격(戰格)

복간(伏干)   대격(大格)

천라(天羅)   반음(反吟)

지망(地網)   복음(伏吟)

창광(猖狂)

이상은 흉격이다. 흉격의 묘는 많은 액운을 발생시켜 후대 자손들에게 직접 영향을 미친다.

묘상의 이기란 곧 위의 흉격과 길격을 가르키는 것이다.

 ## 길상의 무덤

1) 무덤의 전체 높이가 앉은 사람의 얼굴이 바로 묘비 중심에 온다.

2) 기초돌이 두 토막으로 되었다.

3) 간혹 부부가 한 무덤일 때 묘비 정면 오른쪽에는 남편의 영명(靈名)을 아내의 영명은 왼쪽에 새긴다. 묘비의 오른쪽에 사망 연월일과 속명을 묘비의 왼쪽에는 건립자의 성명을 새긴다.

4) 전처와 후처가 있을 경우

전처의 이름은 중앙, 남편의 이름은 오른쪽, 후처의 이름을 왼쪽에
새긴다.

5) 묘비와 기초돌의 배치

아래 기초돌 중심에 위 기초돌을, 위 기초돌 중심에 묘비를 놓는다.

6) 묘비와 기초돌은 일곱 사람의 도움으로 앞뒤 면이 일치하도록 반들반들하게 갈아야 한다.

7) 새기는 글자의 깊이는 활시위 굵기 정도면 된다.

8) 기초돌 중심에 묘비를 세운다.

9) 티도 없고 깎은 흔적도 없고 얼룩도 없는 돌로 묘비를 만든다.

10) 화강암 계통의 돌을 선택한다.

11) 묘비, 기초돌에는 시멘트를 사용하지 말아야 한다.

12) 기초돌을 상기석(上墓石)과 하기석으로 구분하여 만드는데 한 돌을 둘러 나누어 만든다.

13) 종교를 믿는 사람이라면 묘비의 정면 중앙 위쪽에 종교 휘장을 새긴다. 또는 문자로 새기는 예도 있다.

14) 양친의 무덤은 반드시 같은 높이로 지어야 한다.

15) 묘비의 규격은 일반적으로 옆면이 정면보다 5/10~1/10이 작다. 묘비는 기초돌에 박아넣는다.

16) 대대로 물려 내려온 묘비와 현대 묘비는 높이가 같아야 한다.

17) 묘비를 매우 작게 기석은 매우 크게 짓는 사람도 있다. 이것은 재산을 모은다는 믿음 때문이다.

 ## 길상의 석질(石質)

묘비는 화강암 계통의 규격이 작고 굳은 백석(白石)이 가장 좋다. 사람들에게 명랑한 감각을 준다.

길상의 지형 토질

1) 아침 해가 솟아오를 때부터 오후 한 시반까지 햇빛이 잘 드는 곳이 좋다.

2) 묘지의 상공에 해를 가리는 큰 나무가 없는 곳이 좋다.

3) 동쪽이나 남쪽에 겨울 햇빛을 막는 큰 산이 없는 곳이 좋다.

4) 서쪽이나 북쪽에 낮은 지세, 파인 지세가 없는 곳이 좋다.

5) 서쪽이나 북쪽 부근에 배수구, 도랑 혹은 시내, 강물이 없는 곳이 좋다.

6) 묘지의 동남쪽이 광활한 곳이 좋다.

7) 동이나 남에 해를 가리는 산이 없는 곳이 좋다.

8) 넓이가 2평 이상이고 각이 정각(正角)인 장소가 좋다.

9) 입구가 남 혹은 동, 혹은 동남인 장소, 동시에 이곳이 모두 자기 묘지인 곳이 좋다.

10) 돌, 자갈, 모래 등이 뒤섞이지 않고 풀이 무성하게 자란 깨끗한 강토(江土)가 좋다.

11) 두께가 60cm 이상 쌓인 흙에 묘지를 선택하지 말아야 한다.

12) 경석(境石)은 인도에서 7촌 이하로 떨어져야 한다.

13) 입구를 묘지 중앙에 내야 한다.

14) 광활한 묘지를 건조하려고 다른 집의 오래된 묘를 옮긴다면 병에
걸린다.

15) 사원의 정전(正殿) 혹은 신사(神社)의 정면에 묘를 만들지 마라.

16) 담벽을 쌓지 마라. 부득이한 상황이라면 참대(竹), 나무 등의 부
식된 재료로 건조하라.

17) 칠촌 이하 두께의 쌓은 흙은 되지만 일촌 이상의 쌓은 흙은 흉하
다. 오래된 묘인 겨우 표면층의 흙은 5촌 좌우로 깎아내고 새 흙
으로 바꾸어 놓아라.

18) 무덤 구역의 광도는 2평 내지 10평이 적당하다.

 ## 묘상학에 대한 긴요한 매듭

혈연 관계가 있는 사람이라면 모두 사망자의 잠재적 영향을 감응 할
수 있다. 때문에 조상이나 부모를 매장한 무덤의 길흉은 우리들 운명
을 강렬히 좌우한다.

삼재 오상은 무덤 길흉을 결정하는 조건이다.

삼재는 천시, 인화, 지리를 가르킨다.

오상은 용, 혈, 사, 수, 향을 가르킨다.

용은 지세(地勢), 혈은 위치, 사는 환경(지질, 공기를 포괄함).

수는 물줄기, 향은 무덤이 자리한 방향을 말한다.

삼재 오상 중 오직 향만 이기에 속하고 나머지는 모두 산봉우리에 속한다.

위에서 살펴본 여러 조건은 무덤의 길흉을 결정하고 자손의 운명을 좌우한다. 비슷한 조건을 갖춘 무덤은 매장 날짜에 따라 차이가 생긴다. 이것이 바로 선명(仙命)이며 무덤들이 서로 다른 조건인 것이다.

무덤에 나타난 조건과 선명이 서로 같으면 그 일족이 얻는 묘의 작용도 서로 같다.

같은 일족 중에서 각 가정의 가상(家相)과 묘상(墓相)이 같으면 모두 같은 운명들이 나타날 수 있다.

가정 중에서도 각 개인의 생명과 묘상이 서로 같으면 완전히 같은 운명이 발생될 수도 있다. 때문에 석재(石材)의 겉과 형태만 보고는 무덤의 진정한 길흉을 알아낼 수 없다.

묘의 길흉은 묘비의 삼재, 묘지의 오행, 묘의 둔갑판(遁甲盤) 이 세 가지가 결정하는 것이다. 그리고 또 가상, 매장자, 생존자, 이 세 가지의 관계도 역시 각 사람마다의 묘상의 길흉을 초래하게 되는 것이다.

제7장

실 례

천자용혈(天子龍穴)

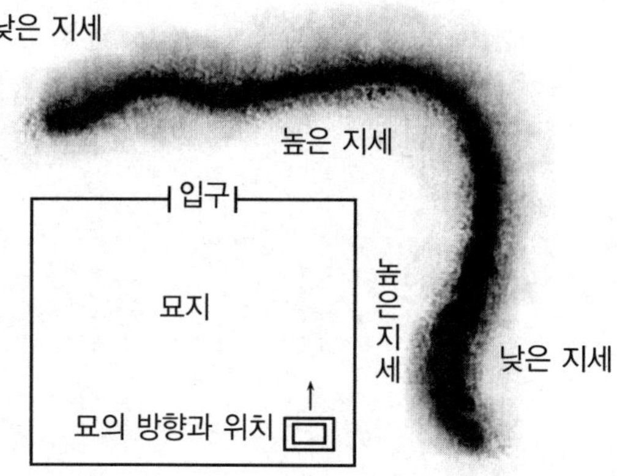

【그림1】 묘지 주변의 고저 지세(길한 예)

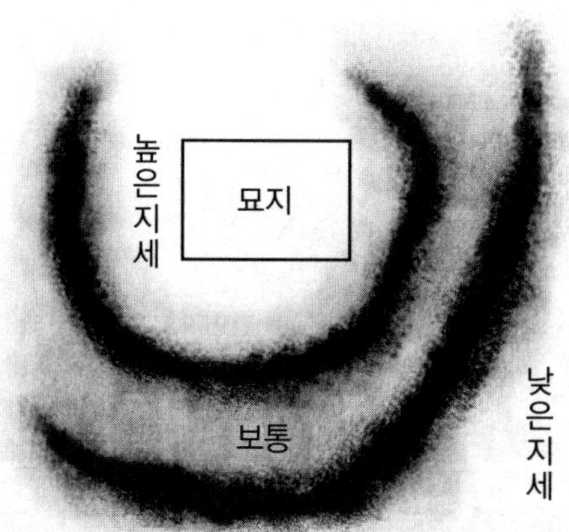

【그림2】 묘지 주변의 고저 지세(길한 예)

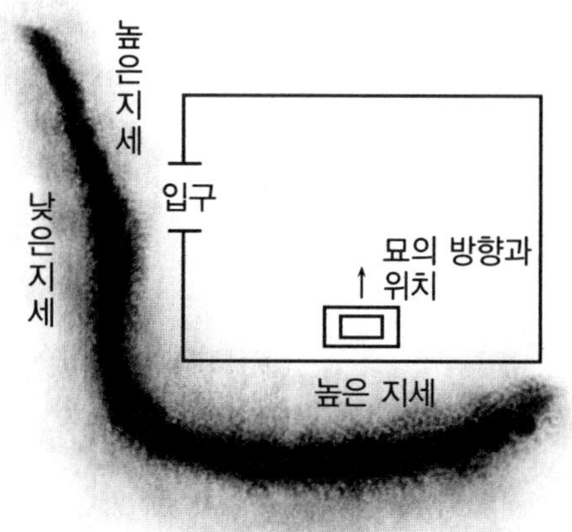

【그림3】 묘지 주변의 고저 지세(길한 예)

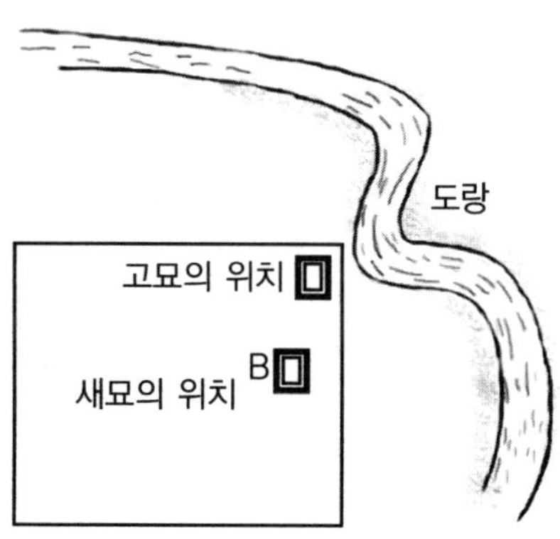

【그림4】 도랑과 무덤 위치와의 관계